Werner Haftmann

Malerei im 20. Jahrhundert

Gleichzeitig mit dieser
Bild-Enzyklopädie erschien:
Haftmann, Malerei im 20. Jahrhundert
Eine Entwicklungsgeschichte
600 Seiten Text, 500 Künstlerbiographien

Werner Haftmann

Malerei im 20. Jahrhundert

Eine Bild-Enzyklopädie

Prestel-Verlag München

4. Auflage 1983

Abdruckgenehmigung für die Kunstwerke erteilten:
ADAGP, Paris; COSMOPRESS, Genf;
Roman Norbert Ketterer, Campione;
SPADEM, Paris; Otto Stangl, München;
Stiftung Seebüll Ada und Emil Nolde
VG Bild-Kunst, Bonn

ISBN 3-7913-0152-7 (Kt. Paperback)
ISBN 3-7913-0151-9 (Leinen)

Mandruck München

Inhalt

Vorwort

Der hier vorgelegte Bildband ist der zweite Band meines Buches über die Malerei im 20. Jahrhundert. Er hat in sich selbständigen Charakter, unbeschadet seiner Aufgabe, den ersten Band zu illustrieren. Breitete der Textband die chronikalischen und biographischen Tatsachen aus, so ist dieser Bildband ganz auf die Anschauung gestellt. Er bringt eine Auswahl bedeutender und interessanter Werke des 20. Jahrhunderts, die erlaubt, Werden und Wesen des bildnerischen Ausdrucks unseres Jahrhunderts einzusehen. Die Auswahl setzt etwa bei der Lage des Jahres 1905 ein und veranschaulicht die Gesinnungen und Strömungen, die das sehr breit gelagerte Stilphänomen ›moderne Malerei‹ ausmachen und ihre geistige Situation spiegeln. Was aber ›moderne Malerei‹ und ihre ›geistige Situation‹ ist, versuchen die beigegebenen Texte zu beschreiben. Sie suchen mit einem Mindestmaß an Chronikalischem auszukommen und sollen einzig näher an die bildnerischen Denkweisen unseres Jahrhunderts heranführen. Der Verfasser hat sich damit abfinden müssen, die ganze Wegbereitung der Moderne, die das Jahrzehnt vor der Jahrhundertwende füllt und von so großen Namen wie Cézanne, Gauguin, Seurat, van Gogh, Toulouse-Lautrec, Ensor, Munch getragen wird, nur eben andeuten zu können, wie er auch darauf verzichten mußte, die Unterlagerungen des neuen Stilbildes durch das Weiterleben früherer Stilrichtungen zu zeigen. Der Betrachter darf nie vergesssen, daß in dieses hier gezeigte Bild vielfältige Entwicklungen aus Impressionismus und Spätimpressionismus noch einzuzeichnen wären, vor allem die Spätwerke der großen Meister des Impressionismus und Nachimpressionismus selbst, das Spätwerk Monets († 1926), Renoirs († 1919) oder Munchs († 1944) (auf deutscher Seite das von Liebermann, Slevogt und Corinth), die ja weit in unser Jahrhundert hineinwirkten und ganze Schulkreise bildeten. Was hier gezeigt wird, ist also ein abstrahiertes Muster, das sich aber rechtfertigt aus seiner inneren Folgerichtigkeit und Abgeschlossenheit. Mag dieser oder jener sich noch diesen oder jenen Künstler hinzuwünschen, so würden doch derartige Erweiterungen, nach der Meinung des Verfassers, die Anordnung dieses Musters nicht merklich verschieben.

Der Band erscheint jetzt in dritter Auflage in einem neuen Gewand. Verlag und Verfasser haben sich entschlossen, den bisherigen stattlichen und teuren Tafelband in eine Bild-Enzyklopädie umzuwandeln, die die Zahl der Abbildungen auf über tausend erhöht, zugleich aber billig genug ist, um auch breiteren Kreisen, vor allem den Schülern und Studenten, zugänglich zu sein. Dabei mußte der Nachteil der kleinen Reproduktionen in Kauf genommen werden.

Außerordentlich vielen ist der Verfasser zu großem Dank verpflichtet. Vor allem den Künstlern und Sammlern, die ihre Bilder zur Verfügung stellten. Für besondere freundschaftliche Hilfe ist er verpflichtet: Herrn Umbro Apollonio, Venedig; Herrn Alfred Barr, Jr., New York; Fräulein Herma Buse, München; Herrn Louis Carré, Paris; Herrn Dr. Ceroni, Mailand; Frau Marianne Feilchenfeldt, Zürich; Herrn Günther Franke, München; Herrn D. H. Kahnweiler, Paris; Herrn Dr. Lehmann-Brockhaus, Rom; Herrn Dr. Hans Melchers, München; Herrn Dr. W. Romstoeck, München; Herrn Arnold Rüdlinger, Basel und Herrn Prof. Dr. Georg Schmidt, Basel.

Einleitung

Die Malerei des 20. Jahrhunderts ist nicht losgelöst zu denken vom Ganzen der Anschauungen, die unser Jahrhundert ausbildete. Sie veranschaulicht im Reich der Bilder die Denk- und Empfindungsweisen, in denen der moderne Mensch sich selbst und seine Umwelt begreift. Dieser Bezug aufs Ganze hat im Bereich der Künste formale Vergleichbarkeiten hervorgebracht, die sich sowohl in Architektur und Skulptur wie in den mit anderen Formmaterialien arbeitenden Ausdrucksverfahren der Dichtung und der Musik – in Bau und Statue, in Vers und Lied – antreffen lassen und eine einheitliche Grundstruktur widerspiegeln, die wir in der Kunstgeschichte ›Stil‹ nennen. Aber diese Bezeichnung ist noch nicht umfassend genug, um die Totalität des Vorganges einzusehen. Was wir ›Stil‹ nennen, ist nur Spiegelung von Veränderungen in den tieferen Schichten des Menschen, in denen nicht mehr das Schicksal des einzelnen, sondern das Schicksal ganzer Generationen entschieden wird. Diese Veränderungen vollziehen sich in dem die zeitliche Existenz konstituierenden Bezugsystem aus Ich und Welt, Idee und Realität, das das Wirklichkeitsbewußtsein und die Wirklichkeitsempfindung, das heißt den *Wirklichkeitsgrund* des Menschen bestimmt. Darin vollziehen sie sich und treten an die Oberfläche in der ganzen Ausdehnung des geistigen Planes – als Leitbild der Naturerkenntnis, als philosophische Reflexion, als theologische Spekulation und Exegese, als Leitbild der Psychologie usw. – und reflektieren anschaulich in den abgeschlossenen Gebilden der Kunstwerke.

Diese in nahezu jeder Generation sich vollziehenden Veränderungen haben sehr verschiedene Intensitätsgrade. Über lange Strecken hin, die Jahrhunderte füllen, wirken sie langatmig und kontinuierlich, in leisen Abwandlungen, Bereicherungen, Entwicklungen, dann plötzlich ballen sie sich zusammen, nehmen in umstürzender Wandlung und in kürzester Zeit eine ganz neue Struktur an. Spontan und scheinbar diskontinuierlich taucht ein neues und radikal gewandeltes Bezugssystem auf und weist sich in seinen Äußerungsformen als radikaler Stilumbruch aus. Wir kennen diese Bewegungen in der Geschichte, nennen lange geistige Evolutionen mit Stilnamen – Romanik, Gotik, Renaissance – und erkennen ihre Mutationen an der Schärfe der Bruchstellen, in denen mit Radikalität die alten Gefüge zerstört und die neuen Entwürfe aufgerichtet werden. Dieser Radikalität begegnen wir zu Beginn unseres Jahrhunderts wieder, einer ihrer Ausdrücke ist die moderne Malerei. Sie ist nicht mehr deutbar als Abwandlung und Entwicklung langer Vorstellungsketten, auch sie ist Mutation, Ausdruck eines radikalen Umbruches im existentiellen Bezugssystem, im Wirklichkeitsgrund des modernen Menschen. Tatsächlich ist ja das erste und allgemeinste Merkmal der modernen Malerei ihr neuartig kritisches Verhältnis zur sichtbaren Wirklichkeit.

Wie ist diese Mutation im Wirklichkeitsgrund geartet und wie reflektiert sie in der Welt der Bilder? Um der Antwort näher zu kommen, empfiehlt es sich, versuchsweise zu fragen, welche Vorstellung von Wirklichkeit die moderne Naturerkenntnis, die Wissenschaft von der Wirklichkeit, vorzuschlagen hat. Daß irgendwelche Zusammenhänge zwischen ihr und der Malerei bestehen, scheinen Daten anzuzeigen. Die radikalen Veränderungen in der Malerei ereignen sich zwischen 1900 und 1910, wichtige Stichjahre sind: 1905 Fauvismus, 1907 Kubismus, 1910 das abstrakte Bild. Als Zahlenkonkordanz stellt sich dazu: 1900 die Quantentheorie Plancks, 1900 die Traumdeutung Freuds, 1905 die Spezielle Relativitätstheorie Einsteins, 1908 die mathematische Formulierung der raum-zeitlichen Dimension durch Minkowski.

Diese aus der Nachbarschaft der Daten abstrakt aufleuchtende Möglichkeit eines Zusammenhanges erhielte eine konkretere Wahrscheinlichkeit, wenn sie sich als Stimulanz in der Künstlerpersönlichkeit nachweisen ließe. Das aber ist an vielen Beispielen zu belegen. Der Italiener Boccioni, der Franzose Delaunay, der Russe Kandinsky, die Deutschen Franz Marc und Paul Klee bestätigen expressis verbis, daß die Begegnung mit den Einsichten der modernen wissenschaftlichen Naturerkenntnis ihnen oft den Horizont ihres intuitiven und nur auf Form bedachten Tuns blitzartig erhellte und in diesem scharfen, wie aus einer neuen Wirklichkeit aufblitzenden Licht eine unmittelbare Wahrheitsempfindung als Verheißung und Rechtfertigung in ihnen aufstieg, die ihnen ihren Weg bestätigte. Aus diesen Erhellungen fiel Franz Marc der Satz zu: »Die kommende Kunst wird die Formwerdung unserer wissenschaftlichen Überzeugung sein.« Schon 1911 hatte Guillaume Apollinaire, der Wortführer des Kubismus, eine tiefere Beziehung zwischen der kubistischen springenden Perspektive über mehreren Fluchtpunkten zugleich und der dynamischen, aperspektivischen Vorstellung des Raum-Zeitlichen angenommen und den Begriff der vierten Dimension in der modernen Ästhetik und im Wortschatz des modernen Künstlers heimisch gemacht.

Man verstehe dies alles recht. Es handelt sich hier nicht um Einflüsse aus der wissenschaftlichen Sphäre in die der Gestalten und Bilder, sondern um sporadische Berührungen gleichgerichteter Denk- und Vorstellungsweisen, die sich in den intellektuellen und intuitiven Ebenen getrennt ausbildeten und erst in ihrem Zusammentreffen durch Aufleuchten von Analogien und intuitiven Verknüpfungen auf einen gemeinsamen Wirklichkeitsgrund hinwiesen, aus dem jenes ›Heureka‹ einer unmittelbaren Wahrheitsempfindung kam. Denn zur wirklichen Evidenz kann dieser Zusammenhang erst gebracht werden, wenn man das Detaillierte und Spezielle der einzelnen Einsichten zurückbezieht auf die existentiellen Schichten, die die Fragerichtungen und die Zentrierung dringender geistiger Bedürfnisse bewirken – auf den Wirklichkeitsgrund also, aus dem die Denkformen und Vorstellungsweisen emanieren.

Nun bewegt sich Malerei im Felde reiner Sichtbarkeit: sie gibt etwas Sichtbares wieder oder macht etwas sichtbar. Sie war in den letzten Jahrhunderten ihrer Geschichte, in der sich jetzt abschließenden Stilepoche der Renaissance, mit allen Fasern an die sichtbare Wirklichkeit gebunden und begriff diese als überschaubare, anschauliche und deshalb im tiefsten Grunde fraglos existierende ›Natur‹. Wir müssen also vordringlich fragen nach den Veränderungen unserer inneren Anschauung jener ›Natur‹ gegenüber.

Die Antwort der modernen Naturwissenschaft selbst ist sehr präzis und doch in sich merkwürdig doppeldeutig. Sie löst den Begriff der 'Wirklichkeit' – und wir sind jetzt gezwungen, ihre ehemals so fest fixierte Tatsächlichkeit zu apostrophieren – in zwei Ebenen auf. Die eine Wirklichkeitsebene definiert sich so, wie der Mensch sie mittelbar durch seine Sinne wahrnimmt. Sie beruht auf der Annahme einer engen Relation zwischen dem menschlichen Bewußtsein und seiner Erfahrungskomplexe und den Erscheinungen der Außenwelt. In ihr gelten unverbrüchlich die Gesetze der klassischen Mechanik. Sie läßt sich in anschaulichen Modellen wiedergeben oder doch zumindest anschaulich vorstellen. Sie hat wesentlich geometrischen, kontinuierlichen, statischen und perspektivischen Charakter und ordnet sich in den Kategorien, die uns als die ewigen und eigentlichen Maßverhältnisse unseres Daseins scheinen, in Zeit und Raum. Aber schon in diesem mit der Präzision einer Maschine funktionierenden, übersehbaren und anschaulichen Wirklichkeitskomplex, der sich dem menschlichen Bewußtsein als objektive Wirklichkeit vorstellt, wurde die Wahrnehmungszone des Menschen außerordentlich und wachsend diskreditiert. Nur ein Beispiel: gerade das Sichtbarkeit bewirkende Element, das Licht, wird durch das menschliche Auge nur in dem ganz kleinen Sektor zwischen Rot und Violett wahrgenommen; unser Auge ist für die ganze Breite des Lichtbandes sonst unempfindlich. Was wir also sehen, ist ein durchaus unvollkommenes und unvollständiges Bild. Nimmt man all diese Phänomene der Unzulänglichkeit unseres Sinnenapparates in einem, so reduziert sich diese menschliche ›objektive Wirklichkeit‹ zu einer Konstruktion des menschlichen Bewußtseins.

Diese im ›menschlich-irdischen‹ Bezugssystem definierte Wirklichkeitsebene wird aber nun umfaßt von einer zweiten Wirklichkeitsebene, in der sich diese eben bemerkten Diskrepanzen nicht nur aufs äußerste verschärfen, sondern die gesamten Kategorien unserer bisherigen Vorstellungen überhaupt ungültig werden. Sie wurde entdeckt am Ganz-Kleinen und am Ganz-Großen, an den letzten Einheiten der Feinstruktur der Materie, den Atomen, und der Maßlosigkeit des Universums und anvisiert durch die Quantentheorie Plancks (1900) und die Relativitätstheorie Einsteins (1905). Sie tauchte zu Anfang unseres Jahrhunderts an den Grenzen unseres Bewußtseins auf. In ihr ›mutiert‹ unsere Wirklichkeitsvorstellung, das heißt tritt hinüber in ein anderes Bezugssystem, in dem die Begriffe der sinnlichen Welt nicht mehr gelten. Sie läßt sich nur mathematisch erfassen und ist in keiner Weise anschaulich zu machen. Der grundsätzliche Weg zu ihrer Verdeutlichung führt von der mechanistischen Auffassung zur mathematischen Abstraktion. Sie ist überhaupt nur zu verifizieren als Reflex von Reflexen, die rätselhaft in unser ›menschlich-irdisches‹ Bezugssystem hineinscheinen. So hoffnungslos es also ist, ein anschauliches Modell von dieser zweiten Wirklichkeitsebene zu entwerfen, so können wir doch die grundsätzlichen Veränderungen der Anschauung ›negativ‹ konstatieren, indem wir sie an den Grundkonstanten unserer sinnlichen Wirklichkeitsvorstellung messen. Das Ergebnis charakterisiert sich durch den beharrlichsten Widerspruch. Alle Grundkonstanten unserer Anschauung – Raum, Zeit, Stoff, Energie, Gravitation – gelten im neuen Rahmen nur bedingt. Sie sind nicht konstant, sondern relativ, erborgte Fetzen vom Formgewand irdisch-menschlicher Weltvorstellung. Sie verlieren auch völlig ihre Randschärfe: Raum und Zeit überlagern sich zur Unteilbarkeit des raumzeitlichen Kontinuums; Stoff und Energie sind vertauschbare Äquivalente; in der ›Einheitlichen Feldtheorie‹ Einsteins beginnt der Unterschied zwischen Gravitation und Elektromagnetismus zu verblassen und taucht die Vision auf vom Universum als einem elementaren Feld, in dem die einzelnen Kräfte und ihr Zusammenwirken nur als Konstellation des vierdimensionalen Raum-Zeit-Kontinuums erscheinen. In diesem neuen Rahmen, der ja tatsächlich den dem Menschen angewiesenen und von ihm definierten Wirklichkeitsraum ›umrahmt‹, ist dessen konstituierende Regelhaftigkeit aufgehoben: Akausales, Diskontinuierliches, Aperspektivisches dringt ein.

All diese Verkehrungen, Verrückungen, Widersprüchlichkeiten sind kategorischer Natur, ihnen liegt eine Verrückung des konstituierenden Bezugssystems zur Wirklichkeit zugrunde. Tatsächlich ist ja von seiten der Naturwissenschaft oft und ernst darauf hingewiesen worden, daß durch die Entwicklung der modernen Physik die Entfernung zwischen dem Menschen und der objektiven Wirklichkeit unüberbrückbar geworden ist, daß diese, je mehr sie sich zu erschließen schien, desto abstrakter wurde, jede Ähnlichkeit mit den sinnlichen und anschaulichen Bildern verlor und nur in der Struktur von Symbolen, mit denen man mathematische Zusammenhänge beschreiben kann, in die menschliche Vorstellung hineinragt, so daß die Frage gestellt werden konnte, ob die Naturwissenschaft überhaupt noch in Kontakt mit der ›Wirklichkeit‹ ist.

Da eine Verbindung zwischen den Wirklichkeitsebenen nicht herzustellen ist, wurde es Methode, die aus jenem Ganz-Anderen in unsere Wirklichkeit hereinscheinenden Widersprüchlichkeiten als solche zu belassen, ihre ›Absurdität‹ hinzunehmen und experimentell zu provozieren. Es wurde Methode, in gedanklicher Konstruktion das Bezugssystem, in dem dies Absurde selbst Heimatrecht hat und immer wieder angetroffen werden kann, probend zu orten. Die aus diesen experimentellen Ortungen sich ergebende Wirklichkeitsvorstellung, das ›Weltbild‹, hat einen reinen Symbol-, Entwurfs-, Bildcharakter. So treffen wir denn in der modernen Naturwissenschaft immer wieder auf die dringliche Forderung nach »Umgestaltung der Gedankenbilder«, nach der »Herstellung einer neuen geistigen Atmosphäre«, auf die Betonung der Einsicht, daß naturwissenschaftliche Erkenntnis »abhängt von der Einstellung, die unsere innere Anschauung den Dingen gegenüber findet«, auf den Ruf nach der »schöpferischen Phantasie« – Worte, die darauf hinweisen, daß diese Gedankengebäude angewiesen sind auf die Reichweite und die möglichen Perspektiven in der schöpferischen Phantasie, daß sie überhaupt nur denkbar sind als Füllstoff für Leerräume, die in den konstituierenden Schichten menschlicher Existenz aufbrechen und als dringende Fragen und unabweisbare Zweifel im Bewußtsein erscheinen – mit einem Wort, daß auch sie Emanationen aus dem veränderten Wirklichkeitsgrund des Menschen sind. Dann aber ist der Gedanke nicht gar zu abwegig, daß auch die Weise der naturwissenschaftlichen Erkenntnis wesentlich ein Stilphänomen ist und die verwendbaren Tatsachen schafft, die der existentiellen Situation des Menschen an einem bestimmten geschichtlichen Ort zukommen – wie die Architektur, die Skulptur, die Malerei auch. Unter diesem Aspekt gewinnt die eingangs aufgeführte Konkordanz der Daten nun allerdings ein ganz anderes Gewicht: jetzt ist sie Reflex einer echten Parallelität, Spiegelung zweier Wachstumsvorgänge aus gleichem Grund und Antrieb.

Nach diesen Überlegungen können wir vielleicht den Versuch wagen, diesen Wirklichkeitsgrund ein wenig näher zu beschreiben. Für unsere Wirklichkeitsempfindung bietet sich uns ein Bild an. Wir sehen eine kleine Insel menschlicher Wirklichkeit, heimatlich, vertraut, dimensioniert in dem vom Organon unserer Sinne eingestimmten Bewußtsein. Diese Insel aber ist ummantelt von einem Fond von völlig unerkennbarem, aber gänzlich ›anderem‹ Zustand und völlig unerkennbarer, aber gänzlich ›anderer‹ Dimensionierung, ein unberührbares, stummes, aber ständig anwesendes Gegenüber von ungeheuerlicher Präsenz: *das ganz Fremde*. Dieses aber dringt rätselhaft und kryptisch von allen Seiten in diese Insel ein und steht lauernd unmittelbar hinter der Haut des auf ihr Erscheinenden. Wir erkennen in diesem Bild, wie sich unser Bezugssystem an seinem einen Pol ›Wirklichkeit‹ geöffnet hat zur Dimension jener ›anderen‹ Wirklichkeitsebene, die in es hineinscheint.

Nun höre ich manchen Leser ungeduldig ausrufen: Was hat denn das alles mit Malerei und Poesie zu tun? Ist denn der Baum nicht *da*, außerhalb der Wellen, die sein Bild verursachen; leuchtet denn das Rot der Rose für den Maler nicht mehr, unabhängig von Wellenlänge oder Energiegrad von Photonen; ist denn der Sternenhimmel für den Dichter nicht mehr *da*, außerhalb des vierdimensionalen Kontinuums? – Die Frage ist freilich falsch gestellt, weil sie immer noch auf direkten Relationen besteht. Sollten wir aber diese Frage dennoch beantworten, so müssen wir tatsächlich sagen: *dieser* Baum, *diese* Rose, *dieser* Sternenhimmel sind für den Maler und Dichter heute nicht mehr da! Wir müssen uns daran gewöhnen, daß dort, wo Anschauung wahrhaftig verwaltet wird und sich aus der Existenz heraus ereignet – bei den Malern und den Dichtern –, auch eine andere ›Optik‹ aufgetaucht ist. Wohl ›sieht‹ der Maler Baum und Rose mehr oder weniger wie jeder, sofern er sich wie ›jeder‹ verhält – als Verwalter von Anschauung, als Schauender erblickt er aber Baum und Rose unter anderem Aspekt.

Tatsächlich ist diese andere, ›meta-realistische‹ Optik in bestimmten Ausprägungen der modernen Malerei anzutreffen, die die Verbindung zur Natur nicht aufgeben, sondern in einer erweiterten Ebene bewahren möchten. Da ist das äußere Bild der Dinge allein nicht mehr tragfähig genug, um das Gewicht der Erfahrungen und Empfindungen an ihnen auszudrücken. An den Dingen selbst und an ihrer anschaulichen Substanz werden andere, bisher verborgene Komplexe sichtbar, neue Fragen an die Dinge stellen sich, ihre Leibhaftigkeit existiert nicht mehr so zweifelsfrei. Der Baum zum Beispiel bezaubert da den Maler nicht mehr durch seine dingliche Erscheinung, er zeigt ihm zum Beispiel den Prozeß seines Wachstums an oder die Rose den ihres Blühens. Der Bach, der vor Baum und Blume dahinplätschert, ergreift ihn nicht mehr in seinem allgemeinen Bild im Glanz seiner Wellen und seiner Reflexe, es kann auch der Prozeß seines Strömens sein, der Auge und antwortende Sensibilität ungemein reizt. Sein fragender und durchdringend gewordener Blick trifft durch die Form des Erscheinenden auf die dahinter liegenden genetischen Prozesse, die nun ausgedrückt zu werden wünschen. Das schauende Interesse an den standhaften Hauptworten – Baum, Blume, Bach – verlagert sich auf die dahinter verborgenen dynamischen Tätigkeitsworte – wachsen, blühen, strömen. Diese Verschiebungen in der ›Optik‹ sind Reflexe jener bemerkten Veränderungen in unserem Wirklichkeitsverhältnis. Da können Diagramme der Natur – die Windriefelung der Düne, die Muster im Sand des Bachbettes – ergreifender werden als Düne und Bach, weil sie den Prozeß des Wehens und Strömens mit Präzision ausdrücken. Paul Klee hat wundervoll darüber gesprochen.

Läßt man sich von diesem Gedanken etwas weiter führen, entdeckt man in der modernen Kunst Reihen von Bildern, die gegenständliche Titel tragen und doch die sichtbare Oberfläche gar nicht eigentlich wiedergeben, weil eben das schauende Naturerlebnis des Malers nicht auf sie antwortete, sondern auf einen umfassenderen Eindruck, der das gegenständlich Erscheinende durch die Kraft der hinfühlenden und antwortenden Empfindung in neue Formgebilde verwandelt. Da ist es nicht mehr die blühende Blume, sondern die Kraft ihres Blühens, die zum Ausdruck will (Klee). Da ist es nicht mehr Baum und Felsen im Midi, sondern die

Erinnerung an das Glück des Schauens in jener Stunde zwischen den Bäumen und Felsen des Midi, da die Ergriffenheit dem Maler ins Herz trat (Bazaine). Da ist es zum Beispiel auch nicht mehr das Bild der Gottesmutter, sondern das zärtliche Hinfühlen einer frommen Empfindung, die im Gebilde formaler Meditation mündet (Manessier).

Das alles besagt, daß die direkte und fraglose Kommunikation zwischen Mensch und Natur nicht mehr einzig gilt, daß dieser Bezug mehrschichtiger geworden ist, sich geöffnet hat in Richtung auf eine ›zweite‹, dahinterliegende Realität und daß die Sensibilität und die Sehweise des Malers unter der Wirkung dieses neuen Bezuges sich mit innerster Notwendigkeit zu ihr hin verhalten mußten, um den vertiefter und komplexer gewordenen Erfahrungen gerecht zu werden.

Wir haben eben zum Beleg eine Malerei herangezogen, die diese komplexen Erfahrungen hermetisch in abstrahierende Formgefüge einband. Wir können aber den Sachverhalt noch direkter einsehen. Für den Maler, der sich mit der Außenwelt konfrontiert, erscheint diese als Ding vor dem Raum: Ding und Raum gelten ihm als Grundkonstanten. Beide aber sind in der modernen Malerei in die veränderte Dimension gerückt. Wo die moderne Malerei unmittelbar die Dinge angeht und sie sich in härtester Sachlichkeit zu beschreiben sucht, klingt dennoch immer die Resonanz jener ›ganz anderen‹ Wirklichkeit durch. Auch sie kann die Dinge nicht reproduzieren, sie muß sie definieren in Bezug auf dieses fremde Gegenüber. Daraus, aus dieser ›modernen Dingerfahrung‹, kommt die spezifische Art des modernen Realismus, den wir ›magischen Realismus‹ (Carrà) oder ›transzendenten Realismus‹ (Beckmann) nennen. Um diese Dingerfahrung aufs äußerste zu verschärfen, sind innerhalb der modernen Malerei durch Dadaismus und Surrealismus provokatorische, experimentelle Verfahren ersonnen worden, die darauf hinauslaufen, die Dinge aus ihrem gewöhnlichen Umweltzusammenhang herauszurücken, um durch den Schock an der Absurdität ihrer Erscheinung in den neuen Verhältnissen die hintergründige Doppeldeutigkeit der Dinge, ihre »Phantastik in härtester Materie« aufscheinen zu lassen. Das Ding tritt also in Bezug zu jenem fernen, fremden, ›magischen‹ Gegenüber.

Gleiches gilt für den Raum. Auch er verliert seinen vertraulichen Charakter als Umraum der Dinge. Es gibt in der gegenstandsgebundenen modernen Malerei eine ausgesprochene ›Raumangst‹, die sich durch Äußerungen der Maler selbst vielfach belegen läßt und die ihren deutlichsten Widerschein in der italienischen ›Pittura Metafisica‹, bei Picasso oder Beckmann findet. Auch das Raumwesen wird rätselhaft und vielschichtig, von dramatischer Veränderlichkeit und ausdrucksvoller Beweglichkeit. Das Raumbild läßt sich brechen, falten, verschränken, evoziert seltsame Geometrien, umstellt rätselhaft das rätselhafte Stellwerk der Dinge, das es zu orten versucht. Eine Perspektivik über mehreren Fluchtpunkten zugleich macht es beweglich, diskontinuierlich und dimensioniert es um. Auch der Raum also definiert sich in Bezug zu jener ›zweiten‹ und im Wortsinne ›un-heimlichen‹ Realitätsebene.

Das zentrale Ereignis mag jetzt schon deutlicher geworden sein. Es handelt sich offenbar um eine umfassende Verschiebung innerhalb des Bezugssystems zwischen Mensch und ›Wirklichkeit‹. Der Bezugspol ›Wirklichkeit‹ hat sich darin verändert, wurde mehrschichtig und definierte sich in Richtung auf eine vieldimensionale, ›doppelbödige‹ Wirklichkeit. Wir ließen uns eine Strecke des Weges von den allgemeinen Leitbildern der modernen Naturerkenntnis führen und fanden, als wir sie an denen der Malerei maßen, auffällige Übereinstimmungen. Beides aber entstand und existiert völlig unabhängig nebeneinander. Was da – und allerdings unabweislich – als Identitäten oder Analogien aufscheint, sind zwei parallel gelagerte Wirkungen eines einheitlichen Kraftfeldes. Beide weisen auf das dritte zurück, auf den gemeinsamen Wurzelgrund, den wir den Wirklichkeitsgrund nannten, und spiegeln ihn in ihrer Dimension. Alles was sich in der modernen Malerei ereignete und was sie kennzeichnet, ist ausgeformter Reflex einer bestimmten, unabdingbaren existentiellen Situation im modernen Menschen in der Beugung der Individualität. Man kann sie also nicht verwerfen, ohne das eigene Dasein in dieser Zeit selbst zu verwerfen. Übrig bliebe dann nur Geschichte, Erinnerung, Elegie und die in sich sinnlose Klage über einen Fehlentwurf in der menschlichen Entwicklung.

Eine zentrale Frage bleibt noch zu klären. Wir haben vom ›Pol der Wirklichkeit‹, von ›Außenwelt‹, vom ›Bild der Dinge‹ gesprochen, als handele es sich dabei um ein isoliertes Phänomen. Das aber ist unrichtig, denn es steht in unlöslicher Beziehung zum Menschen. ›Mensch‹ und ›Außenwelt‹ sind komplementäre Pole der gleichen Bezugsachse. Verändert sich das ›Bild der Dinge‹, so verändert sich auch das ›Bild vom Menschen‹.

Prüfen wir darauf wieder die wissenschaftlichen, von der modernen Lebenslehre und Psychologie entwickelten Anschauungen, so ergibt sich, daß auch das ›Bild vom Menschen‹ ›mehrschichtig‹ und ›doppelbödig‹ geworden ist und sich ganz ähnlich umdimensioniert hat wie das ›Bild der Dinge‹. Das beginnt schon damit, daß in der modernen Umweltlehre (Uexküll) die besondere Einrastung des Menschen in seine Umwelt nicht mehr als die selbstverständliche und allgemein gültige Weise des Lebensverhaltens angesehen werden kann. Mit der Einsicht, daß jedes Lebewesen mit dem ihm zugeteilten Apparat der Sinne in eine ganz bestimmte und nur ihm angemessene Umwelt eingehängt ist, die ihm natürlich als ›Welt‹ erscheint, daß der jeweilige Apparat der Sinne und ›Umwelt‹ so innig einander zugeordnet sind, daß ihr Zusammenwirken allein das Existenzfeld des Lebewesens herstellt, mit dieser experimentell erhärteten Einsicht ist klar geworden, daß es so viele Existenzfelder gibt, wie es Lebewesen gibt, und daß, wenn ich die Lebensregungen und Verhaltensweisen einer Gattung verstehen will, ich versuchen muß, die Bedingungen herzustellen, die ihr Existenzfeld begründen, daß ich also das Bezugssystem, in dem sich das Existenzfeld hält, zugrundelegen muß. In der Beantwortung der

Frage, wie ›sieht‹ oder ›fühlt‹ das Tier die Welt und wie verhält es sich aus diesem Sehen und Fühlen, muß ich also soweit als möglich vom Menschen abstrahieren und mich in das Bezugssystem des Tieres hineinverfügen. Das will sagen: jedes Existenzfeld eines jeden Lebewesens ist nur relativ zu einem bestimmten Bezugssystem vorhanden und zu verstehen und kann dem Menschen nur einsichtig werden durch Abstraktion von seiner eigenen Existenzweise. Auch das menschliche Existenzfeld ist also nur *ein* bestimmtes Muster, nur *eine* bestimmte Konfiguration innerhalb eines sozusagen ›objektiven Existenzfeldes‹. Allein schon, daß die Frage gestellt werden konnte – wie ›sieht‹ das Tier die Welt? – ist eine Wirkung der Empfindung von der Relativität des eigenen Existenzfeldes und seines Bezuges zu einem übergeordneten, zwar nicht aus sich definierbaren, aber jedenfalls ›anders‹ dimensionierten Existenzraum. Diese Frage ist aber nicht nur im wissenschaftlichen Bereich aufgebrochen, sondern auch, und ganz unabhängig, in der zum Existenzgrund hin unmittelbar geöffneten intuitiven Sphäre. Franz Marc hat sie sich expressis verbis gestellt. Sie trägt weite Teile seines Werkes. In ihm reflektiert in der Welt der Bilder das Bewußtsein um die Relativität des menschlichen Existenzraumes in Bezug auf einen objektiven Seinsgrund. Daraus treten die Bilder.

Diese Vorstellung vom Eingefügtsein des menschlichen Existenzfeldes in einen vielschichtigen allgemeinen Seinsgrund gilt nun auch in bemerkenswerter Entsprechung vom inneren Aufbau der menschlichen Persönlichkeit, so wie er sich der seit 1900 mächtig entwickelten psychoanalytischen Forschung vorstellt. Auch sie löst den ›Innenraum‹ des Menschen in mehrere Schichten auf und relativiert die im Bewußtsein zutage tretende ›oberste Schicht‹ durch die, durch experimentelle Beobachtung der Mechanik seelischer Regungen entdeckte Beziehung zu den Schichten des Unterbewußtseins. Der Mensch – so hören wir – sei einem Eisberg vergleichbar, der nur zu einem kleinen Teil in das Tageslicht des Bewußtseins hineinrage, unten und in seiner Masse aber gesteuert und bewegt würde durch dunklere Ströme des Unbewußten. Auch hier also dieses Bild eines von einem dunklen Fond hinterlegten, umstellten und durchdrungenen Wirklichkeitsstückes, dem wir allenthalben begegnet sind. Und auch diese Einsicht drängte sich nicht nur der wissenschaftlichen Erkenntnissphäre auf, sondern, ganz unabhängig von ihr, auch der intuitiven künstlerischen. Es ließe sich sogar darüber streiten, ob die Denkrichtung Freuds nicht ursprünglich angeregt wurde durch den Stimmungsraum des Symbolismus, aus dem Strindberg oder Munch ihre brüchigen Menschenbilder fanden und der dem menschlichen Klima des ganzen Jugendstils unterlag – ein Reflex des artistischen Wiener Milieus der Jahrhundertwende. Der ganze Surrealismus ist ein einziges bildnerisches Lotungsverfahren in jene Räume des Unbewußten hinein, das ganz unabhängig von den wissenschaftlichen Untersuchungen sich einstellte und erst 1922 durch André Breton in Beziehung zu den Entdeckungen Freuds gesetzt wurde.

Dieser ›zweite‹, ins Bewußtsein hinein reflektierende dunkle Fond ist nun aber nicht allein ein Ablagerungsplatz irgendwann getaner persönlicher Erfahrungen, Stapelplatz abgesunkener Erinnerungen, Sammelort von Handlungsimpulsen, die auf halbem Wege liegen blieben, Behältnis verdrängter Triebregungen, kurz ein im Persönlichkeitsfeld eingesetzter Sektor, der aus der Ordnungszone des Bewußtseins und seines Persönlichkeitsentwurfes ausgeklammert ist – er ist auch merkwürdig geöffnet zu Bereichen hin, die außerhalb des reinen Persönlichkeitsfeldes liegen. Er hält Verbindung zu einem unterlagernden Grund, der im ganzen menschlichen Geschlecht unabhängig von Kulturkreis, Rasse und Milieu wirksam ist und den C.G. Jung das ›kollektive Unbewußte‹ nannte. Er tritt an die Oberfläche in immer wiederkehrenden Bildern, die in Mythe, Legende und Märchen, in allen Äußerungen der gelösten, naiven, urtümlichen, unmittelbar aus dem Seinsgrund steigenden Phantasie sich immer ähnlich ausformen, so als entspräche der Gruppierung menschlicher Uraffekte eine Gruppierung von Symbolen und Bildern, die bei Anschlag einer bestimmten Affektgruppierung als bestimmte Konfiguration nach außen scheinen.

So wäre also das den Bewußtseinskern des Menschen ummantelnde Persönlichkeitsfeld noch einmal ummantelt von einem überpersönlichen ›mythischen‹ Feld, das aber in alle Persönlichkeitsentwürfe hineinragt. Das will sagen, daß der Mensch und seine Individualität nur eine Konfiguration in diesem ›mythischen‹ Wirkfeld ist, vor dessen kollektivem Fond die Einmaligkeit und Unwiederbringlichkeit seiner Person sich konturiert. Und da kam in dieser Ideenkette nun der Gedanke auf, daß die eigentliche Prämisse des humanistischen Menschenbildes der jetzt auslaufenden Renaissanceepoche, jener fraglose dualistische Rapport Mensch–Natur, gar nicht existiere, daß der Mensch nur Teil, nur Konfiguration einer ›Natur‹ sei, mit der er in seinen unbewußten und vegetativen Schichten innig kommuniziere, und daß aus jenen urtümlichen ›orphischen‹ Schichten Mitteilungen herauftreten und in den Erlebnisweisen unseres Existenzbewußtseins relevant werden können. Und wieder hat sich dieser Gedanke nicht allein den wissenschaftlichen Denkformen auferlegt, sondern ebenso, und unabhängig von ihnen, auch den künstlerischen Ausdrucksformen. Er trägt die Ästhetik des europäischen ›Orphismus‹ und ist im Gedankeninhalt der Kunst des ›Blauen Reiter‹ und insbesondere von Paul Klee zu tiefer, fruchtbarer Wirkung gekommen. Bestimmte Begriffe, die im bildnerischen Denken des modernen Künstlers immer wiederkehren – ›parallel zur Natur‹, ›wie die Natur‹ – sind Wortverkleidungen dieses einen Gedankens.

Auf dem ganzen geistigen Plan, so sahen wir, erfolgten diese Umdimensionierungen, völlig unabhängig voneinander, in paralleler Entwicklung. Das kann aber nur bedeuten, daß sie Beugungen eines Grundentwurfes sind, der seinerseits ein Widerschein des veränderten Bezugssystems im Wirklichkeitsgrund des modernen Menschen ist. Aus diesen Beugungen können wir nun mit einiger Deutlichkeit die Verschiebung in der Struktur dieses Bezugssystems wahrnehmen. Wir erkennen, daß die Koordinate Ich–Außenwelt sich entscheidend umdimensioniert hat, daß der Pol ›Welt‹ sich geöffnet hat zu jenem vieldimensionalen, fremden, ›ganz anderen‹ Wirklichkeitsfeld, in dem er selbst nur als *ein* möglicher Fall erscheint, und daß der Pol ›Ich‹ sich in komplementärer Entsprechung zu einem gleichen vielschichtigen Existenzfeld hin geöffnet hat. Beides aber verklammert sich im Bewußtsein, durchdringt es und beeinflußt alle seine Regungen, Entwürfe und Ausdrücke. Im Verhältnis zum inneren Bezugssystem der Renaissance und ihres Humanismus ist die erfolgte Mutation völlig deutlich, sie drückt sich aus als Verrückung der Bezugspole in Richtung auf das Vieldimensionale, Mehrschichtige der an den Grenzen des Bewußtseins aufgetauchten ›zweiten Realität‹. Vor *diesem* Wirklichkeitsgrund wird heute existiert. Er begründet die existentielle Situation des modernen Menschen. Aus ihm treten die Bilder. Aus *dieser* Lage wird heute Kunst gemacht. Sie ist Ausdruck des spezifischen Verhaltens zur Umwelt und zum Menschen im neuen Bezugssystem.

Aus diesem veränderten Wirklichkeitsverhältnis ergeben sich die Erscheinungsweisen der modernen Malerei mit innerer Notwendigkeit. Wir könnten ihre allgemeine inhaltliche Struktur geradezu voraussagen. Wir müßten in diesem Gedankenspiel eine Malerei annehmen, die sich auch weiterhin auf die sichtbaren Dinge richtet. Diese aber könnten nicht in der bisherigen Weise *reproduziert* werden, sie müßten neu *definiert* werden, da sie ja vor einem ganz neuen Fond erscheinen. Der Maler stände ihnen ganz neu und ohne Hilfe von seiten der bisherigen Seh- und Ausdrucksweisen gegenüber, wie ein Primitiver – ein »Primitiver einer neuen Sensibilität«, wie Cézanne sagt. Sein Dingbild würde das Stigma seines Ausgesetztseins vor jenem rätselhaften Fond auf sich tragen, es ließe die zweite, magische Realität allenthalben durchscheinen. Selbst fremd und rätselhaft, hielte es sich, ein inselhaft ausgesetztes Wirklichkeitsstück, vor dem fremden Grund. Auch das Raumbild, das Komplement des Dingbildes, geriete in diese Perspektive. – Genau das aber ist der Inhalt der gegenstandsgebundenen modernen Malerei. Wir erkennen ihn im deutschen ›magischen Realismus‹ und bei Beckmann, in der italienischen ›Pittura Metafisica‹ und bei Morandi, im französischen ›Purismus‹ und bei Léger, bei Picasso wie bei Giacometti. Allenthalben wo Dingbilder auftauchen, rücken sie in diese neue Perspektive. Das Gefühl, als ›Primitiver‹ einer neuen Wirklichkeit gegenüber zu stehen, ist in der modernen Malerei ganz verbreitet. Wir finden den Gedanken in nahezu wortgleicher Formulierung bei Cézanne, bei Boccioni, bei Kandinsky oder bei Paul Klee. Er verursacht die Neugier der modernen Maler für alles Archaische und Frühe, für die Kunst der Laien und der Naturvölker und der Volkskunst. Als spontanen Reflex auf die Verrückung im konstitutiven Bezugssystem unternahmen es Dada und der Surrealismus nun gar, die einzelnen Dinge selbst aus ihrem vertrauten Umweltbezug zu rücken, sie zu deformieren oder sie mit Dingen aus anderen unzugehörigen Umweltbezügen zu koppeln, immer mit dem Ziel, die Umdeutung ihres gewohnten Wirklichkeitsbezuges zu erreichen.

Als komplementäre Ergänzung hierzu ließe sich eine Malerei annehmen, die sich auf die neuen Erfahrungen im Existenzfeld des Menschen selbst richtet. Ihr wäre die Auflösung oder Relativierung der Substanz und der Solidität der Dinge Aufforderung, sich allein den im Menschen wirkenden inneren Impulsen, den Erlebnissen der psychischen Region anzuvertrauen und diese Momente der menschlichen Existenz bildnerisch auszudrücken. Da wäre nun freilich nichts Dingliches und Sichtbares mehr zu reproduzieren oder zu definieren, eine Malerei außerhalb der Gegenstandsbilder würde erscheinen, die ihre Mittel tragfähig genug gemacht haben müßte, um die expressiven oder harmonikalen Spiegelungen aus dem Innenraum des Menschen ausdrücken zu können. Diese bisher nicht eigentlich vorstellbare Malerei ist in der modernen Kunst in der abstrakten Malerei (Kandinsky) und der konkreten harmonikalen Gestaltung (Mondrian) wirklich ans Licht getreten. Ferner ließe sich noch eine Malerei denken, die sich zwischen beiden Zonen hielte, eine Malerei auf der ›Nahtstelle‹, die ein dingliches Naturerlebnis in den abstrakten Ausdrucksverfahren der psychischen Region widerspiegelte oder umgekehrt aus dieser ›abstrakten‹ Region Bilder, Zeichen, Signete gegenständlicher Natur hervortreten ließe, wobei diese beiden Verfahren simultan verschränkt vorzustellen wären. Auch diese hier theoretisch vorgestellte Malerei ist in der Moderne entwickelt und in der ›hermetischen‹ und ›orphischen‹ Malerei anschaulich geworden. Sie wurde insbesondere durch die Kubisten, durch Picasso, Paul Klee und Joan Miró zu breitester Wirkung gebracht.

All diese einzelnen Ausdrucksverfahren für unser spezifisches Verhältnis zur Wirklichkeit können aber nicht getrennt gedacht werden; sie nehmen Verbindung zueinander auf, verschleifen sich an den Rändern, durchdringen sich. Es entsteht ein auf den neuen konstitutiven Wirklichkeitsgrund bezogenes, einheitliches Stil-Kontinuum, das von den definierten Dingbildern bis zu den elementaren harmonikalen Strukturen reicht. Da entsteht in unserer Vorstellung ein ganzheitlicher Entwurf von einer außerordentlichen Reichweite. Er eben ist der Stilentwurf unseres Jahrhunderts und ist in seinen ersten Abgrenzungen durch die ›Primitiven der neuen Sensibilität‹ bereits vor der Jahrhundertwende zur Erscheinung gebracht worden. Bisher bewegten wir uns aber nur auf der inhaltlichen Ebene. Was wir uns klargemacht haben, ist Tatsache und Art der Umdimensionierung der Inhalte aus der inneren Notwendigkeit der modernen existentiellen Situation in ihrem veränderten Verhältnis zur Wirklichkeit. Diese Inhalte waren alle – mehr oder weniger – nicht sichtbar, im Sinne jenes direkten, vertraulichen, über das Auge ablaufenden Bezuges zwischen Mensch und Welt, sie konnten nur sichtbar gemacht werden. Damit aber entfiel in weitesten Teilen die alte Funktion der Malerei, die Reproduktion der Außenwelt. Denn diese Inhalte konnten nicht reproduziert, sondern nur evoziert werden. Das will sagen: an die bisherige Stelle des ›reproduzierenden Bildes‹ mußte das ›evozierende Bild‹ treten. Es allein konnte tragfähig für die neuen Inhalte sein.

Gleich eingangs können wir sagen, daß es in einem kategorischen Gegensatz zum reproduzierenden Bild stehen muß, daß alle bisher auf ihre reproduktive Funktion ausgerichteten bildnerischen Mittel umgestaltet werden mußten, daß der Umdimensionierung der Inhalte eine Umdimensionierung der bildnerischen Mittel entsprechen mußte.

Für den Maler ging es also um die bildnerische Herausarbeitung eines neuen Bildes. Dazu bedurfte es einer neuen Zubereitung der Ausdrucksmittel, einer neuen Konstellation der bildnerischen Kategorien. Der Maler sah sich also in seine Arbeitszelle zurückverwiesen, wo seine Arbeit sich ohne Blick auf ein Publikum zu vollziehen hatte. Moderne Malerei ist ihrem ganzen Wesen nach ›Ateliermalerei‹. Sie entsteht nicht vor der Natur und dem Motiv, sie entsteht im Atelier, in der Zelle, aus Meditation und Erinnerung, im arbeitsamen Manipulieren mit ihren Mitteln. Das Atelier des Malers verwandelte sich in ein Laboratorium zur Gewinnung und Ordnung der bildnerischen Mittel, mit denen der Organismus des neuen Bildes begründet werden konnte. Die Arbeit des Malers erhielt in wesentlichen Teilen experimentellen Charakter, wobei die Anerkennung des Experiments so konsequent sein konnte, daß sie auch das im Tun zufällig Auftauchende annahm.

Trotzdem blieb sie durchaus offen für die großen visuellen Veränderungen in der modernen Umwelt. Man kann sogar sagen, daß die daraus anfallenden Themen einige nicht unwichtige Anregungen abgaben. Da war es einmal der ganze Komplex der technischen Welt, der mit seinen harten geometrischen Gestängen und Gestellen die unbestimmten Formen der organischen Natur verdrängte, die völlig neuen Dinggebilde der Maschinen und Geräte hervorbrachte und in den Kommandostellen der Werkhallen jene faszinierenden menschenleeren, von ungeheuren Kräften durchsummten Räume schuf, in denen die Figur des Technikers und Arbeiters ein ganz neues Pathos gewann. Gerade einem solchen Erlebnis gegenüber mußte es sinnlos scheinen, eine ›naturalistische‹ Wiedergabe auch nur zu versuchen, da das alles doch nur Ausformungen und dingliche Konstellationen von Gedanken um Energie, Umlauf und Bewegung waren und gerade von diesen die poetische Zündung ausging. Das Thema der modernen Arbeitswelt verlangte geradezu nach bildnerischer Umsetzung und Verwandlung in evozierende Zeichen. Dann war es die umwälzende Erfahrung der Geschwindigkeit, die ganz neue visuelle Erlebnisse brachte. Die neuen optischen Sensationen – der Blick aus einem kurvenden Flugzeug, aus D-Zug oder Auto bei hohen Geschwindigkeiten zum Beispiel – erlaubten gar keine statisch-naturalistische Darstellung, sie verlangten nach kinetischen Bewegungssymbolen, die die Geschwindigkeit selbst evozierten. Auch hier war es notwendig, zum Ausdruck dieser neuen konkreten Erlebnistatsachen ganz neue Formen evozierenden und weitgehend ›abstrakten‹ Charakters zu finden. Doch soll man diesem ganzen Komplex neu andringender visueller Tatsächlichkeiten keine zu große Wichtigkeit beimessen, er hat nur eine begleitende und nur da und dort – bei Léger, bei den Futuristen – wirklich stimulierende Funktion. Die Notwendigkeit, das neue Bild heraufzuführen, begründete sich, wie wir sahen, viel tiefer, es hatte auch eine viel größere Reichweite.

Wie können wir dieses neue Bild formal definieren? Der Wunsch nach dem neuen Bild entsprang dem Ungenügen am reproduzierenden Bild. In diesem Gegensatz wird sofort die allgemeine Richtung der bildnerischen Problemstellung klar. Es handelte sich um die Aufhebung des naturnachahmenden, abbildlichen Charakters des Bildes und um die Verlagerung des Bildauftrages von der reproduktiven zur evokativen Funktion. Das bedingte von vornherein eine andere Auffassung vom Ganzen des Bildes. Es mußte seinen Charakter als Ausschnitt verlieren, grenzt und schließt sich in sich selbst ein als ein selbständiger Organismus, in dem nichts reproduziert, sondern ein Evoziertes durch bildnerische Anordnung repräsentiert wird. Auch die einzelnen Kategorien, die den Bildleib zusammensetzen, mußten demnach ihres illusionistischen Charakters entkleidet werden. Erscheinungsort der Bildwelt ist die Fläche. Sie wurde im reproduzierenden Bild verdrängt, überwältigt und aufgehoben durch den illusionistisch geführten Einsatz von Raum, Licht, Atmosphäre, die Naturraum, Naturlicht, Naturatmosphäre vortäuschten und die Fläche in eine illusionistische, perspektivische Naturbühne verwandelten. Diesen drei Kategorien – Raum, Licht, Atmosphäre – war jetzt im neuen Bild darstellerische Selbständigkeit zu geben. Sie mußten als Erscheinungsweisen des Bildfeldes selbst begriffen werden und sind als solche an die Fläche gebunden. Der *Raum* also wird reiner Bildraum, der nicht als Reproduktion des Naturraumes aufgefaßt werden kann. Er tritt auf als Modulation der Fläche; sein Kontinuum kann in flächenparallelen Schichten aufgefächert werden (Kubismus). Diese lassen sich bewegen, verfalten, verschränken und fügen dem Bildaufbau ein ganz selbständiges Spannungsmoment hinzu. Das Perspektivische ist da nur *eine* unter vielen möglichen bildnerischen Erscheinungsweisen des Raumes. Er läßt sich durch eine Perspektivik von mehreren Standpunkten zugleich facettieren und kann dadurch aperspektivischen und diskontinuierlichen Charakter gewinnen. Der Raum nimmt selbständige Gestalt an, wird selbständiges Konstruktions- und Ausdrucksmedium. Auch das *Licht* wird zur darstellerischen Selbständigkeit gebracht. Es entzieht sich seiner bisherigen Aufgabe, Naturlicht zu reproduzieren, verliert seinen Charakter als Beleuchtung. Es wird ungerichtet, diffus und strömt als reines Bildinnenlicht aus der Lichthaltigkeit der farbigen Oberflächen oder den Graustufungen des Bildes. Es nimmt selbständige Gestalt an und schafft aus sich ausdrucksvolle Konstellationen und ganze Stimmungsräume. Es ist eine Erscheinungsweise der farbigen Fläche und in ihr Konstruktions- und Ausdrucksmedium. Das *Atmosphärische* läßt sich ebenso ausdrucksmäßig aktivieren. Seine Leere läßt sich als negative Form verstehen und in ausdrucksvollen Dialog zu den positiven Formen setzen. Sein Unbestimmtes läßt sich als Spannungsfeld verstehen und in aktiven Diagrammen formal verfestigen. Durch diese Umdimensionierung verlieren diese Kategorien ihren illusionistischen Charakter und erhalten eine starke selbständige evokatorische Kraft. Sie werden tragfähige Konstruktions- und Ausdruckselemente für die Organisation des neuen evokativen Bildleibes. Für ihre Herstellung ist ein Mittel von größter Wichtigkeit – die Farbe. Löst man sie aus ihrer Gebundenheit an die Lokalfarbe und aus ihrer beschreibenden Funktion, so erhält sie ihren vollen selbständigen darstellerischen Wert. Sie lagert sich in selbständigen, klang- und ausdrucksvollen Akkorden. Ihre Distanzwirkungen modulieren aus sich eine bewegte Räumlichkeit, die als Bewegung der Fläche erscheint; das aus ihrer Lichthaltigkeit strömende Licht durchleuchtet diesen Bildraum. Es entsteht ein selbständiger, nur der eigenen Welt des Bildes zugehörender ausdrucksvoller Farblichtraum. Der Erscheinungsort der Bildwelt im ›neuen Bild‹ ist also ein auf eine ideale Fläche bezogenes Feld, das durch die Rapporte von selbständigen bildnerischen Kräften räumlich bewegt, in sich gegliedert und erleuchtet wird. Es ist ein selbständiger geistiger Raum – der »espace spirituel«, von dem Matisse spricht –, ein farbig akkordierter, vibrierender Klangkörper, der sowohl die Instrumentierung der Vibrationen der psychischen Region erlaubt als auch die Verwandlung des Sichtbaren in Klanghaftes. Selbstverständlich müssen dann auch die Mittel, mit denen dieser Raum in Bewegung gebracht wird – Linie, Rhythmik und farbige Form –, zu ihrer größten darstellerischen Selbständigkeit hin verwandelt werden: die illustrierende Linie zur Ausdrucksarabeske, die beschreibende Farbform zur Ausdrucksform. Linie, Form und Farbe werden zu selbständigen Sprachmitteln, die schon aus sich jede Art von Definition oder psychischer Improvisation ermöglichen und durch die in ihrem Zusammenspiel mögliche Rhythmik und Bewegungsformung auch Impulse und Vorstellungen dynamischer Natur auszudrücken vermögen. Der sich so herstellende Bildleib ist tragfähig für alle Evokationen, mögen diese nun durch Erlebnisse an der sichtbaren Außenwelt oder durch die der Innenwelt aufgerufen werden. Das neue Bild ist eine Art Schrifttafel für ästhetische Gleichungen, die aus allen konkreten Erlebnistatsachen in allen Erlebnisschichten gezogen werden können.

Tatsächlich treffen wir diese ›ideale‹ Struktur als das unterliegende Leitbild in der Malerei des 20. Jahrhunderts allenthalben an. Um sich das anschaulich klar zu machen, genügt es, die Abbildungen dieses Bandes formanalytisch zu betrachten. Da sehen wir bei den allerverschiedensten Individualitäten – bei Picasso, Beckmann, Léger und Morandi, bei Klee, Miró, Chagall und Max Ernst, bei Kandinsky, Mondrian oder Magnelli, bei Marc oder Delaunay, bei Hartung oder Wols, Soulages oder Winter, Vedova oder Nay – stets diese ideale flächige Struktur durchscheinen, mögen sie sich nun im gegenständlichen, abstrakten oder hermetischen Gebiet bewegen. Mit welchen Argumentationen diese Struktur historisch entwickelt wurde, werde ich in den nachfolgenden Kommentaren beschreiben. Wir können also jetzt das vage Wort ›modern‹ als Stilausdruck einigermaßen definieren. Das ›moderne‹ Bild ist ein in den formalen Kategorien des evozierenden Bildes sich ausformendes antwortendes Gegenbild auf die Emanationen aus dem veränderten Bezugssystem unseres Jahrhunderts, aus dem sich unser radikal verändertes Verhältnis zur Wirklichkeit begründet. Nun wird auch der innere Beweggrund des erbitterten, aus einer wahrhaft existentiellen Betroffenheit geführten ›Streites um die moderne Kunst‹ verständlich. Er ist eine ganz natürliche Begleiterscheinung des sehr schmerzhaften Ablösungsprozesses eines lange gültigen, unsere ganzen Vorstellungen noch beeinflussenden und großartige Ergebnisse in sich einschließenden Bezugssystems durch ein neues und anders geartetes Bezugssystem. Wer nicht in diesem steht oder sich mit dem ganzen Rüstzeug der bisher gültigen Vorstellungen gegen das neue, veränderte, ver-rückte Bezugssystem stellt, dem müssen die Wirkungen dieses Systems tatsächlich und im Wortverstande als verrückt erscheinen. Seine natürliche Reaktion ist ganz selbstverständlich das alte »Schry, Kunst, schry und klag dich sehr«.

Moderne Kunst ist aber auch etwas sehr Großartiges, unsere ganze Menschlichkeit Berührendes und Umfassendes. Die in ihr vollzogenen und in ihren Gebilden auskristallisierten Veränderungen im bildnerischen Erlebnis der Wirklichkeit stehen in einer genauen poetischen Relation zu der Erlebnissphäre, aus der all unsere allgemeinen Vorstellungen von Wirklichkeit kommen. Dabei kann es heute als erfahrene und erarbeitete Gewißheit gelten, daß, wie die Realien der uns umgebenden sichtbaren Welt zu seelischem Ausdruck umgeformt und tragfähig gemacht werden können, auch umgekehrt die von Geist und Empfindung geschaffenen absoluten Formen die Gewichte der Wirklichkeit zu tragen vermögen, das heißt geöffnet werden können in Richtung auf den komplexen Erlebnisgrund des Wirklichen. – Auf der anderen Seite das neue Erlebnis des Menschen von sich selbst. Mit den neu zubereiteten und angewandten bildnerischen Mitteln ist uns ein Verfahren in die Hand gegeben, aus den vom praktischen Lebensvollzug überdeckten Schichten Mitteilungen von Innen ans Licht zu heben, die der abbildenden Malerei nicht gegeben waren: Zuständliches wird sichtbar, Momente der menschlichen Existenz treten in die Dauer, das Bildfeld wird zur Schrifttafel, auf die sich all unsere am Gegenstandsbild nicht definierbaren Vorstellungen von Leidenschaft und Angst, von Glück und Harmonie in einer direkten Schrift aufzeichnen lassen. Mit ihnen läßt sich ein ganzer konzertanter Satz in feiner und in sich selbst genügender Gesetzlichkeit aufführen, aus ihrer Geometrie ein reines Paradigma harmonikaler Verhältnisse entwickeln. Sie können auf der anderen Seite wieder bis zum gegenständlichen Fund heranführen und dann – im Heureka des Wiedererkennens – ein Gegenständliches aus Figur und Ding aus sich entlassen, das mit seinen Zeichen dem Maler seine Stunde deutet und für einen Moment das Dunkel der Erinnerung und der orphischen Schicht im Menschen erhellt. Die Berichtbreite der modernen Malerei ist ungemein groß, man soll sie nicht einengen. Sie reicht von der reinen Setzung harmonikaler Verhältnisse über das Erlebnis menschlicher Innenwelt bis zur Deutung der gegenständlich erscheinenden Welt. Der heute in der Öffentlichkeit und in einzelnen Künstlergruppen so beliebte Schlachtruf – Hie abstrakt! Hie gegenständlich! – ist recht absurd. Moderne Malerei ist nämlich das alles.

Was da zu Anfang des neuen Jahrhunderts mit so umgestaltender Kraft sich ereignete, hat natürlich seine Geschichte. Die erste große Erschütterung des gültigen Gedanken- und Vorstellungssystems kündigte sich bereits in der Romantik an, vor allem bei ihren Dichtern und Denkern. Aber die Einbruchstelle wurde durch die beharrlichen Restaurationsversuche des 19. Jahrhunderts wieder überdeckt und auf den Fluchtwegen des Historismus umgangen. Zeichen des Kommenden aber stehen allenthalben. Erst um und vor 1890 beginnt die sich andeutende Krise in ihre akute Phase zu treten. In der Malerei zeichnet sie sich am ehesten und am deutlichsten in Frankreich ab, in der schöpferischen Kritik am Impressionismus durch Cézanne und Seurat, durch Gauguin und van Gogh; ihre geistesgeschichtliche Entsprechung findet sie im Symbolismus. Diese Vorgänge habe ich im ersten Teil des Textbandes ausführlich beschrieben. Der Grundvorgang ist der, daß das Verhältnis vom Menschen zur Natur sich verändert. Natur wird als ein zu bewältigendes Gegenüber gesehen, das erst im menschlichen Geist wirklich werden kann. Malerei ist also Bearbeitung der Natur, ihre Wiedererschaffung im Gleichnis der farbigen Formen, in dem die seelische Antwort im Menschen mitklingt. Der Maler tritt jetzt in ein aktives und leidenschaftliches Antwortverhältnis zu den sichtbaren Dingen. Er will nicht nur sie, sondern vor allem den Bezug, der sich zwischen ihm und den Dingen herstellt, sichtbar machen. – Cézanne (Seite 20/21) und Seurat (Seite 24/25) suchen bereits bildnerische Äquivalente für Naturform, Naturraum, Naturlicht herauszuarbeiten, mit denen sich die Verwandlung des Beieinanders der Naturgegenstände in eine ausdrucksvolle Anordnung von ›Kunstgegenständen‹ vollziehen läßt. Sie sehen bereits das Bild als eine geistig konstruktive Umsetzung der optischen Bilder in ein Ordnungsgefüge aus sich in einer gewissen Gesetzmäßigkeit zueinanderlagernden farbigen Formen und bereiten durch diese Vorstellung vom ›autonomen Bild‹ und die exakte Durchdenkung der bildbauenden Elemente schon weitgehend den Weg vor, auf dem dann Matisse und die Kubisten das neue Bild entwickeln werden. Gauguin (Seite 26/27) und van Gogh (Seite 22) zielen weniger auf die geistig konstruktive Umsetzung als auf den unmittelbaren Ausdruck des seelischen Antwortverhältnisses zur Natur, das sich im Ausdrucksvermögen der bildnerischen Mittel repräsentieren läßt. Van Gogh und Gauguin entdecken und verstärken das selbständige psychische Sprachvermögen der Mittel: sie verwandeln die dingbezeichnende Linie in die Ausdrucksarabeske und die Farbe in die Ausdrucksfarbe. Auf beiden Wegen, deren Spuren wir in ihrer verschiedenen Gerichtetheit noch bis heute verfolgen können, wird Kunst zu einer »Harmonie parallel zur Natur«, wie Cézanne sagte. Auf beiden Wegen erhält die Malerei eine neue inhaltliche Weite. Indem Cézanne eine anschauliche konstruktive Ordnung aus der Natur entwickelte und auf sie anwandte, wies er schon auf die im menschlichen Geist entstehenden ästhetischen und harmonikalen Gegenwürfe und Entwürfe hin. Indem Gauguin die expressiv gesteigerten Farbklänge als Mittel zur seelischen Berührung des Menschen erkannte und einsetzte, bereitete er die Bildfähigkeit der psychischen Region, ihrer Reflexe, Träume und Empfindungen vor. Der Weg Cézannes war der der Objektivierung durch Maß, Zahl und konstruktive Form: eine feine Geometrie entwickelte aus den Formdaten der Gegenstände den in ihnen anschaulich erkannten harmonikalen Hintergrund und nahm in dessen Rhythmik die Schwingungen der menschlichen Empfindung mit hinein. Der Weg Gauguins war der der Subjektivierung, eine leidenschaftliche Auseinandersetzung mit den Dingen, in der die farbigen Formen zu deklamatorischen Zeichen menschlicher Ergriffenheit wurden. Beide Wege stießen auf das, was überhaupt erst Ausdruck trug: auf die Mitteilungskraft der reinen bildnerischen Mittel. Daß der Ruf einer Farbe, die Gebärde einer Linie, die Rhythmik von Formlagerungen die Empfindungen des Menschen repräsentieren konnten, ohne auf das Erscheinungsbild der verursachenden Natur angewiesen zu sein, war das entscheidende stimulierende Erlebnis. Es durchklingt den ganzen Zeitraum um die Jahrhundertwende und fand in der Ideenwelt des Symbolismus die tragende Zeitstimmung, um dieses Bewußtsein von der Vordringlichkeit des inneren Bezuges des Menschen zur Außenwelt in Breite zu motivieren. Der Symbolismus gipfelte in der Idee, »aus dem Dinglichen durch eine Reihe von Entzifferungen einen seelischen Zustand abzulesen« (Mallarmé), um dadurch den schmerzhaft aufgetauchten Widerspruch zwischen der sinnlichen und der geistigen Welt aufzulösen. In der bildnerischen Sprache hieß das, für die durch das optische Erlebnis ausgelösten Empfindungen »bildnerische Äquivalente in der Vorstellung hervorzurufen, die fähig sind, diese Empfindungen zu repräsentieren, ohne die Kopie des verursachenden optischen Schauspiels zu geben, da jedem Zustand unserer Sensibilität eine objektive Harmonie entspricht, die fähig ist, diesen zu übersetzen« (Maurice Denis). So sehen wir, wie im Schatten Gauguins und seiner Lehre, daß »Kunst vor allem ein Mittel des Ausdrucks ist«, in der Künstlergruppe der Nabis (Seite 28/29) eine expressiv gestimmte, mit ungebrochenen Farbharmonien, ausdrucksvollen Verformungen und symbolischen Über-

1 Cézanne, Knabe mit roter Weste, 1890-5 ▶

höhungen arbeitende Malerei heraufwächst; wie diese im Zugriff so hoher Begabungen wie Bonnard und Vuillard in einen klangvollen Dekor eingestimmt wird, der dem geschmähten ›Dekorativen‹ wieder seine formale Würde zurückgibt und die flächige, großgegliederte Lagerung des Bildgefüges zum abstrakt Harmonikalen öffnet; wie dann das Genie von Toulouse-Lautrec (Seite 23) in den flächigen Farbdekor hinein seine aus dem Motiv herausgelöste pointierte Ausdrucksarabeske zeichnet und ihre sensible Spur improvisierend und tänzerisch so über die Fläche führt, daß sie ein abgeschlossenes Bildornament gestaltet, in dem das vorüberzuckend Flüchtige in die Dauer gebannt wird; und wie das alles nun zurückreflektiert auf die Großen der impressionistischen Generation, auf Monet, auf Renoir, und die dichte flimmernde Farbhaut ihrer Bilder spiritualisiert und durchlässig macht für die spontanen Reflexe poetischer Erlebnisse, die schon weit jenseits des Optischen liegen. Da schickt sich also die Malerei an, ein Ausdrucks- und Bewältigungsverfahren einer Natur zu werden, die sich in Richtung auf den Menschen und seiner tieferen Erfahrung an ihr umdimensioniert. In dieser Entwicklung und unter dieser Sensibilität konnten nun Cézanne und van Gogh, Seurat und Gauguin als die Wegbereiter einer ganz neuen Malerei erkannt werden.

Was sich da in Frankreich ereignet, findet nun seine Entsprechung in den nordisch-östlichen Ländern. Italien tritt noch nicht in das Gespräch. In Deutschland exaltierte sich in der neuen Gestimmtheit, die das Jahrzehnt seit 1890 durchdrang, das romantische Naturgefühl und fand in der Malerei des deutschen Naturlyrismus, in den Dachauer und Worpsweder Malerschulen, seinen Ausdruck. Da trat aus einer starken, oft gewaltsamen Empfindung für die Stimmung einer urtümlichen Landschaft eine Malerei herauf, die in der Betonung des seelischen Verhältnisses zur Natur die in der Landschaft angetroffenen Hinweise – die Glut der Farben im Brand der Sonnenuntergänge, die ausdrucksvollen Konturen der Dinge und Menschen vor den weiten Horizonten – akzentuierte und steigerte und in diesem Tun auf die Ausdruckskraft der Farbe und der Linie stieß. Und gleichzeitig drangen aus dem Kunstgewerbe und im Jugendstil (Seite 33) Gedanken an, die nun in schwärmerischer Prophetie aus diesen umgehenden Ideen einen ganzen ästhetischen Entwurf von unerwarteter Kühnheit schufen. Er zielt in seinen Worten von der »Macht der reinen Formen über das menschliche Gemüt«, von der »Musik der Farbe«, von der »seelischen Wirkung organisierter Linienzüge« geradewegs auf die abstrakte Malerei. Es begründet auch im Kunstgewerbe einen schon damals so genannten ›abstrakten‹ Stil, der sich gegen die stilisierende Weise des ›floralen‹ Stils wendet und gedankliche Perspektiven aufreißt, die erst viele Jahre später in der Argumentation um das abstrakte Bild kulminieren sollten. Da suchen schon Künstler wie Endell, Obrist und Hoelzel die noch an das Ornamentale und Dekorative gebundenen bildnerischen Vorstellungen in Richtung auf das selbständige Bild in Bewegung zu bringen. Schon taucht die Vision auf – und wird wörtlich ausgesprochen – von Bildern, die gar keinen Gegenstand mehr verlangten, sondern einzig auf die Musik der Farben gestellt seien. Van de Velde findet diesen monumentalen Satz: »Die Linie ist eine Kraft; sie entlehnt ihre Kraft der Energie dessen, der sie gezogen hat.«

In all diesen Gedanken und bildnerischen Unternehmungen reift nun über Europa hin ein geistiges Klima aus, das die großen Veränderungen in der Malerei kurz nach der Jahrhundertwende unmittelbar vorbereitet. Dieses Klima trägt große einzelne und bringt ihre Taten zu breiter Wirkung. Hodlers monumentales Bildgefüge, in das sich die mächtige Pathosgeste lagert und in vielfältiger Wiederholung und Abwandlung den monumentalen Dekor eurhythmisch bewegt, gewinnt bedeutenden Einfluß (Seite 32). Edvard Munch erscheint als der große ›Bildermacher‹ des Jahrzehnts, der in seiner Malerei die innersten Sehnsüchte der Zeit beschreibt (Seite 30/31). Durch seine seelische Fühlfähigkeit wird ihm die Erscheinung von Landschaft und Figur psychisch transparent, und er antwortet nun als Maler auf das Panische in der Natur und auf das Psychologische im Menschen durch Verstärkung des reinen Farbklangs und der Linienmelodik. Dazu gesellt sich James Ensor (Seite 31). In einer äußersten Verschärfung der tragischen Konfliktsituation zwischen Mensch und Außenwelt hebt er aus sich Bilder hervor, in denen Traum und Wirklichkeit, Halluzination und Sichtbarkeit sich unauflösbar durchdringen. Die Dinge werden verdächtig, suchen etwas zu verbergen, überall lauert hinter der Fassade der Realität ein Anderes, Hintergründiges und lugt als Maske und Phantom hinter den Stellwänden des Sichtbaren hervor oder kichert unter der Oberfläche. Es läßt sich nicht allein allegorisch definieren. Die Halluzination greift in das Instrumentar der Mittel ein: der Strich improvisiert eine psychische Spur, die Farbe greift sie auf und gibt ihr den doppelbödigen Stimmungsklang, der Raum bewegt sich antwortend, zwängt sich in Nahräumen zusammen oder stürzt in wilden Fluchten davon. So war es gerade das germanische Element, das auf den Verlust des Vertraulichkeitsverhältnisses zur Umwelt mit äußerster Schärfe und bis an die Grenze des Pathologischen hin reagierte und in der ausdrucksmäßigen Steigerung der Mittel schon den Grund vorbereitete, aus dem der Expressionismus herauswächst.

Die schöpferische Unruhe des Jahrzehnts kommt aus einer tiefgreifenden Störung im innersten Bezug zur Wirklichkeit. Natur ist jetzt nicht mehr das Selbstverständliche, Vertraute und Fraglose. Ihre sichtbare Diesseitigkeit steht in verborgener Verbindung zum Menschen, der sie betrachtet: sie weist in viel ausgreifendere, undefinierte Räume zurück, die sich in der direkten sinnlichen Wahrnehmung nur in indirekten Reflexen spiegeln. Kunst war aber durch diese konkreten Erlebnisse aufgerufen, diese erweiterte Wirklichkeit im menschlichen Geist zu definieren. Sie konnte nicht mehr reproduzieren, sie mußte definieren, repräsentieren, sichtbar machen. Dafür mußten die Sprachmittel der farbigen Formen und das Bildfeld zubereitet werden.

Der romanische Geist ging von allem Anfang an daran, diese neuen andringenden Tatsächlichkeiten an klare, organisierte Formgefüge zu binden. Der germanische Geist suchte den Realitätscharakter des Sichtbaren zu überspringen, das Sichtbare zu transzendieren und zu halluzinieren. Dazu exaltierte er die Ausdrucksfähigkeit der Mittel, nicht so sehr bedacht auf Form, als auf spontanen Ausdruck. Da eben tauchte schon im bildnerischen Denken die Möglichkeit auf, überhaupt von den Bildern des Sichtbaren ganz abzusehen. Beide Weisen aber öffneten den Blick in eine neue Region: in das Ausdrucksreich des Menschen – von der Ahnung erhellt, daß in seiner Erreichung das Wirkliche und das Vorgestellte aufhörten als Widersprüche zu erscheinen.

So kommt nun die Kette der grundlegenden Argumente in Gang, mit denen die moderne Malerei zur Erscheinung kam und die Reichweite ihres Feldes absteckte. Daß diese einzelnen Einsichten und Einfälle sich logisch und in gleicher Richtung formierten, ist allein als Ergebnis einer gleichen Struktur im Wirklichkeitsgrund zu verstehen, die dem einzelnen selbst weitgehend unbewußt blieb. Der einzelne Künstler stand in der schöpferischen Not einer unbedingten Freiheit nach vorn. Es gibt das Wort von Picasso: »Ich suche nicht, ich finde.« Das drückt sehr genau die Methode der modernen künstlerischen Arbeit aus. Das moderne Bild und seine Entstehung ist ein umfassendes Abenteuer in ein gänzlich Unbekanntes hinein. »Der Künstler weiß sehr viel, aber er weiß es erst nachher«, sagt Paul Klee. Der Künstler steht an der Spitze, vor sich das dunkle, spur- und gestaltlose, chaotische Feld, in das er mit den Fühlfäden seiner Mittel und mit den Ortungsversuchen seiner Argumente hineintastet, um es an seinem Ort tätig zu verwandeln – in reine Gegenwart. Moderne Kunst dient der Begegnung des einzelnen Menschen mit dem, was er selbst ist in seiner Gegenwart.

2 Cézanne, Stilleben mit Cupido, ca. 1895

3 Cézanne, Italienisches Mädchen, 1896

4 Cézanne, Die Badenden, 1898-1905

5 Cézanne, Mont Sainte Victoire, 1898-1900

6 Cézanne, Stilleben mit Äpfeln und Orangen, 1895-1900

7 Van Gogh, Père Tanguy, 1887

8 Van Gogh, Selbstbildnis, um 1889

9 Van Gogh, Nachtcafé in Arles, 1888

10 Toulouse-Lautrec, Zirkus Fernando, 1888

11 Toulouse-Lautrec, Tapié de Céleyran, 1894

12 Toulouse-Lautrec, Chambre séparée in › Le rat mort ‹, 1899

13 Seurat, Une Baignade, 1883-4

14
Seurat, Ein Sonntagnachmittag
auf der Insel La Grande Jatte, 1884-6

15
Seurat, Port-en-Bessin am Sonntag, 1888

16 Seurat, Der Chahut, 1889-90

17 Signac, St. Tropez, 1893

18 Signac, Felix Feneon, 1890

19 Gauguin, Selbstbildnis mit gelbem Christus, 1890

20
Gauguin,
Jakobs Kampf mit dem Engel, 1888

21 Gauguin, Fatata Te Miti, 1892

22 Gauguin,
Der Mond und die Erde, 1893 ▶

Gauguin 93.

23 Sérusier, Einsamkeit, 1892

24 Ranson, Paysage Nabique, 1890

25 Lacombe, Das Meer (Gelb), 1892

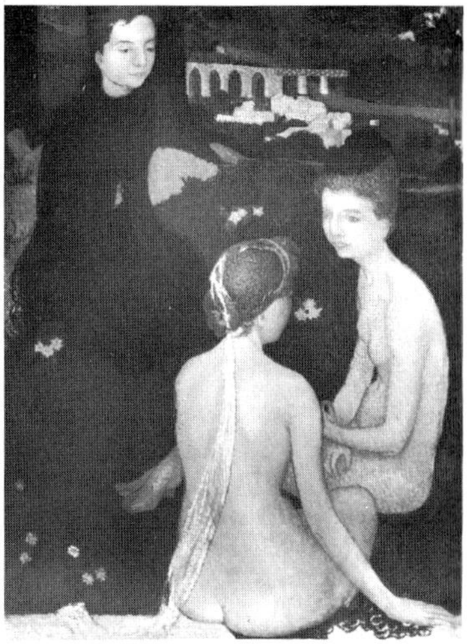

26 Denis, Soir Trinitaire, 1891

27
Redon,
Kopf auf einem
Blumenstengel,
1885-90

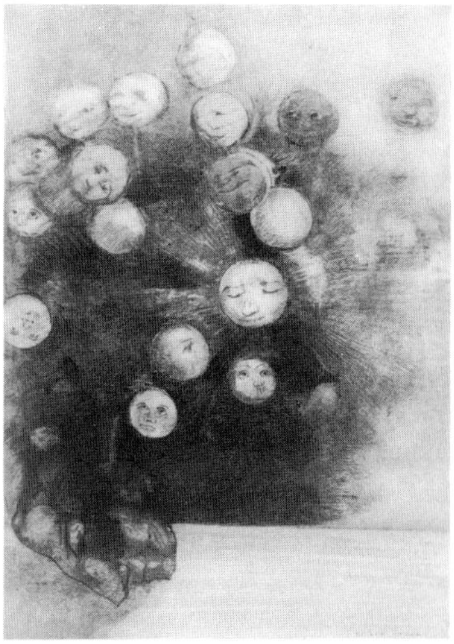

28
Redon, Pourqoui..., 1887

29
Bonnard,
Frau mit Hund, ca. 1892

30
Bonnard,
Die karierte Bluse, 1892

31 Vuillard, Mutter und Schwester im Atelier, ca. 1900

32 Vuillard, Symphonie in Rot, 1893

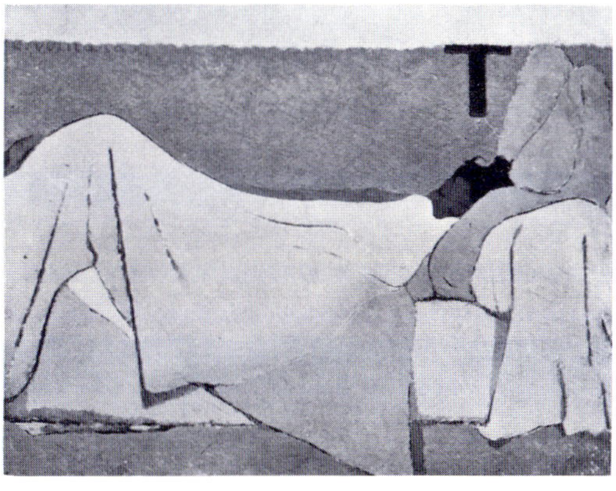

33 Vuillard, Im Bett, 1891

35 Munch, Pubertät, 1895

36 Munch, Sterbezimmer, 1893

37 Ensor, Der Rochen, 1892

38 Ensor, Selbstbildnis mit Masken, 1899

39 Ensor, Die schrecklichen Musikanten, 1891

◀ 34 Munch, Vier Mädchen auf der Brücke, 1905

40 Hodler, Tell, 1903

41 Hodler, Holzfäller, 1910

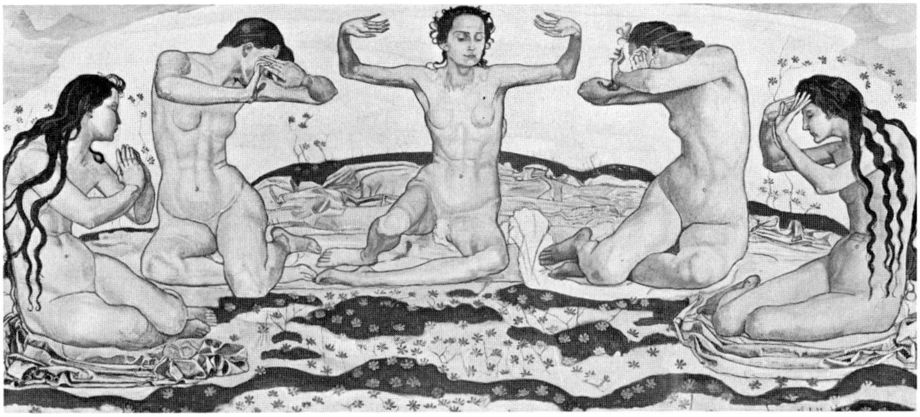

42 Hodler, Der Tag, um 1900

43 Segantini, Die bösen Mütter, 1894

44 Endell, Haus Elvira, um 1898

45 Toorop, Die drei Bräute, 1892-3

46 Beardsley, Der Pfauenrock, 1893

47 Klimt, Danaë, um 1910 (?)

Die Argumente der modernen Malerei

Das gegenüber der traditionellen Vorstellung von Malerei so radikal veränderte Stilbild der modernen Malerei beruht auf tiefgreifenden Veränderungen im bildnerischen Denken der Maler selbst. Sie wurden nicht hervorgerufen durch allgemeine theoretische Erwägungen philosophisch-ästhetischer Natur – obwohl die Einsichten von Hegel, Konrad Fiedler, Benedetto Croce oder Bergson gewiß ihre Rolle gespielt haben –, vielmehr handelt es sich um Einsichten und Überlegungen, die sich während der künstlerischen Tätigkeit selbst zwingend einstellten. Sie entstanden in der Auseinandersetzung mit der sichtbaren Natur und der beharrlichen Analyse der darstellerischen Selbständigkeit und Ausdrucksfähigkeit der reinen bildnerischen Mittel und führten schließlich zu einer, sich gegenseitig ergänzenden Gruppe von Argumenten, deren ganzheitliches System wir jetzt *nachträglich* einigermaßen überschauen können. Die neuen Bildvorstellungen wurden einerseits im Akt des Malens intuitiv gefunden, verdichteten sich sodann zu einer klaren, auch intellektuell überprüfbaren Erkenntnis, die dann andrerseits wieder auf die künstlerische Tätigkeit zurückwirkte und zu neuen Funden führte. Dieses innige Zusammenwirken von Intuition und Intellekt, von plötzlich aufbrechender Einsicht und nachträglicher gedanklicher Durchdringung kennzeichnet die Entwicklung der modernen Malerei. Ihre Methode läßt sich mit dem vergleichen, was Goethe so schön das ›Tat-Denken‹ nannte. All ihre Ergebnisse entstanden im reflektierenden *Sehen*, in direkter Auseinandersetzung mit den visuellen Wirklichkeitserlebnissen und zugleich im *Machen*, in unmittelbarer Auseinandersetzung mit den auf jene Erlebnisse antwortenden Farben und Formen, die auf der Fläche des Bildes zu entwickeln waren. Die auf diese Weise entstandenen Bilder können daher auch nur durch Anschauung ›eingesehen‹ und in gedanklicher Durchdringung dieser ›Einsicht‹ verstanden werden.

Notwendigkeit und Ansatzpunkt für diese Umgestaltung des bildnerischen Denkens ergab sich aus einer grundsätzlichen Veränderung im Verhältnis des modernen Menschen zur Wirklichkeit, die sich auf der ganzen Breite des geistigen Plans in unserem Jahrhundert vollzog. Ihre geistigen Wurzeln lassen sich bis zur Romantik zurückverfolgen. Im Bildnerischen wurde bereits zwischen 1880 und 1890 in Frankreich durch die großen Vorläufer – Cézanne, Seurat, van Gogh, Gauguin – die Definition dieses neuen Wirklichkeitsverhältnisses als die zentrale Aufgabe einer kommenden Malerei erkannt. Zu Beginn unseres Jahrhunderts trat sie in ihre entscheidende akute Phase. Dem neuen Wirklichkeitsverhältnis liegt die umstürzende Erfahrung zugrunde, daß die sichtbare Wirklichkeit nur eine von vielen Erscheinungsweisen des Wirklichen darstellt, die sozusagen nur dessen Oberfläche betrifft, daß sich die sichtbare Außenwelt überhaupt erst im Bezug zum Menschen und seiner Innenwelt definiert und daß demzufolge die Bilder dieser Innenwelt eine gleich konkrete Realität, die gleiche Wahrheit und Wirklichkeit haben wie die Außenwelt, die sich auf unserer Netzhaut spiegelt. Die gesamte Argumentation richtete sich also kritisch gegen die auf die Reproduktion der sichtbaren Wirklichkeit gerichteten Verfahren des Naturalismus und Realismus und plädierte für eine vollständigere Erfassung und eine vertiefte Durchschauung der Wirklichkeit. Vom Maler her gesehen, schoben sich zwei Aufgaben in den Vordergrund. Die eine zielte darauf, die in der inneren Vorstellung des Menschen aufleuchtenden und auf die Erlebnisse an der sichtbaren Natur antwortenden Gegenbilder zur anschaulichen Erscheinung zu bringen. Hieraus entwickelten sich die expressionistischen und alle mit Gegenstandsbildern oder gegenständlichen Zeichen arbeitenden Spielarten der modernen Malerei. – Die andere Aufgabe zielte auf die Reflexe, Impulse und Bilder aus der Innenwelt des Menschen und suchte diesen eine anschaulich konkrete Form zu geben. Hieraus entwickelten sich die Spielarten der abstrakten Malerei in ihren expressiven, konstruktiven oder ›konkreten‹ Aspekten. In beiden Fällen handelte es sich, vom Bildnerischen her gesehen, darum, die bisher gültige Erscheinungsweise des im weitesten Sinne reproduzierenden Bildes zu verändern. Alle bildnerischen Kategorien – Form, Farbe, Linie, Raum, Licht –, die bisher in ihrer reproduktiven Funktion verwendet worden waren, mußten jetzt unter dem neuen Auftrag völlig verändert und umgedeutet werden im Sinne ihrer Ausdrucksfunktion. Das erzwang einen völligen Umbau des gesamten Bildorganismus, um auch seinen formalen Aufbau für die neuen Inhalte tragfähig zu machen. Es ging also um nicht weniger als um die Erarbeitung der Grundlagen eines ›neuen Bildes‹, das von der seit der Renaissance entwickelten Vorstellung vom ›Bild‹ kategorisch verschieden war. Um eine solche tiefgreifende Veränderung zu bewirken, mußten überzeugende Argumente ins Feld geführt werden.

Die Reihe dieser neuen Argumente wird etwa in den Jahren von 1900 bis 1920 in vielfacher gegenseitiger Beeinflussung und Durchdringung und über ganz Europa hin ausgearbeitet. Sie setzen anfänglich bei den Einsichten der frühen Meister – Gauguin, van Gogh, Cézanne, Seurat – an, wobei als Faustregel gelten kann, daß die auf Expression bedachten Malrichtungen die Gedanken von Gauguin und van Gogh aufgreifen, die auf Konstruktion bedachten Richtungen die von Cézanne und Seurat. In einem sehr radikalen Weitertreiben der von diesen Meistern entwickelten bildnerischen Ideen und Verfahren kommt die neue Argumentation in Gang. Jede einzelne Gruppe oder Konstellation von Argumenten ruft eine bestimmte Stilweise in der modernen Malerei hervor. In den folgenden Kapiteln werden diese grundlegenden Stilrichtungen und ihre Argumentation beschrieben. Es sind dies der französische Fauvismus, der deutsche Expressionismus, der französische Kubismus, der französische Orphismus, der italienische Futurismus, die Stilweise des ›Blauen Reiter‹ (als besondere deutsche Spielart des Orphismus), die konstruktivistische und ›konkrete‹ Malerei (mit ihrer Abart in Dada), die naive Malerei und die italienische ›Pittura Metafisica‹, die im Verein mit Dada den Surrealismus vorantrieb. Über diesen Grundpositionen entfaltet sich das breite Panorama der Malerei unseres Jahrhunderts, die in den nachfolgenden Kapiteln über die Malerei in Frankreich, Italien und Deutschland zwischen den Kriegen und im Kapitel über die Malerei der Gegenwart behandelt wird.

Matisse und der Fauvismus

Der französische Fauvismus steht am Anfang der neuen bildnerischen Überlegungen. Seine heroische Zeit liegt zwischen 1904 und 1907. Seine Anfänge zeichnen sich bei Matisse und Marquet aber schon gegen 1898 ab. Hauptfigur ist Matisse. Um ihn schließen sich zur lockeren Gruppe zusammen: Marquet, Rouault, Camoin, Manguin, Puy, Valtat – Mitschüler von Matisse in den Ateliers von Moreau und Carrière; die beiden Malerfreunde aus Chatou: Derain und Vlaminck; eine Freundesgruppe aus Le Havre: Friesz, Dufy, Braque; schließlich der holländische Maler van Dongen. 1905 tritt diese Gruppe im ›Salon d'Automne‹ geschlossen auf. Ihre Kennzeichen sind die Exaltation der reinen Farbe und die kraftvoll-ornamentale Vereinfachung der Zeichnung. Ihre Kühnheit trug diesen Malern den Beinamen ›Les Fauves‹ – die ›wilden Tiere‹ – ein. Er läßt die Schock-Wirkung ahnen, die diese Bilder damals auslösten, obwohl sie Gedanken aufgriffen, die durch Gauguin, van Gogh, Seurat und Cézanne schon um 1890 bereitgelegt worden waren. Diese waren aber durch die literarischen Ideen des Symbolismus bereits wieder weitgehend verschüttet worden. Durch die großen Gedächtnisausstellungen in Paris – 1900 Seurat, 1901 van Gogh, 1903 Gauguin – und die seit 1900 einsetzende Entdeckung Cézannes wurden diese Meister wieder sehr gegenwärtig. Die neu heraufkommende Generation sah in ihnen die Vorläufer einer neuen Sensibilität und radikalisierte jetzt ihre Ideen. Der Ausdruck des inneren Bezuges zur sichtbaren Wirklichkeit, der die ganze Kritik an Naturalismus und Impressionismus ausgelöst hatte, wird zunehmend wichtiger als die Wiedergabe der Außenwelt. »Wir müssen unter allen Umständen aus dem Kreis ausbrechen, in den uns die Realisten eingesperrt haben«, schreibt 1906 Derain. Folgerichtig schieben die ›Fauves‹ die ganze noch naturalistisch gebundene Allegorik des Symbolismus beiseite und suchen sich ihr Verhältnis zur sichtbaren Wirklichkeit unmittelbar vor deren Motiven zu definieren. Da sie aber Kunst als Ausdrucksform innerer Wirklichkeitserlebnisse verstanden, wurde ihnen die sichtbare Wirklichkeit nur zum dialektischen Partner ihres Dialogs. Sprachmittel dieses Dialogs wurden die reinen bildnerischen Mittel: die selbständige Sprachkraft der reinen Farbe, der freien Arabeske und des ornamentalen Flächendekors. Die Führung dieser Ausdrucksmittel verlangte nach einer neuen Organisation des Bildkörpers selbst: ›Ausdruck‹ und ›Anordnung‹ beginnen sich gleichzusetzen.

Henri Matisses ›Joie de Vivre‹ von 1905/6 (Abb. 51) zeigt die Wirkung der neuen Ideen. Dargestellt ist eine arkadische Szenerie – auf durchsonntem Plan ruhende, spielende, liebende Menschengruppen in paradiesischer Nacktheit. Aber die Kraft der Empfindung sucht über die gegenständliche Darstellung hinaus nach ausdrucksvolleren bildnerischen Entsprechungen. Das Arkadische und Tänzerische des Vorwurfs setzt sich in ein Spiel von Arabesken um, das über das ganze Bild ausgreift, die Lagerung der Figurengruppen ordnet und in seinem Kern die lineare Tanzfigur des Ringelreihens aufnimmt. Sensibel wie auf attischen Lekythen umspielt die rhythmische Linie den Leib des Mädchens, das sich links mit Lorbeer kränzt, in ausdrucksvoller Vereinfachung umschreibt sie die Gestik der Blumenpflückenden, die ihr zu Füßen kauert, und verknüpft in inniger Kurvatur die beiden Leiber der Liebenden rechts. Wo ihre Kantilene es verlangt, deformiert sie unbedenklich das natürliche Erscheinungsbild, um die ausdrucksvollste Figur herauszuzeichnen. Diese antinaturalistische Weise der Darstellung zeigt sich auch im Größenverhältnis der Figuren. Ohne Rücksicht auf die natürlichen Distanzen sind sie allein nach den Erfordernissen des Flächendekors angeordnet. Offenbar richtet sich die Bildräumlichkeit nicht mehr nach dem uns gewohnten, perspektivisch georteten Umweltraum. Das Kontinuum des Raumes ist in Flächenpläne aufgefächert. Auch das Licht hat seinen Charakter räumlich gerichteter Beleuchtung verloren und ist ein diffuses, aus der farbigen Oberfläche strömendes Licht geworden. In ruhigen Oberflächen lagert sich das Bild. Es ist die farbig akkordierte Fläche, die zur Erscheinung kommt und in deren Modulation eine selbständige Bildräumlichkeit durchzuscheinen beginnt. Ihr wesentlicher Träger ist die Farbe. Sie ist von der Lokalfarbe weitgehend abgelöst. Sie lagert sich in einem ruhigen Akkord aus Rot-Grün-Blau, schafft aus ihren Rapporten eine das ganze Bild durchklingende Harmonie von selbständigem Charakter, bringt durch die Distanzwirkung der Farbe die Fläche in ein räumliches Vor und Zurück und durchleuchtet diesen aus der Farbe entstehenden Bildraum durch das aus der lichthaltigen Farbe strömende Bildlicht. Aus dem vorgestellten Naturbild entwickelt sich eine selbständige, der Natur parallel gelagerte Harmonie. Der Gesamtdekor des Bildes schafft schon den Stimmungsraum bevor das Auge das Gegenständliche bemerkt.

Manche Erinnerung an Puvis, Denis, Signac, den ›Jugendstil‹ klingt noch an. Matisse aber wollte etwas Neues. In einem Brief beschreibt er, daß es ihm bei diesem Bild darauf angekommen wäre, einen ausdrucksvollen Farbakkord auf ruhiger Oberfläche zu schaffen, damit eine der musikalischen Komposition vergleichbare Harmonie aus den Farb- und Flächenrapporten entstehen könne. Um diese zu erreichen, habe er sich zu den antinaturalistischen Steigerungen der Farbe und den ornamentalen Vereinfachungen des Linienwerks gezwungen gesehen.

Die Komposition ›Le Luxe‹ sucht das Kleinteilige und Jugendstilhafte weiter zurückzudrängen und das ganze Bild auf wenige große Ordnungen zu stellen. In der ersten Fassung (Abb. 52) sind die naturalistischen Trübungen noch deutlich zu erkennen. In der zweiten Fassung (Abb. 53) werden sie nun geradezu demonstrativ in das Flächenornament des Bildes eingeschmolzen: Raum, Licht, Atmosphäre binden sich allein an die farbig akkordierte Fläche. Die Arabeske zeichnet das Liniendiagramm heraus, das die Funktion der Figuren – Stehen, Kauern, Laufen – am ausdrucksvollsten bezeichnet.

Die Ansatzpunkte für das neue Denken von Matisse sind: die große, ungebrochene Fläche Gauguins, die reine Farbe Seurats und Signacs, die expressive Spontaneität van Goghs. All diese Anregungen aber werden kritisch überprüft und in einer bestimmten Richtung aktiviert. Die Fläche und ihre Farbe hatte bei Gauguin noch illustrativen und symbolistischen Charakter; sie wird jetzt durch Matisse als Träger einer in sich selbständigen Farbharmonie verstanden. Die Farbe Seurats, deren selbständige Qualität Signac schon klarer erkannt hatte, besaß noch die impressionistische Funktion, das Naturlicht zu reproduzieren; auch sie wird jetzt Element der Konstruktion, Träger eines selbständigen Bildinnenlichtes. Die leidenschaftliche Zeichenschrift van Goghs irritierte die Oberfläche; sie wird zu ruhiger Harmonie ausgebreitet. Die Kritik hat eine klare Richtung. Sie zielt auf die Konstituierung des Bildes als eines selbständigen Organismus, in dem Natur nicht reproduziert, sondern durch bildnerische Anordnung repräsentiert wird. Das Feld der Anordnung ist die Fläche, die durch die Farbe gegliedert, räumlich bewegt und erleuchtet wird. Sie wird zum ›espace spirituel‹, in dem sich die in der Gegentatsache ›Natur‹ versteckte und unerlöste Schönheit aus ihrer Gebundenheit löst und als selbständige Harmonie in Erscheinung tritt. Dies neue Bild ist die ästhetische Gleichung aus den Formangeboten der Natur und den Empfindungen und Einsichten des Menschen in ihre verborgenen harmonikalen Möglichkeiten; es ist die bildnerische Entsprechung zu einer visuellen Erkenntnis.

Denn all diese verschiedenen Operationen dienen dazu, etwas sichtbar Entdecktes zur Anschauung zu bringen und es über die natürliche Erscheinung hinauszuheben. Im ›Blauen Akt‹ von 1907 (Abb. 58) hat zweifellos ein bestimmtes Modell posiert. Aber schon die Pose entspricht einer Bildfigur, die einer bestimmten Schönheits-Vorstellung in Matisse entgegenkam, denn wir finden sie in der lagernden Frauenfigur im ›Joie de Vivre‹ wieder. Schon der Blick aufs ruhende Modell rief also eine Bildfigur herbei, die aus dem Charakteristischen des Motivs eine Typik der Schönheit ablöst. Diese ›Figur‹ steht von vornherein im Rapport zum ›Bild‹. Sie ordnet den Körper in eine Lagerung von größtmöglicher Überschaubarkeit, in der alle Gliedmaßen und Drehpunkte übersehbar werden und in der zugleich die weiteste dekorative Ausbreitung und die Einbindung in die Fläche möglich wird. In dieser Ausbreitung kann nun der Kontur die Ausdrucksakzente setzen, die empfindlichste Equilibristik aus der Figuration der Arme und Brüste herauszeichnen, den Schwung der Hüfte so betonen, daß auch das vorgeschobene Bein sich in die Fläche lagert. So entwickelt sich bei größter Sinnlichkeit der Empfindung eine nahezu abstrakt geführte hochexpressive Bildfigur, deren ornamentale Strahlung über die ganze Bildfläche greift. Der helle, freudige Prunk des Farbakkords über Blau-Grün-Rot tritt hinzu, und aus dem Ensemble von Formen und Farben gestaltet sich eine Harmonie von orientalischer Pracht und Sinnlichkeit, die Matisse den Untertitel ›Erinnerung an Biskra‹ nahelegte. Das Naturmotiv gibt den ›choc‹, wie Matisse es nennt, aus dem die Eingebung entspringt. Ihr gilt es im autonomen Raum des Bildes Dauer zu geben. Wie die Entwicklung geht, zeigt das ›Blaue Fenster‹ von 1911 (Abb. 65). Es ist ein Weg immer weiterer Reduktion. Aber sie bringt keine Verarmung, sondern eine immer klarer werdende Erscheinung harmonischer Schönheit.

Daß dieser ›autonome Raum des Bildes‹ keine Metapher ist, sondern eine konkrete bildnerische Realität, zeigt das meisterliche ›Rote Atelier‹ von 1911 (Abb. 67). Das ganze Bild ist eine reine ungebrochene englischrote Fläche. Diese stumpfe Farbfläche wird zur Lichthaltigkeit erweckt durch die Anordnung der sparsamen farbigen Einstreuungen der Gegenstände. Pläne staffeln sich aus den Farbdistanzen, Gegenstandskonturen orten eine Art von Grundriß, das Bildfeld wird raumhaltig ohne seinen Charakter als Fläche zu verlieren – ein reiner Bildraum entsteht, der in keiner Weise als Reproduktion des Naturraumes aufgefaßt werden kann. Das Bild hält sich von der Naturnachahmung und jeder Augentäuschung frei; es ist ein ›geistiger Raum‹. In ihm kann nun ›Natur‹ in eine höhere Ordnung überführt werden, in der die Ergriffenheit vor der in ihr enthaltenen Schönheit ihre bildnerische Entsprechung findet.

Was Matisse im Dialog zwischen der ergriffenen Naturempfindung und der farbigen Orchestration der Bildfläche erreichte, ist ein Bild ganz neuer Art. Es ist die Tafel, auf der sich die ästhetische Gleichung aus den Daten des Naturerlebens und den Daten des mit seinen Mitteln formend ordnenden Geistes herstellt. Die feine Gesetzmäßigkeit der Mittel und ihrer Lagerung zwingt dazu, die spontane Eindrucksempfindung zu organisieren und methodisch zu ordnen; die Kraft der Empfindung hält dazu an, die Sprachgewalt dieser Mittel aufs äußerste zu steigern. Aus ihrer ausdrucksmächtigen Anordnung tritt als Inhalt hervor die ›expression intime‹.

Dies Wort ›expression‹ zündete. Es lag an dem allgemeinen Ausdrucksverlangen der Zeit, daß weniger die auf Ordnung und Form bedachte Geistigkeit von Matisse ihre Wirkung tat, als gerade die expressive Seite seiner Kunst. Hierfür sorgte auch die seit der Ausstellung bei Bernheim Jeune 1901 immer stärker werdende Wirkung van Goghs. Sie forderte die jungen Maler auf, die Ausdrucksmöglichkeiten ihrer Mittel noch stärker zu aktivieren, um den ›choc‹ vor dem Motiv zum stärksten Ausdruck zu bringen. In der ›Towerbrücke‹ von *André Derain* (Abb. 71) wird die Farbe laut und hell, jeder im Motiv liegende Hinweis wird in reine Farbe umgeprägt, ein Rot, wie es aus der Tube kommt, reißt die anderen Farben zu gleicher Tonhöhe mit. Um die Sprengkraft der Farbe auszuhalten, wird das aus dem Motiv abgehobene formale Gerüst lapidar vereinfacht und erhält den Charakter eines Ausdrucksornaments. Das gleiche Verfahren erkennen wir auch bei *Raoul Dufy*. Zu einer äußersten Steigerung wird es durch *Maurice Vlaminck* gebracht (Abb. 81). Vlaminck läßt die Farbe ganz frei. Im unkontrollierten Rausch der Entzückung, die das Motiv aufrief, tritt sie fast unmittelbar, ohne Beugung und Reflektion, von der Palette auf die Leinwand, richtet sich dort Wege ein, kreist in unruhiger Beweglichkeit, die die Spur der erregten Hand mitteilt, springt von Orange zu Blau, von Grün zu Rot und erreicht nun eine Spiegelung des Motivs, in der die ganze Betroffenheit und Erregung im Maler mitschwingt. Es ist die rastlose Bemühung, die Mittel des Nachimpressionismus so zu ›übertreiben‹, daß sie aus ihrer reproduktiven Funktion in die Ausdrucksfunktion umschlagen. – In diesem Wollen zum Ausdruck konnte sich nun auch ein Maler zu den ›Fauves‹ finden, der, weit entfernt von der freudigen Unbekümmertheit seiner Kameraden, gerade von seinem Schmerz und seiner bitteren Sorge Mitteilung machen wollte – *Georges Rouault* (Abb. 87-90). Er kommt viel mehr von Goya und Daumier. Es sind deren Mittel, die er nun ›bedrängt‹ und sie durch Steigerung, Übertreibung, Barbarisierung so weit auflädt, daß sie seinen in den Bildern der Dirnen sich personifizierenden Bericht von einer ins Gnadenlose gefallenen Welt auf sich nehmen können.

Es könnte nun scheinen, als ob es sich hierbei um nicht viel mehr handelte als um eine einseitige Übertreibung des seit Manet geläufigen Verfahrens, Natur durch ein Temperament zu sehen. Aber gerade durch diese ›einseitige‹ Betonung der ›Antwort des Temperaments‹ trat die Frage nach der Wiedergabe des Motivs zurück. Der innere Bezug zu ihm wurde das vordringliche Thema. Folgerichtig werden nun auch die Mittel des Nach- und Neo-Impressionismus ›einseitig‹ in Richtung auf ihre Ausdrucksfunktion gedeutet. Das Strichbild der Impressionisten erhält psychographischen Charakter, ihre abkürzende Gegenstandsdarstellung Zeichencharakter, ihr Skizzenhaftes wird Mittel des spontanen Ausdrucks, ihre helle, reine Farbe, die ihnen zur Darstellung des Naturlichts diente, wird Ausdrucksfarbe. Das Ziel ist, die Empfindung am Gegenstand zu spontanstem und deutlichstem Ausdruck zu bringen. Dies spontane Handeln aus dem Instinkt ist der charakteristische Zug des Expressionismus. Wir können die erste formale Reaktion auf diese Umdeutung der künstlerischen Absicht daran erkennen, daß das Bild das Ausschnitthafte verliert. Es wird selbständiger und schließt sich in der ornamentalen, farbig akkordierten Ordnung der Fläche nach außen ab. Während die ›Fauves‹ auf diese formale Ausarbeitung einer neuen Bildorganisation geringes Nachdenken verwandten, war Matisse bereits daran, dies neue Bild formal zu definieren und zu entwickeln. Er tat damit das gleiche, was wenig später und von anderen Ausgangspunkten her die Kubisten taten.

Etwa 1908, beeinflußt durch die neuerkannte Vorbildlichkeit Cézannes, schwenkt ein großer Teil der jungen ›Fauves‹ zu den Kubisten über. Matisse aber arbeitet unbeirrt an der Farborchestration des neuen Bildes weiter und bewahrt damit die Einsichten in die expressive und harmonikale Qualität der reinen Farbe über die ganzen folgenden Jahrzehnte hin.

Diese Richtung auf das ›Neue Bild‹ war aus der zeitgenössischen Lage noch nicht ohne weiteres zu erkennen. Vorhanden aber war das Bewußtsein von einer notwendigen und umstürzenden Wandlung in der Kunst. Man suchte sich die Richtung der Entwicklung in einem begrifflichen Gegensatzpaar klarzumachen: von der Eindruckskunst zur Ausdruckskunst, vom Impressionismus zum Expressionismus.

48 Matisse, Stilleben mit Geranium, 1910 ▶

49 Matisse, Selbstbildnis, 1906

50 Matisse, Madame Matisse, 1905

51 Matisse, Joie de vivre, 1905-6

52 Matisse, Luxe I, 1907

53 Matisse, Luxe II, 1907

54 Matisse, Bei der Toilette, 1907

55 Matisse, Akt mit weißer Schärpe, 1909

56 Matisse, Tanz mit Kapuzinerkresse, 1912

57 Matisse, Der Manilaschal, 1911

58 Matisse, Blauer Akt, 1907

59 Matisse, Flußufer, 1907

60 Matisse, Das offene Fenster, 1910

61 Matisse, Die rosa Zwiebeln, 1906

62 Matisse, Stilleben mit rotem Teppich, 1906

63 Matisse, Marokkanische Landschaft, 1911

64 Matisse, Stilleben mit Asphodelen, 1907

65 Matisse, Das blaue Fenster, 1911

66 Matisse, Stilleben in Blau, 1911

67 Matisse, Das rote Atelier, 1911

68 Matisse, Tanz, 1909-10

70 Derain, Landschaft bei Collioure, 1905

69 Derain, Frau im Hemd, 1906

71 Derain, Tower Brücke, 1907

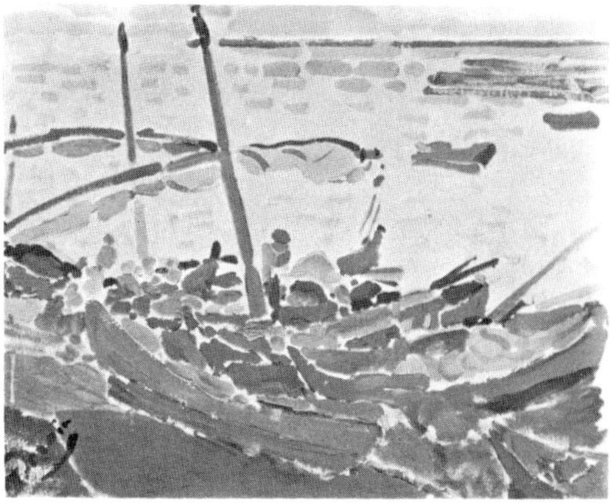

72 Derain, Fischerbarken, 1906

73 Derain, Rebland im Frühling, 1906

74 Marquet, Der 14. Juli in Le Havre, 1906

75 Marquet, Der Sergeant, 1904

76 Dufy, Der 14. Juli in Le Havre, 1906

77 Dufy, Plakate in Trouville, 1906

78 de Vlaminck, Schleppzug, 1908-10

79 de Vlaminck, Stilleben, ca. 1907

80 de Vlaminck, Sommerlandschaft, 1905-6

81 de Vlaminck, Der Zirkus, 1906 ▶

82 Friesz, Bei La Ciotat, 1907

83 Friesz, Rummelplatz in Rouen, 1905

84 Braque, Bei La Ciotat, 1906

85 Braque, Im Hafen von Antwerpen, 1906

86 Braque, Bei La Ciotat, 1907

87 Rouault, Kopf eines tragischen Clowns, 1904

88 Rouault, Bei der Toilette, 1906

89 Rouault, Die kleine Olympia, 1906

Der deutsche Expressionismus

Der deutsche Expressionismus ist die Antwort auf die gleiche geistige Lage, aus der in Frankreich der Fauvismus entstand. Auch für ihn läßt sich 1905/6 als Stichjahr nehmen. Seine Herkunft aber ist besonderer Art. Er wächst unmittelbar aus dem deutschen Naturlyrismus heraus. Worpswede, die Dachauer Malerschule, die Landschafts- und Bauernmalerei mit der Herkunft von Millet boten die Grundlage. In den farbkräftigen Stimmungen der Landschaft in Heide und Moor, in den ausdrucksvollen schweren Gesten ihrer Menschen vor den weiten Horizonten war ein Thema angeschlagen, das aus sich zur ausdrucksvollen Gestaltung, zur Erhöhung der Farbe, zur Verdichtung des Konturs drängte. In diesen Grund wirkt nun vieles hinein: Böcklins Mythisierung der Natur, die symbolistische Farbe, die revolutionären Ideen um Form und Linie des Jugendstils. Beunruhigungen, aber auch Hinweise, wie sich die seelische Betroffenheit vor Landschaft und Figur eindringlicher ausdrücken ließe. In dieses unruhige Suchen strahlt nun aus Frankreich der Spätimpressionismus ein, insbesondere Monet, Gauguin, van Gogh. Ihre farbige Kühnheit wirkte wie ein zündender Schock. Sie schienen die Mittel zu bieten, mit denen die erstrebte ausdrucksvollere Gestaltung zu erreichen war. In einem kühnen Zugriff, der keineswegs frei von Mißverständnissen war, bemächtigten sich die deutschen Maler dieser Mittel und deuteten sie höchst einseitig in Richtung des gesuchten Ausdrucks. In dieser Richtung aber trafen sie auch auf Munch und Ensor. Doch ging in Deutschland alles viel zusammenhangloser vor sich, in größerer Isolierung, an weitauseinanderliegenden Orten zugleich. In Norddeutschland arbeiten Nolde, Paula Modersohn, Rohlfs als einzelne an der neuen Ausdrucksgestaltung, in Wien Kokoschka, in Dresden die vier Freunde der ›Brücke‹, in München die kleine Gruppe um die ›Neue Künstler-Vereinigung‹. Erst nach und nach wuchs dies alles zu dem Stilbild zusammen, das wir Expressionismus nennen.

Einzelne also gerieten unter den Zwang des neuen Auftrags. *Emil Nolde* war 1906 im Umkreis des Hagener Sammlers Osthaus auf Monet und van Gogh gestoßen. Er war durch den Dachauer Naturlyrismus hindurchgegangen, hatte Goya und Daumier studiert, mit dem Ziel, eine in ihm angelegte Empfindung für das Mythisch-Legendäre in der Natur ausdrücken zu können. Er hatte dies Legendäre durch Personifizierung zu erreichen versucht, indem er zum Beispiel in Bergformationen ein Geschlecht von Naturdämonen hineinsah oder im menschlichen Gesicht und in der Landschaft das Urtümliche hervorkehrte. Aber diese symbolische und illustrative Bemühung hatte nie die unmittelbare Kraft bildnerischer Vergegenwärtigung.

Und nun also Monet! Wie die Wirkung Monets sich anließ, zeigt Noldes ›Gartenbild‹ von 1907 (Abb. 91). Jetzt steht der Maler unmittelbar vor dem Motiv, und dies direkte Gegenüber verbietet alle Metaphorik. Die Pracht der Farbe Monets setzt sich bei Nolde aber sogleich in Bezug zu dem alten Wunsch, seine mythische Naturempfindung sichtbar zu machen. Das hat auch negative Seiten: der klug verwebte Schimmer der Farbhaut Monets zerfetzt, aber darunter sieht nun etwas Ekstatisches hervor. Der Zugriff ist zwar wild und ungezügelt, unter ihm aber ahnt man den Schimmer des Legendären. Da wachsen im Vordergrund aus geheimnisvollen Blau und Grün Kelche von Blüten hervor, in einfachster Form, auf der eine brennende Farbe liegt. Dies Aufblühen der Farbe erzeugt einen magisch-legendären Klang, der über die bloße ›Stimmung‹ schon hinausgeht. Mit den ekstatisch verwandten Mitteln des Impressionismus ließ sich also das aus der Natur herausgefühlte Mythische sichtbar machen. Dieser ›ekstatische Impressionismus‹ ist der Ausgangspunkt der glühenden Reihe der Noldeschen Bilder.

Um dieses Legendären willen gerät Nolde 1909 an das religiöse Thema. Im Pfingstbild von 1909 (Abb. 103) rückt er das heilige Ereignis aus der idealischen Verschönung, in die das religiöse Bild seit den Nazarenern geraten war, brutal heraus. Das war vorbereitet: Uhde, Gauguin, Ensor hatten schon die unmittelbare zeitgenössische Vergegenwärtigung der heiligen Geschehnisse versucht. Aber nie hatte dies Vorhaben solch intensiven Ausdruck in allereinfachster Form gefunden. Bauern, Fischer mit rauhen, halluzinierten Gesichtern sind eng um den Tisch gedrängt. Eindrückliche archaische Gesten sprechen die urtümlichen Empfindungen aus: das Beten, die Zusammengehörigkeit im brüderlichen Handschlag, den Trost der schweren Hand auf der Schulter des anderen. Dies Urtümlich-Allgemeine sammelt sich nun in den Gesichtern. Das menschliche Antlitz wird unter der Wucht des Außerirdischen zur archaischen Maske menschlicher Uraffekte. Nolde drängt diesen Ring halluzinierter Gesichter eng zusammen. Wie in einer von Flammenzungen durchzuckten Höhle leuchten die Masken ekstatisch auf. Die Farbe greift ein und wirft über die Gesichter ein brennendes Licht: reines Gelb, darin das Rot der Münder und das scharfe Blau der Augen. Die Farbe ist es, die mit ihrem starken Leuchten die Szene ins Visionäre hebt.

Wie die Vision aus den verborgenen urtümlichen Zonen im Menschen heraufbricht, in denen die Mythen lagern, so strebt der bildnerische Instinkt zu der urtümlichsten Weise der Verbildlichung zurück. Das Einfachste und Unmittelbarste ist das Ausdrucksvollste. Gesichte von barbarischer Gewalt werden damit heraufgeholt. Im Legendenbild der ›Maria Aegyptiaca‹ (Abb. 97) wird das weltliche Leben der heiligen Dirne im allereinfachsten Szenarium vorgeführt: vor den Zeichen der Masten und Segel der gröhlende Chor

◀ 90 Rouault, Akt mit erhobenen Armen, 1907

der Fischer, vorgestellt durch drei Ausdrucksmasken, die die Leidenschaft zur typischen Grimasse verdichten; ihnen gegenüber im grellsinnlichen Klang von Gelb und Orange der wüste Prunk des Dirnenleibes, dagegen dringt das blutige Rot der Hände greifsüchtig an. Die eruptiv hochbrechende Vision verlangt nach den intensivsten Mitteln. Einmal in dieser Richtung, stößt Nolde bald auf die Kunst der Naturvölker und findet in ihrer unwirklichen, rhythmischen, ornamentalen Haltung zahlreiche Bestätigungen. Der Vorgang der Bildentstehung ist ganz instinktiv. Wohl sehen wir, wie in den späteren Bildern der Farbklang sich gelassener ausbreitet (Abb. 100), wie die Bildfigur die Fläche als den Erscheinungsort der Vision stärker bewahrt (Abb. 105), aber diese formalen Vorgänge vollziehen sich außerhalb des Intellekts. Träten sie da ein, so bräche die ununterbrochene Verbindung zwischen unbewußtem Wollen und instinktivem Handeln, und die Vision zerfiele: Größe und Beschränkung des expressionistischen Bildes.

Diese besondere Art, das Wirkliche wahrzunehmen, suchte nach der in der Natur verborgenen Legende, nach dem Kern der Dinge, in dessen herausgelöster Einfachheit ihre wesentliche Größe erkennbar wird. Dieses eindringende Sehen bestimmt auch – und gleichzeitig – im abgelegenen Worpswede die Kunst einer jungen Frau. *Paula Modersohn* wächst unmittelbar aus dem Worpsweder Naturlyrismus. In einem unablässigen Bemühen sucht sie, sich das Wahrgenommene einfach und wahrhaftig zu definieren. Diese stille beharrliche Kraft der Durchschauung leuchtet aus ihrem Bild der ›Armenhäuslerin‹ (Abb. 144). Ganz nah rückt das Motiv an uns heran. Groß und feierlich steht der Kontur der Alten vor dem stillen Horizont: selbst wie ein Ding, sitzt sie inmitten der schweigsamen Dinge ihres Gartens. Das Anekdotische und Sentimentale reicht nicht mehr in die Stille dieses reinen Daseins. Die staunende Empfindung vor der Größe dieses stummen Seins führt alles einzelne auf große einfache Formen zurück. In behutsamer Beharrlichkeit schiebt Paula Modersohn alles Kleinteilige und verwirrend Schöne beiseite, damit allein die wesentlichen Formen hervortreten und repräsentative Kraft gewinnen. Wie in Runenschrift zeichnet sie die einfachen Dinge hin. Diese wenigen wesentlichen Formzeichen und einfachen Farbklänge machen nun den verborgenen Kern, den die Empfindung im Motiv erspürte, sichtbar: das Uralte dieses Wesens, das Legendäre in der Welt des Unscheinbaren.

Auf diesem Weg, durch Formvereinfachung die Empfindung an den Dingen deutlicher zu machen, bot sich Paula Modersohn manche Hilfe. In der Formstrenge der großartigen späten Selbstbildnisse (Abb. 143) klingt ein leiser Reflex griechischer Archaik und ägyptischer Malerei, die Paula Modersohn im Louvre bewunderte, durch, ein leises Betroffensein auch von Gauguin und ganz entfernt bereits ein Schimmer von Cézanne. Da ist wieder dieser Gruß herüber aus Frankreich, der die Richtung des Weges bestätigt.

Dieser Gruß aus Frankreich erreichte gegen 1905 auch den Dritten dieser frühen norddeutschen Expressionisten: *Christian Rohlfs*. Er war damals schon fast sechzig Jahre alt, war durch den Naturlyrismus hindurchgegangen und stieß nun auf Monet und van Gogh. Gerade über van Gogh ließ sich der farbige Glanz des späten Monet als Ausdrucksmittel verstehen. Noch in der ›Soester-Kirche‹ (Abb. 141) klingt etwas von den Kathedralen Monets durch. Aber die vibrierende Farbhaut Monets wird hier in größere Kompartimente auseinandergezogen; festere Konturen, ein einfacher, starker Farbakkord bauen sich ein. Daraus entsteht ein Klang, wie ihn alte Kirchenfenster haben. Im vibrierenden Schwingen der Oberfläche entkörperlicht sich das Motiv, wieder dringt das Legendäre durch.

Wir sahen, wie im norddeutschen Raum um 1905/6 das Stichwort der ›Ausdruckskunst‹ einzelne erreichte. Es führte – und wieder um 1905 – in Dresden zur ersten Zellenbildung. Dort schlossen sich drei blutjunge Maler – Kirchner, Heckel, Schmidt-Rottluff – zu einer Gruppe zusammen, der sie den Namen ›Die Brücke‹ gaben. Pechstein stieß bald dazu und brachte, 1907 von Paris kommend, wo er van Dongen kennengelernt hatte, die direkte Botschaft des Fauvismus mit. Nolde gehörte 1906/7 für eine Weile dazu. 1910, schon in der Berliner Zeit der ›Brücke‹, fand sich Otto Mueller ein. In der Arbeit in Gemeinschaft wollten sie der allenthalben an die Oberfläche drängenden Ausdrucksmalerei zum Durchbruch verhelfen. Am Anfang steht wieder der starke Einfluß van Goghs. Aber schon gegen 1908 verändern sich die Mittel. In *Ernst Ludwig Kirchners* ›Akt mit Hut‹ (Abb. 122) läßt sich diese Veränderung erkennen. Sie zielt schon in die Richtung der ›Fauves‹. Das Motiv wird in breite, ornamentale Farbflächen auseinandergelegt und die Gegenstandsform in einer lapidaren Zeichenschrift bestimmt. In dieses graphische Gerüst lagert sich eine scharfleuchtende Farbe ein. Die in diesem Bild verarbeiteten Einflüsse sind sehr vielfältig. Noch zeigt die dekorative Haltung die Verbindung zum französischen Symbolismus der Jahrhundertwende. Sie wird aber überdeckt durch den Einstrom von seiten der Kunst der Naturvölker und des mittelalterlichen Holzschnitts, der Farbe und Dekor gewaltsam steigert. Diese urtümliche Formsprache erhöht die Kraft des Ausdrucks und hebt die ornamentale Anordnung weit über das Dekorative hinaus. In der Stimmung dieser frühen Bilder läßt sich noch etwas von der psychischen Unruhe Munchs ahnen.

Im später übermalten ›Selbstbildnis mit Modell‹ 1909/10 (Abb. 129) verschmelzen all diese Hinweise zu kraftvoller Selbständigkeit. Wieder steht der Maler unmittelbar vor dem Motiv. Durch Steigerung der Farbe und Vereinfachung der Zeichnung holt er aus dem Motiv das Gegenbild heraus, das ihm den Schock, den er vor dem Motiv erspürte, in aller Schlagkraft verbildlicht. Die Zeichnung der Figuren wird hart und lapidar, so daß auch der psychische Impuls, der aggressive Stand des Malers und das Verschüchterte des Modells, in sie eingeschlüsselt wird. Über dieses Zeichengerüst breitet sich die Farbe. Sie ist zu ihrer größten Strahlkraft gebracht, das scharfe Rot und Blau bringt den im

Motiv angelegten Akkord zu höchster Lautstärke und stellt die ganze Farbanordnung auf den weitesten Kontrast. Im Zusammenwirken der hart definierenden Zeichnung mit der freien Farbe formt sich die direkte bildnerische Antwort auf das Betroffensein im Künstler aus, die alle Verschönungen und alles Metaphorische streicht, um den intensivsten Ausdruck aus der Sprachkraft von Form und Farbe zu pressen.

Dieser *frühe Brücke-Stil* (Seite 62–63) ist wesentlich auf die reine Farbe und eine abkürzende Zeichnung gestellt. Wir sehen ihn in Schmidt-Rottluffs frühen Landschaften (Abb. 112), in denen sich das Seherlebnis in einen einfachen starken Farbakkord mit großvereinfachten Gegenstandszeichen umsetzt. Wir erkennen ihn wieder in Heckels ›Akt auf Sofa‹ (Abb. 109) und bemerken jetzt, wie die farbige Haltung schon Verbindung zu den ›Fauves‹ aufnimmt. In Otto Muellers arkadischen Figurenbildern (Seite 64) mäßigt sich bei hoher dichterischer Kraft der Empfindung die Ausdrucksstärke der neuen Mittel zu einem träumerischen Lyrismus. Welche Richtung die Entwicklung nimmt, zeigt die Reihe der Landschaften. Heckels frühes ›Sächsisches Dorf‹ (Abb. 110) zeigt noch unmittelbar die Steigerung der impressionistischen Mittel. Sein ›Fasanen-Schlößchen‹ (Abb. 111) bringt schon eine stärkere flächige Verfestigung, eine summierende Zeichnung, eine ausdrucksvolle ungebrochene Farbigkeit.

In Kirchners ›Gutshof auf Fehmarn‹ (Abb. 125) beginnt sich dann das Formbild zu verändern. Der Bildraum ist eigentümlich verfaltet und verschränkt, eine aggressive Kubik tritt in kontrastreichen Gegensatz zur flächigen Arabeske, die gegenstandsbezeichnenden Formen fächern sich splissig auf. Offenbar befinden wir uns hier schon in einer *zweiten Phase der Brücke-Entwicklung*. Wir treffen diese neuen Formeigenheiten auch bei Heckel an. In ›Frauen am Wasser‹ (Abb. 136) splittert die Oberfläche brüchig auf, und aus diesen Splitterformen fügt sich ein kristallisches durchsichtiges Muster, das auch auf die Atmosphäre übergreift. Diese Veränderungen vollziehen sich gegen 1911 mit der Übersiedlung der Brücke-Künstler nach Berlin.

Es ist der Reflex des Kubismus, der hier einfällt (Abb. 125). In dramatischer Weise erleben wir die Auseinandersetzung mit ihm in den Werken Kirchners um 1912. Es ist ein offen zutage liegender Kampf zwischen der kubistischen Forderung nach gegliederter Bildarchitektur und einem jeder Hemmung feindlichen Ausdruckswillen. Will sich in der ›Frau vor Spiegel‹ (Abb. 130) der Raum in klaren Plänen lagern, so wird er unverzüglich und vexierbildartig beunruhigt durch die Raumbrechung des Spiegelbildes; will das formbestimmende Linienwerk sich zur ruhigen Figur in der Fläche breiten, so sprengt der explosive Kern des weißen Gewandes diese Lagerung wieder auf. Ein hektisches Zucken arbeitet unruhig in den fächrigen Verschränkungen von Raum und Dekor und spiegelt den gespannten, hektischen Zustand des Malers wider. Aus diesem Zustand aber kommen Bilder von ungemeiner Gleichniskraft herauf. In den ›Fünf Frauen auf der Straße‹ (Abb. 132) zeichnen sich in das unruhige irrationale Raumprisma die prunkenden Ausdruckszeichen der flanierenden Kokotten ein, bösartige Formkomplexe – die Pelzboen, die überwimpelten Hüte – fügen diesen Hieroglyphen eine hektisch rufende Erotik hinzu, und in diesem zuckenden Hin und Her der Formen, in ihrer splittrigen, dissonanten Lagerung entsteht der Stimmungsraum, der die Erregung des Malers im Getriebe der Großstadt eindringlich wiedergibt. Wieder stehen wir vor der schon bemerkten Tatsache, daß formale Anregungen, die aus einer anderen Richtung kamen, in erster Linie nach ihrem Ausdrucksgehalt befragt werden. Wir können dies auch in der Entwicklung Schmidt-Rottluffs erkennen, wo die kubistische Formverblockung zur Verdichtung einer psychischen Stimmung dient (Abb. 137). Bei Kirchner aber läßt sich dies alles so erregend an, weil er das, was wir das ›Neue Bild‹ nannten und was Matisse und die Kubisten in ihrer Weise erstrebten, eigentlich bereits in Händen hält, in seinem unruhigen Ausdrucksdrang diese in ihm selbst heraufwachsende Ordnung aber immer wieder gewalttätig gefährdet, immer wieder gegen diese Ordnung die Sprengkraft seines Ausdrucksverlangens stellt. Diese Gefährdung aber gibt seinen Bildern ihre rastlos drängende Kraft.

In Österreich war es *Oskar Kokoschka*, der in wahrhaft genialer Frühreife die Malerei in die Sphäre des Ausdrucks führte. Mit unheimlicher medialer Fühlfähigkeit tastet er prüfend die Haut des Sichtbaren ab, bis er den Punkt gefunden hat, an dem sich die stärkste halluzinatorische Zündung herstellt. Da kann es der Anblick eines abgehäuteten Hammels sein (Abb. 149), der den zündenden Schock provoziert. Dann streichelt der Pinsel den opalenen Schimmer der Verwesung heraus, und dazu stellt sich das kränkliche Weiß einer Hyazinthe, ein blasser Molch, eine weiße Maus. Ein Höhlenszenarium, durch das eine Schildkröte kriecht, hüllt das Ganze ins Dunkle, aus dem nun das Fleisch des toten Hammels irisierend leuchtet. Der Schock vor dem Gesehenen schlägt sich als halluzinatorisches Bild nieder. Oder eine Landschaft an einem Wintertag, an dem die Sonne blaß über den Bergen stand (Abb. 150), öffnete eine zauberische Perspektive; eine Straße, wie ein glänzender Lichtgang, sprengte in das Grau dieses Tages einen leuchtenden Kristall ein, und dieser Glanz gibt der ganzen Landschaft visionären Klang. Oder ein Blick auf einen Menschen (Abb. 145) läßt plötzlich etwas Halluziniertes an ihm wahrnehmen, ein Spiel der Gestik, ein im Flug aufgegriffenes Mimisches, das der Maler in bohrender Eindringlichkeit isoliert und als Wesenskern der Person setzt. Diese sich einstellende Antwort steht in unmittelbarem Bezug zum Maler selbst; es ist seine autistische Vision und insofern immer auch Selbstdarstellung. Es ist eine Eindrucksempfindung, aber in der Dimension des ›zweiten Gesichts‹. Sehen wir auf die Mittel (Abb. 148), so sind sie eigentlich konventionell. Wir könnten Farbigkeit und Vortragsart dieser Bildnisskizze gut im Wiener Schulkreis um Klimt beheimaten. Nicht konventionell aber ist die Art, das Motivische aufzufassen und zu verwandeln. Da ist es der kecke, katzenhafte Ausdruck des Gesichts und jene sensibel hochtastende Hand, die den Ausdruck des Bildes tragen. Es ist das Mimische und das Gestische, die bei Kokoschka gern die illustrative Funktion übernehmen.

Später werden dann die Mittel bestimmter und derber. Im ›Bildnis Hauer‹ nehmen sie jenen Charakter eines dramatischen Impressionismus an, den wir auch beim späten Corinth oder Slevogt finden können. Der Ausdruck liegt mehr im Illustrativen, in der Mimik und der karikierenden Deformation der Hände. Selbst in der großartigen Vision der ›Windsbraut‹ (Abb. 151) ist es mehr die visionäre Kraft, die die Stärke des Bildes ausmacht, als die Tragkraft der Mittel. – Von Klimt und dem Frühstil Kokoschkas ausgehend, hat der jungverstorbene Österreicher *Egon Schiele* (Abb. 152) seinen sensiblen, oft erotisch überheizten, flächig-ornamentalen Stil entwickelt.

Der deutsche Expressionismus steht genau an der Grenzmarke, wo das Ungenügen am reproduzierenden Bild in den Wunsch nach Verbildlichung der schöpferischen seelischen Antwort umschlägt. In einem unmittelbaren und durch Tradition ungehemmten Angehen der Natur sucht er die von innen antwortenden Gegenbilder in möglichster Ursprünglichkeit und im intensivsten Ausdruck aus sich herauszustellen. Da er aber in seinen Mitteln noch an das reproduktive Bild gebunden ist, sucht er diese weitmöglichst aufzuladen. Der Spätimpressionismus – und insbesondere van Gogh – boten die Hilfe. In einer ständigen Bedrängung der spätimpressionistischen Mittel – der hellen, reinen Farbe, der spontanen Schrift, der abkürzenden Formbestimmung – sucht er sie seiner andersartigen Absicht gefügig zu machen. Er vereinfacht die Gegenstandsformen auf ihren lapidaren Kern, treibt die Farbe zu ihrer größten Kontrastspannung, sucht den ununterbrochenen Kontakt zwischen Instinkt und bildnerischer Handlung zu bewahren und findet Bestätigung und manche Anregung in den Bereichen primitiven Kunstwollens. All diese Operationen sind darauf angelegt, den intensivsten Ausdruck der seelischen Berührtheit am Gegenstand zu erreichen. Die Notwendigkeit einer überlegten, mehr konstruktiven Führung dieser neuen Mittel wird zwar im Expressionismus immer wieder empfunden, wird aber immer wieder überspielt durch den Drang zum freiesten Ausdruck. Das Pathos des expressionistischen Bildes entfaltet sich gerade in der Spannung zwischen Ordnung und Sprengkraft. Der deutsche Expressionismus steht durchaus in Reichweite dessen, was wir das ›Neue Bild‹ nannten, es gelingt ihm aber nicht, die in ihm versteckten ›rechnerischen Operationen‹ zu vollziehen. Dazu bedurfte es erst der Belehrung durch die Disziplin des Kubismus.

91 Nolde, Gartenbild, 1907

92 Nolde, Marktleute, 1908

93 Nolde, Feriengäste, 1911

94 Nolde, Stilleben, 1914

95 Nolde, Am Weintisch, 1911

96 Nolde, Wildtanzende Kinder, 1909

97 Nolde, Die hl. Maria Aegyptiaca, 1912

98 Nolde, Tanz um das Goldene Kalb, 1910

99 Nolde, Der Schwärmer, 1919

100 Nolde, Kerzentänzerinnen, 1912

101 Nolde, Pharaos Tochter findet Moses, 1910

102 Nolde, Grablegung, 1915

103 Nolde, Pfingsten, 1909

104 Nolde, Heilige Nacht, 1912

105 Nolde, Der ungläubige Thomas, 1912

106 Nolde, Der Herrscher, 1914 ▶

107 Heckel, Der schlafende Pechstein, 1910

108 Pechstein, Mädchenbildnis, 1908

109 Heckel, Akt auf dem Sofa, 1909

110 Heckel, Sächsisches Dorf, 1910

111 Heckel, Fasanenschlößchen bei Moritzburg, 1910

112 Schmidt-Rottluff, Gutshof in Dangast, 1910

113 Schmidt-Rottluff, Lofthus, 1911

114 Pechstein, Weiblicher Akt im Zelt, 1911

115 Schmidt-Rottluff, Selbstbildnis, 1910

116 Schmidt-Rottluff, Villa mit Turm, 1912

117 O. Mueller, Die großen Badenden, 1910-1

118 O. Mueller, Stehender Akt unter Bäumen, 1915

119 O. Mueller, Waldsee mit zwei Akten, ca. 1915

120 Kirchner, Mädchen unter Japanschirm, um 1908

121 Kirchner, Varietétänzerin, 1908

122 Kirchner, Akt mit Hut, ca. 1910

123 Kirchner, Die schlafende Milli, 1909-10

124 Kirchner, Dresden-Friedrichstadt, 1909

125 Kirchner, Gutshof auf Fehmarn (Gut Staberhof), 1913

126 Kirchner, Berlin, Belle-Alliance-Platz, 1914

127 Kirchner, Burg auf Fehmarn, 1912

128 Kirchner, Der Rote Turm in Halle, 1915

129 Kirchner, Selbstporträt mit Modell, 1909-10 ▶

130 Kirchner, Frau vor Spiegel, 1913/20

131 Kirchner, Sich kämmender Akt, 1913

132 Kirchner, Fünf Frauen auf der Straße, 1913

133 Kirchner, Frauen auf der Straße, 1914

134 Heckel, Zwei Männer am Tisch, 1912

135 Heckel, Die Genesende, 1913

136 Heckel, Frauen am Wasser, 1913

137 Schmidt-Rottluff, Georginen in Vase, 1912

138 Schmidt-Rottluff, Drei Akte, 1913

139 Schmidt-Rottluff, Waldbild, 1921

140 Schmidt-Rottluff, Boote im Hafen, 1913

141 Rohlfs, St. Patroklus in Soest, 1906-7

142 Rohlfs, St. Patroklus in Soest, ca. 1912

143 Modersohn-Becker, Selbstbildnis mit Kamelienzweig, 1907

144 Modersohn-Becker, Armenhäuslerin, ca. 1905

145 Kokoschka, Bildnis Professor Forel, 1910

146 Kokoschka, Bildnis Etlinger, ca. 1912

147 Kokoschka, Bildnis Dr. Tietze und seine Frau, 1909

148 Kokoschka, Bildnis Frau Kann, 1909 ▶

149 Kokoschka, Stilleben mit totem Hammel, 1908

150 Kokoschka, Dent du Midi, 1908

151 Kokoschka, Die Windsbraut, 1914

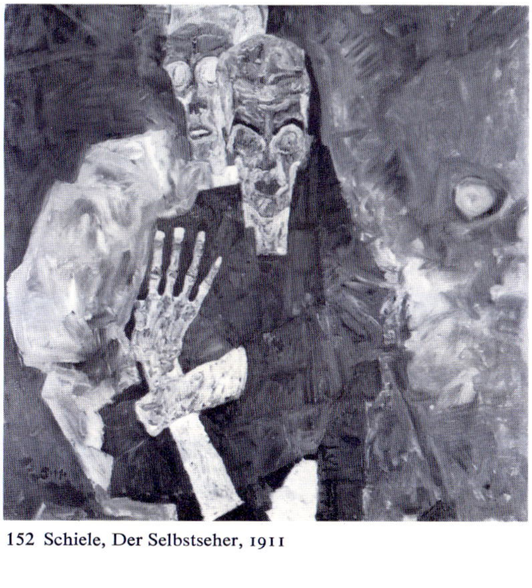

152 Schiele, Der Selbstseher, 1911

153 Schiele, Kardinal und Nonne, 1912

Der Kubismus

Der Kubismus beginnt im Jahr 1907. Er wird heraufgeführt durch Picasso und Braque. Picasso war 1906 bei seiner Beschäftigung mit archaischer Skulptur und der Kunst Afrikas auf bestimmte Formen kubischer Verblockung aufmerksam geworden und arbeitete 1907 über viele Monate an einer großen Komposition – den ›Demoiselles d'Avignon‹ –, in der er versuchte, die mit kubisch vereinfachten Blockformen und ornamentalen Hohlformen arbeitenden Formeigenheiten des archaisch-primitiven Kunstkreises in die zeitgenössische Figurenkomposition einzuführen, deren letzte Leistungen die ›Großen Badenden‹ Cézannes und die Figurenbilder Gauguins waren. Braque, der 1907 selbst schon daran war, seinen expressiven Fauvismus formal zu disziplinieren, sah dieses Bild im Herbst 1907 im Atelier Picassos. Im Sommer 1908 malt er in Estaque eine Reihe von Landschaften, in denen er jedes Detail analytisch auf seine stereometrischen Grundformen zurückführt, deren Leitform der Kubus ist. Picasso kommt gleichzeitig und an ganz anderem Ort zu sehr ähnlichen Lösungen. Zurückgekehrt beginnen die beiden Freunde im Winter 1908 in enger Gemeinsamkeit die Ausarbeitung der neuen Bildstruktur. Ihre Zusammenarbeit sollte sich über viele Jahre bis zu Beginn des Krieges bewähren. 1908 bei Kahnweiler und dann 1909 bei den ›Indépendants‹ zeigte Braque seine Landschaften aus Estaque. Vor ihnen sprach der Kritiker Vauxcelles von »bizarreries cubiques«. Daraus entstand die Bezeichnung ›cubisme‹. Auch der Kubismus begann also mit reinen anschaulichen Erfahrungen. Die Theorie trat erst viel später hinzu. Er begann auch ohne feste Gruppenbildung. Erst 1909 stoßen Gleizes, Metzinger, Picabia, Herbin, Le Fauconnier, Lhote, Delaunay dazu und 1910 Marcoussis, de la Fresnaye, Duchamp, Léger und Juan Gris. Doch bleiben die Neuankömmlinge immer in einer gewissen Distanz zum klassischen Kubismus und haben auch teilweise abweichende formale und inhaltliche Ziele, für die Apollinaire die Bezeichnung ›Orphismus‹ erfand. Die Kerntruppe des klassischen Kubismus bilden Picasso und Braque, zu denen sich Juan Gris gesellt, der, seit 1906 mit Picasso befreundet, um 1910 die formalen Unternehmungen seiner Freunde sich zu eigen macht.

1907 ist das Jahr, in dem die große Gedächtnisausstellung für Cézanne in Paris gezeigt wird. Verschärften die ›Fauves‹ die Einsichten von Gauguin, van Gogh und der Neo-Impressionisten, so radikalisiert der Kubismus die Lehre Cézannes. War das Hauptanliegen der ›Fauves‹ die analytische Durchdringung der selbständigen Sprachmöglichkeiten der Farbe, so war das der Kubisten die Analyse der Form. Um der Form das volle Gewicht zu lassen, reduzieren die Kubisten die Farbe auf wenige sparsame Töne: Grau, Ocker, erdiges Grün; oft sinkt sie bis ins Monochrome zurück. Um der Form konstruktive Selbständigkeit zu geben, reduzieren sie die vielfältigen Gegenstandsformen auf ihre stereometrischen Grundformen. Dies schien sich zu treffen mit jenem berühmten Ausspruch Cézannes, daß sich alles in der Natur nach Kugel, Kegel und Konus forme, den Bernard 1906 als Hauptsatz Cézannes kolportiert hatte.

Dieser Satz darf indessen nur als gröbste Faustregel verstanden werden. Die Lehre Cézannes war viel subtiler. Cézanne wollte eine anschauliche Ordnung aus der Natur entwickeln und die Erfahrung dieser im menschlichen Geist reflektierenden Ordnung dann wieder auf die Natur anwenden. Sein durchdringender Blick hatte hinter den verwirrend-vielfältigen Oberflächen der Natur ein feines Maßwerk aus Rhythmus und Proportion entdeckt, eine architektonische Struktur, die wie ein kristallenes Muster den zufälligen Formarrangements der Natur hinterlag. Gelang es, dieses Muster in entsprechenden farbigen Formen herzustellen, so verwandelte sich die Bildfläche selbst in einen Kristall, in dessen Brechungen das natürliche Ansichtsbild in die poetische Dimension der Erscheinung geriet. Folglich richtete sich die ganze Anstrengung Cézannes darauf, diesen ›harmonikalen Hintergrund‹ der Natur sichtbar zu machen. Er wollte – wie er sagt – nicht die Natur »reproduzieren«, sondern sie »repräsentieren« durch bildnerische Äquivalente. Diese harmonikale Ordnung entstand nicht in einem leidenschaftlich-halluzinierten Dialog mit der Natur im Sinne van Goghs, sie war die Antwort des menschlichen Geistes innerhalb seines eigenen harmonikalen Spielfeldes aus Maß, Zahl, Rhythmik und Proportion. Für Cézanne war das Bild das Ausgleichsprodukt zwischen dem auf der Netzhaut erscheinenden Reflex der Dinge und dem Muster aus Maß und Zahl, das als ästhetischer Gegenwurf im schauenden menschlichen Geist erstand.

Diese Einsichten Cézannes verschärfen jetzt die Kubisten. Sie rücken weiter von der Natur ab. Ihr Ziel ist, der ursprünglich aus der Natur anschaulich entwickelten Konstruktion immer größere Selbständigkeit zu geben und sie schließlich weniger als antwortendes Gegenbild auf die Natur zu verstehen denn als selbständigen harmonikalen Entwurf, als »Geist-Spiel«, wie Picasso sagt. Für diese freien Entwürfe die Sprachmittel zu finden, war der Auftrag der Kubisten. Die Aufgabe war schwierig. Ihre Lösung entwickelte sich denn auch nur in einzelnen kleinen Schritten.

Die ›Familie des Seiltänzers‹ (Abb. 157) zeigt die Position, die *Pablo Picasso* 1905 erreicht hatte. Ein Bild von einer eindringlichen schwermütigen Stimmung, dessen menschlichen Gehalt Rilke in der 5. Duineser Elegie unübertrefflich beschrieben hat. Das Bild steht noch ganz in der Tradition des klassischen Figurenbildes, die Puvis de Chavannes bewahrt hatte. Aber die

◀ 154 Braque, Landschaft, 1908

idealische Haltung wird erschüttert durch die Vereinsamung der Figuren in dieser großen Leere und durch die eigentümliche Kraft ihres zu der Frau hin geöffneten wartenden Ornaments. Gehört auch diese offenlassende Leere ganz zu der Stimmung des Bildes, so zwingt sich doch der Eindruck auf, als habe der Maler den Pinsel sinken lassen, weil auf diesem Wege kein Ziel und keine Hoffnung mehr lag.

Tatsächlich zeigt das Hauptwerk von 1907, ›Die Mädchen von Avignon‹ (Abb. 160), ein völlig und auf den ersten Blick erschreckend verändertes Bild, wenn es auch noch in der Linie der klassischen Figurenkomposition steht. Im ersten Entwurf sollte im Kreis der Mädchen ein Seemann sitzen und von der Seite ein Mann mit einem Totenkopf hereinkommen – ein ›memento mori‹ also, eine Mahnung an den Tod. Aber die Weiterarbeit vernichtet nicht nur den Vorwurf, sondern das ganze klassische Erscheinungsbild. Aus dem ›memento mori‹ wird ein gewalttätiges Ausdrucksimago: wo der Mann mit dem Totenkopf eintreten sollte, bricht eine dämonische Fratzenwelt ein. Diese ungestüme Kritik am klassischen Bild setzt an allen Stellen ein. Das Leere verschwindet – das ist das größte Ereignis in der Bildorganisation. Ein splissiges, über die Fläche zuckendes Gefüge bricht das Kontinuum des Raumes. Das Leere wird fest und kristallisiert aus sich ein brüchiges Raumgeschiebe, das die figurale Bewegung begleitet oder kontrastiert. Der Raum selbst nimmt Gestalt an und wird Ausdrucksmedium. Auch das Fluidum des Atmosphärischen, das Licht, verliert seine naturalistische Funktion als Beleuchtung. Wie der festgelegte Standpunkt des Betrachters nicht mehr vorhanden ist, so der einheitliche Quellpunkt der Beleuchtung. Das Licht emaniert aus Farbe und Ton. Hell- und Dunkelzonen springen über das Bild und werden eingesetzt allein nach den vom figuralen Drama verlangten Akzenten. Auch die Figuren und Gegenstände werden gewalttätig deformiert, flächig aufgefaltet, kubisch facettiert, stilisiert auf das ausdrucksstärkste Ornament. Figur und Ding verlieren den Abbild-Charakter und nehmen Zeichen-Charakter an. Dabei erhalten auch die toten Dinge eine gleiche Aussagefunktion wie die Figuren, sie werden ›Person‹. – Die eigentümlichen Sprünge zwischen Fläche und Raum finden ihre Entsprechung in der Behandlung der Gegenstandschiffren. Da stehen rein graphische Zeichen, die durch ihre Aufschrift auf die bewegte Fläche eine ungemeine Bannkraft gewinnen, neben kubischen Formen, die aus einer ganz bildhauerischen Vorstellung entwickelt sind. Neben den ohne Rücksicht auf perspektivische Verkürzungen der Fläche aufgeschriebenen Gegenstandszeichen steht – rechts oben – ein wie mit der Axt zugehauener Kopf in einer aggressiven Kubik. Zugrundeliegt eine unruhige Ausdruckssucht, die Archaisches, Exotisches und Primitives als Ausdrucksmittel heranholt. Tatsächlich ist die linke Figur aus einer Skulptur der iberischen Archaik entwickelt, wie die Fratzen rechts aus Masken Französisch-Afrikas. Das Ganze ist ein kühner Wurf ins Ungewisse! Was durch ihn an Einsichten anfiel, mußte nun unter Disziplin treten. Dafür sorgte auf der Seite der bildnerischen Kultur die Mahnung Cézannes, der seine Formstrukturen aus den Dingen entwickelt hatte. Die bildnerische Analyse des Dinges war nötig. Damit beginnt der analytische Kubismus.

Sein Untersuchungsgegenstand wird jetzt das Stilleben. Picassos ›Fruchtschale und Brote‹ von 1908 (Abb. 161) wählt ganz einfache Dinge. An ihnen werden die ersten Schritte zum Aufbau eines selbständigen Bildorganismus getan. Der Raum wird fest eingegrenzt. Wenige, zur Vorderfläche parallel geschichtete Grundflächen nehmen ihn demonstrativ in Zucht. Diese Grundflächen werden nun räumlich bewegt, durch das Hintergrundstuch gefältelt, durch die Fußpunkte der Gegenstände geortet, durch Veränderungen des Blickpunktes (die Tischkanten) verschränkt, durch abstrakte Binnenzeichnung facettiert. In dieser der Bildfläche zugeordneten Räumlichkeit beziehen die Dinge ihren Ort. Ihre unterschiedliche Perspektivik antwortet auf die Beweglichkeit der Raumfacettierung. Die Dinge selbst erscheinen als reine Vorstellungsbilder in ihrer einfachen Daseinsmacht (im Sinne Rousseaus). Eine formale Analytik bemächtigt sich der Gegenstände, entwickelt aus ihnen die einfachste kubische Form und setzt diese in Rapport zu dem räumlichen Organismus des Bildes. Die Dinge gewinnen leisen personellen Charakter. Sie werden nicht eigentlich ›abgebildet‹, sie werden selbst zu Darstellern bildnerischer Verhältnisse. So entsteht ein Formgebilde von größerer darstellerischer Selbständigkeit.

Das ›Stilleben mit Früchten‹ von 1909 (Abb. 162) schreitet auf diesem Wege weiter. Die Raumschichtung wird noch schmaler und dichter, die Flächengeometrie größer und bestimmter. Die Gegenstände verstärken ihren personellen Charakter: das Ding erscheint als *personnage nouveau.*

Einen weiteren Schritt zeigt Picassos ›Dame mit Hut‹ von 1909 (Abb. 165). Die Gegenstände sind in kubische, kristallinische Kleinformen zerlegt und lassen den Widerschein einer feinen geometrischen Ordnung erkennen, in die sich die gegenständlichen Daten einfügen. Vielleicht wirkt hier ein Einfluß von Braque herein, der seit 1908 auf ähnlichen Spuren war.

Georges Braque hatte schon in seinen fauvistischen Landschaften von 1906/7 durch Vertikale und Horizontale und feste Bogenschwünge das Gerüst des Bildes zu verfestigen gesucht. Die Berührung mit Cézanne systematisiert nun auch seine Überlegungen. In der Landschaft von 1908 (Abb. 154) entwickelt er aus den Gegenständen einfache stereometrische Formen und fügt aus diesen Bausteinen eine Konstruktion zusammen, die eine aus der Natur entwickelte Ordnung anschaubar macht. Sie verwirklicht sich als Erscheinung auf der Fläche. Das Bild ist kein Ausschnitt mehr. Seine Räumlichkeit wird an die Fläche gebunden und damit verschwindet auch hier das Perspektivische und Atmosphärische. Aus der naturalistischen ›Ansicht‹ wird ein Bild der Vorstellung, das eine aus der Natur entwikkelte visuelle Ordnung sichtbar macht.

Braques ›Geige und Krug‹ von 1910 (Abb. 178) zeigt

ein Ergebnis dieser neuen Verfahren von höchster künstlerischer Vollendung. Das Wesen des selbständigen Bildraums als Emanation der Flächenbewegung wird immer klarer. Alle Tiefenanweisungen des Ansichtsbildes erhalten die Tendenz, in die Fläche zu klappen, um dem Dinglichen den Zeichencharakter zu geben. Aus den Gegenständen werden analytisch Prismenformen als Bausteine der Flächenarchitektur gewonnen. Sie werden in vielfältiger Weise zu geometrischen Strukturen aufgefaltet. Ihre Ansichten werden von verschiedenen Blickpunkten zugleich analysiert, wobei ihre wesentlichen Formen betont werden und wie hingerufene Worte für das Ganze stehen. Aus diesen evokativen Zeichen kann der Betrachter den Gegenstand in seiner Vorstellung vollständig zusammensetzen. Die Zerlegungsformen der Gegenstände nehmen Verbindung zu ihren Nachbarkomplexen auf, durchdringen sie und verwandeln die leeren Zwischenräume in feste Diagramme. Eine von der geistigen Durchdringung des Sichtbaren her bestimmte, taktfest gefügte Ordnung macht sich als Bild manifest und nimmt auch die Gegenstände in sich hinein.

Zwei Bildnisse von Picasso und Braque (Abb. 168 und 177) zeigen, wie sehr sich die beiden Maler aneinander angeglichen haben. Picasso ist dramatischer und ›unheimlicher‹, Braque einfacher und baumeisterlicher. In beiden Bildern aber ist die Ablösung vom Erscheinungsbild noch weiter getrieben. Das räumliche Gefüge ist ganz flach geworden, nur räumliche Vibration der Fläche. Übereinander gelegte und durchscheinende Pläne machen die Konstruktion licht und durchsichtig; sie repräsentieren das Licht, ohne es zu reproduzieren. Alle Mittel sind eingesetzt, um den »Naturgegenstand in einen Kunstgegenstand zu verwandeln« (Braque) und die Außenwelt im Spiegel eines geistigen Erlebnisses zu repräsentieren. Nur da und dort leuchten Gegenstandszeichen auf, die das Gegenständliche lesbar machen. Braque führt nun auch Zahlen und Buchstaben ein. Sie betonen den Schriftcharakter, den auch die gegenständlichen Zeichen haben. Ihre vorgeformten Zeichen haben eine gewisse Schockwirkung. Durch die Herauslösung aus ihrem gewohnten Sinnzusammenhang werden sie zu rätselhaften, eigenwilligen Gebilden. Von der Erfahrung an ihnen ausgehend, ließen sich dann auch andere ›reale Einzelheiten‹ ins Bild einführen: Zeitungsausschnitte, Spiegel, Hölzer, Tapeten, Dingfragmente aller Art. So entstand die kubistische Montage. – Diese Sigel können aber auch einfachere Erfahrungen bildnerisch sichtbar machen, die jeder haben kann, wenn er, hinter einer Caféhaus-Scheibe mit ihren spiegelverkehrten Aufschriften sitzend, auf das bewegte Leben draußen schaut. Dann wirken die Buchstaben wie Fixpunkte einer imaginären durchsichtigen Folie, hinter der sich die lebendig bewegten Szenen in einer entrückten Distanz, in der Ferne der Erscheinung, abspielen. Tatsächlich wird in Braques Bildern durch die vorgeformte Präsenz der Buchstaben die raschelnde Beweglichkeit des ganzen Gefüges ungemein betont. Das Rhythmisch-Bewegte tritt ins Bild und gibt neue Möglichkeiten.

Es ist bei diesen Bildern schon fraglich, ob sie noch aus einer Analyse der Gegenstände entstanden sind oder ob sie nicht vielmehr aus den bereits gewonnenen Materialien synthetisch eine Konstruktion aufrichten, die selbständigen Wert hat und erst in ihrem Aufbau etwas Gegenständliches zusammensetzt – als hergestellte, gefundene oder wiedererkannte Wirklichkeit. Sicher ist das bei zwei Figurenbildern von Picasso und Braque der Fall (Abb. 167 und 183). Da tritt im Spiel mit den einmal gefundenen Formen eine Analogie zu einer Figur hervor, die nun durch aufgeprägte Gegenstandszeichen nach dieser oder jener Richtung bestimmt wird – als ›Fanatiker des Stierkampfes‹ oder als ›Mann mit Gitarre‹. Der Kubismus tritt jetzt, ohne daß die Grenze genau bestimmbar wäre, aus seiner analytischen in die synthetische Phase. Sein Ziel bleibt aber immer noch, die Außenwelt des Menschen in einer dichterisch-bildnerischen Dimension wiederzuerschaffen.

Diese Möglichkeit bezeugen in ihrer schönfugierten Form die beiden Geigen-Stilleben von Picasso und Braque (Abb. 171 und 180). Die Leinwand selbst ist zum Klangkörper geworden. Klingende Abläufe, feine Passagen, taktfeste Rhythmen bringen die Fläche zum Vibrieren. Aus diesem feinen musikantischen Formensatz treten dann zeichenhafte Analogien zu den Klangkörpern der Instrumente herauf. Die Gebilde sind ganz verständlich und lesbar, aber auch zu ganz selbständigen Melodien fähig. Alle Spiele sind möglich. Schon das preziöse Oval zeigt, wie der Künstler in seiner Sicherheit die schwierigsten artistischen Möglichkeiten aufsucht. Tatsächlich wird gegen 1914 die Textur immer reicher, die Erfindung immer kostbarer und spielerischer, so daß man von einem ›kubistischen Rokoko‹ hat sprechen können. Das ›Grüne Stilleben‹ Picassos von 1914 (Abb. 173) zeigt diese äußerste Perfektion des ornamentalen Spiels.

Wieder aber verändert sich das Bild. Der ›Harlekin‹ Picassos von 1915 (Abb. 170) zeigt kahle, karge Formen, eine reine Flächenarchitektur in einfachen geometrischen Formen. Sie bauen eine massige Konstruktion auf, die nur durch knappe Zeichen und fast ironisch mit der Gegenstandswelt verbunden ist. Der empfindliche Geist von Picasso antwortet hier sehr genau auf die in jenen Jahren allenthalben heraufwachsende Bezauberung durch eine elementare Bildgeometrie, die zur gleichen Zeit auch Malewitsch in Rußland und Mondrian in Holland erreicht. Es ist die abstrakteste Phase im kubistischen Werk Picassos. Er verläßt sie auch gleich wieder. Es ist Juan Gris, der den Gedanken weiterträgt.

Die reifen Stilleben von *Juan Gris* (Seite 92ff.) zeigen einen ungemein klaren Geist. Ihre Flächenkonstruktion wird beherrscht von strenger Geometrie. In allen Bildern ist das Verfahren ›synthetisch‹. Die Flächenarchitektur baut eine strenge abstrakte Ordnung auf, die erst in ihrem Fortschreiten und abschließend eine vorgestellte dingliche Wirklichkeit suggeriert. Da wird eine ursprünglich abstrakte runde Form zu einer Fruchtschale, Formkanten zu Tischbegrenzungen, ein quadratisches Muster zum Schachbrett. Die einzelne Form ruft die Assoziation zu einem Gegenstandszeichen herauf und wird dadurch dinglich ›qualifiziert‹. Gris' Bilder sind die reinste Ausformung des synthetischen Kubismus. Sie sind in sich abgeschlossene Kunstgegenstände, die erst durch die in der künstlerischen Tätigkeit heraufwachsenden Embleme sich in Bezug zur sichtbaren gegenständlichen Welt setzen. Dabei werden die Formen zunehmend härter und maschineller (Abb. 194). Eine scharfe intellektuelle Kontrolle waltet über allem. Es ist die neue Faszination an der formglatten Welt der Maschine, die bald – und gerade bei Juan Gris ansetzend – den Purismus Ozenfants und die Maschinen-Ästhetik Légers hervorbringen sollte.

Das kubistische Bild ist also ein darstellendes und selbständig existierendes Gebilde zugleich. Es entsteht gleichzeitig aus einer visuellen und einer geistigen Erfahrung. Das Auge entdeckt in den Erscheinungen des Sichtbaren eine verborgene harmonikale Ordnung, die in der Vorstellung ein antwortendes Gegenbild hervorruft. Um dieses sichtbar zu machen, müssen neue Formen und tragende Gefüge gefunden werden, da die herkömmlichen naturalistischen und reproduktiven Verfahren nicht mehr ausreichen. Der Erscheinungsort der Ordnung wird die Bildfläche; in ihre Grenzen spannt sich das formale Gefüge ein. Die Fläche zwingt die illusionistischen Mittel – perspektivische und kontinuierliche Raumvorstellung, Atmosphäre und Beleuchtung –, sich ihr anzugleichen. Sie gerät in rhythmische Bewegung durch eine aperspektivische und diskontinuierliche räumliche Auffächerung der Pläne (autonomer Bildraum), durch Füllung der atmosphärischen Leerformen durch formale Diagramme (Kraftfelder), durch selbständige Führung des Lichts aus Farbe und Ton (Bild-Innenlicht). Dadurch wird die Fläche ausdrucksvoll und kann in ihre bewegte Rhythmik die Mitteilung des Bildes aufnehmen. Sie wird eine Art Schrifttafel, verlangt natürlich als solche die Umsetzung des Dargestellten in schriftartige Zeichen. Diese Umsetzung erfolgt durch analytische Angleichung der Gegenstandsformen an die Erfordernisse der Bildfläche: sie werden flächig ausgebreitet, in Flächenpläne zerlegt, im Sinne der Flächenbewegung facettiert und die Facetten gemäß der Flächenrhythmik geordnet. All diese Operationen gehen naturgemäß über das reine Ansichtsbild des Gegenstandes hinaus; sie sind nur an seinem Vorstellungsbild zu vollziehen. Dieses umfaßt gleichzeitig alle Ansichten des Gegenstandes, ist also vollständiger als das optische Ansichtsbild. Aus den auf der rhythmisch bewegten Fläche eingetragenen Daten und Zeichen läßt sich der Gegenstand in der Vorstellung vollständig wieder zusammensetzen. Mit diesen Zeichenformen kann die Ordnung anschaulich gemacht werden, die der Maler im Beieinander der Dinge entdeckte und die als Gegenbild in seinem Geiste aufleuchtete.

Dem Kubismus liegt eine erweiterte Erfahrung der Wirklichkeit zugrunde, die auch jenseits des Sichtbaren liegende Erfahrungen strukturaler, harmonikaler, abstrakter Natur ernst nimmt. Sie entspricht der veränderten Wirklichkeitsvorstellung unserer Epoche, die anschaulich zu machen das Ziel der gesamten bildnerischen Anstrengung unseres Jahrhunderts ist. Die Kubisten haben die Fundamente der gesamten modernen Kunst sicher und tragfähig gelegt, indem sie erst einmal die Formerscheinung des neuen Bildes erfanden und setzten. Deren Reichweite in ganz neuartige formale und inhaltliche Bezüge hinein wurde nahezu unverzüglich offenkundig. Orphismus, Futurismus, der ›Blaue Reiter‹ griffen die neuen Berichtmöglichkeiten auf und erweiterten die poetische Aussagefähigkeit des Bildes in Bezirke, die bisher der Malerei nicht erreichbar waren.

155 Picasso, Damen beim Rennen in Auteuil, 1901

156 Picasso, Die Büglerin, 1904

157 Picasso,
Die Seiltänzer, 1905

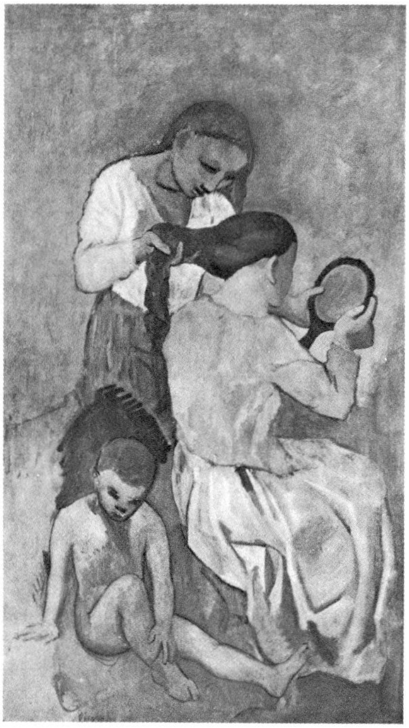

158 Picasso, La coiffure, 1906

159 Picasso, Selbstbildnis, 1906

160 Picasso, Die Fräulein von Avignon, 1907

161 Picasso, Stilleben mit Brot und Früchten, 1909

162 Picasso, Stilleben mit Früchten, 1909

163 Picasso, Bildnis Sagot, 1909

164 Picasso, Fernande, 1909

165 Picasso, Dame mit Hut, 1909

166 Picasso, Harlekinfamilie, 1908

167 Picasso, Torero, 1912

168 Picasso, Bildnis Kahnweiler, 1910

169 Picasso, Die Violine, 1912

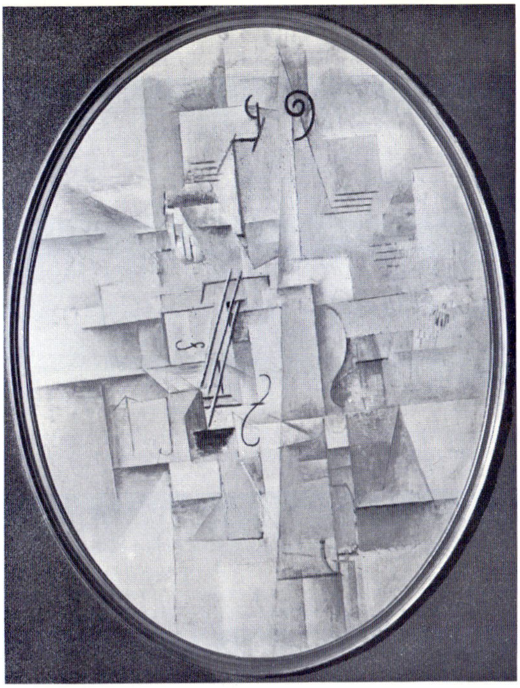

171 Picasso, Geigen-Stilleben, 1911-2

172 Picasso, Die Violine, 1913

173 Picasso, Grünes Stilleben, 1914

◀ 170 Picasso, Harlekin, 1915

174 Braque, Waldstück, ca. 1908

175 Braque, Stilleben mit Kaffeekanne, 1908

176 Braque, La Roche Guyon, 1909

177 Braque, Der Portugiese, 1911

178 Braque, Geige und Krug, 1910

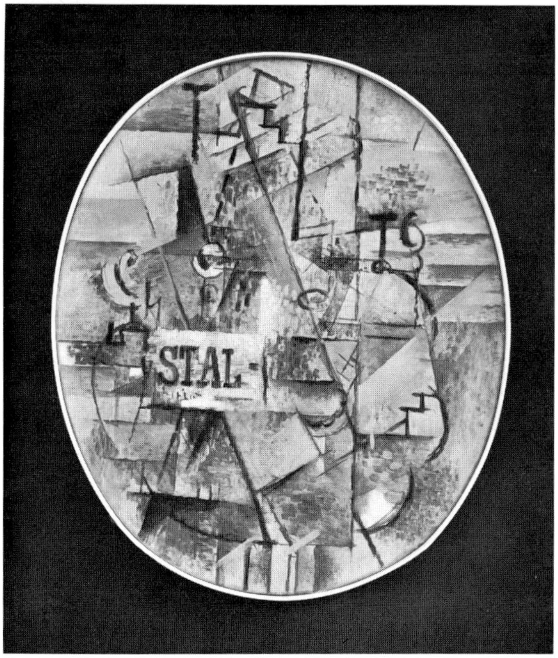

179 Braque, Flasche und Zeitung, 1911

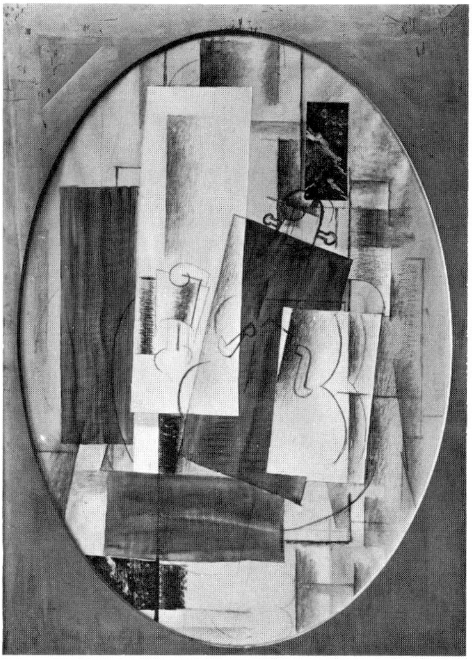

180 Braque, Glas und Violine, 1913-4

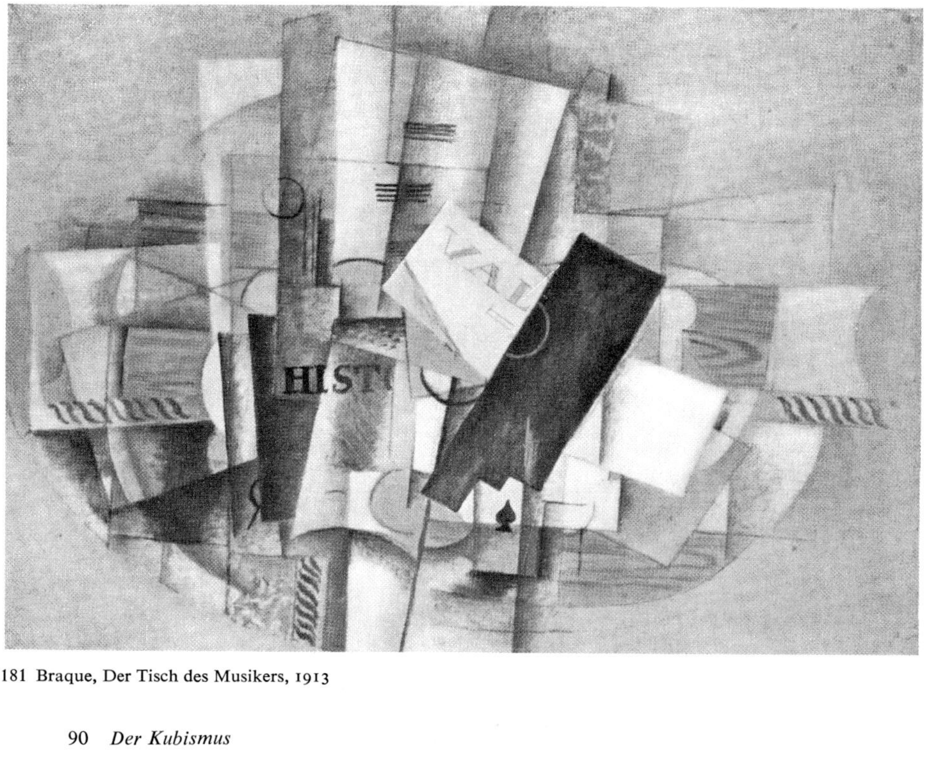

181 Braque, Der Tisch des Musikers, 1913

182 Braque, Stilleben mit Kartenspiel, 1913

183 Braque, Mann und Gitarre, 1914

184 Braque, Gitarre und Klarinette, 1918

185 J. Gris, Teetassen, 1914

186 J. Gris, Stilleben mit Flasche und Glas, 1914

187 J. Gris, Stilleben mit weißem Krug, 1916

188 J. Gris, Landschaft bei Céret, 1913

189 J. Gris, Landschaft bei Beaulieu, 1918

190 J. Gris, Fruchtschale und Glas, 1919

191 J. Gris, Stilleben, 1918

192 J. Gris, Stilleben mit Gitarre, 1915

193 J. Gris, Stilleben mit Gitarre und Klarinette, 1920

194 J. Gris, Stilleben, 1920 ▶

Juan Gris
3-20

Der Orphismus

Der Orphismus ist eine Spielart des Kubismus. Nachträglich gesehen, erscheint er wie eine geheime Sezession gegen den strengen Kubismus. Er wird entwickelt seit etwa 1910 durch die Kubisten der zweiten Welle (vgl. Seite 110). Eine wichtige Zelle bildete sich um das Atelier der Brüder Villon, in dem man die Gedanken von Sérusier, Denis und Pater Desiderius Lenz um den Proportionskanon sakraler Kunst, um harmonikale Zahlenverhältnisse und den ›Goldenen Schnitt‹ erneut diskutierte und ihren Einbau in die Konstruktion des kubistischen Bildes untersuchte. Vorübergehend schlossen sich diese Maler unter der Devise ›Section d'Or‹ zusammen. Seine bedeutenden Individualitäten – wie Delaunay, Léger und Chagall – hielten sich für sich, waren aber auch daran, den strengen Kubismus zu ›humanisieren‹ und inhaltlich zu ›poetisieren‹. Kennzeichnend für den Orphismus ist der Einbau der reinen prismatischen Farbe in die kristallinische Struktur des kubistischen Bildes, das der strenge Kubismus nahezu monochrom gehalten hatte.

Die Bezeichnung ›Orphismus‹ erfand Apollinaire. Er griff damit das Wort von der ›orphischen Kunst‹ wieder auf, das in der Ästhetik des Symbolismus und im Umkreis Gauguins gelegentlich schon verwandt worden war. Der Name des mythischen Sängers Orpheus sollte auf jenen vom abendländischen Rationalismus verdunkelten ursprünglichen Quellgrund des unbewußten dichterischen Welterlebens hinweisen, aus dem ehemals das Lied des Orpheus kam. Delaunay sprach gern von der »herzerfüllten Dichtung«, die er in seiner Malerei anstrebe, und meinte damit die Verwandlung der Erlebnisse an der sichtbaren Welt in visuelle Dichtung. Für den Maler bedeutete dies die Umsetzung des optischen Erlebnisses in Rhythmik und Farbklang. Die Einsichten Gauguins und der ›Nabis‹ in das selbständige Ausdrucksvermögen der reinen Farbe, die Untersuchungen der Neo-Impressionisten über Aufbau und Führung der prismatischen Farben, die farbige Kühnheit der ›Fauves‹ boten ein geeignetes Ausgangsmaterial. Doch lenkte die neue Disziplin des Kubismus auch die Farbe in eine feste Ordnung. Sie lagerte sich in den festen kubistischen Bildraster ein und verwandelte die rhythmisch gegliederte Fläche in ein von farbigen Klängen durchleuchtetes Prisma, aus dem das gegenständliche Motiv verwandelt zurückleuchtete in einer neuen dichterischen Dimension. Das Einfügen der Farbabläufe und Farbkontraste in der ganzen Breite des Farbkreises in die kubistische Konstruktion ist die entscheidende formale Unternehmung des Orphismus. Sie erweiterte die dichterischen Inhalte des kubistischen Bildes ungemein.

Robert Delaunay kann als zentrale Figur der orphistischen Malerei gelten. Sein Bild ›St. Séverin‹ von 1909 (Abb. 197) zeigt die neuen Ansatzpunkte. Dargestellt ist der Einblick in den gotischen Chor von St. Séverin in Paris, aber nicht dessen Ansicht, sondern das dichterische Erlebnis inmitten dieser Architektur: das Kreisen und Wachsen der im Strebewerk der gotischen Konstruktion eingebundenen Bewegungsströme und die aus der Konstante eines einzigen Motivs und seiner Wiederholbarkeit entwickelte Rhythmik der Architektur. Zum Ausdruck dieses dynamischen Strömens stellt Delaunay die Leerform des Raumes als einen dynamischen Strahlungskern dar, auf dessen Druck die Kraftlinien des gotischen Rippenwerks federnd nachgeben. Die Strahlung des aktiven Raumwesens verbiegt die statischen Senkrechten, kreist an den Kanten der kurvig gespannten Dienste und schachtelt die Raumkompartimente ineinander. In diese dynamisch bewegte Räumlichkeit rastet sich das ununterbrochen wiederholte Motiv der kurvig aufsteigenden Bögen ein und facettiert in seinem Wachstum den Raum zu einem rhythmischen Muster. Ihm wieder sekundiert das Licht, das gleichsam eine kristallisch-durchsichtige Struktur über die Raumfacetten wirft. So entsteht ein Bild des strömend bewegten Raumes, das die dichterische Erfahrung des Malers überzeugend wiedergibt.

Noch moduliert sich der Farbklang verhalten über Grün und Grau. Im ›Eiffelturm‹ von 1910/11 (Abb. 202) tritt nun die Farbe in ihrem explosivsten Farbklang von Rot, Blau und Gelb ins Spiel. Sie verstärkt den Ausdruck des dichterischen Erlebnisses, wie dieses seltsame Ingenieur-Monument rasselnd nach oben stürzt. Vertrackte Sprünge der Perspektive im Wechsel von Unter- und Aufsicht zersprengen das Raumbild, lassen den Raum von der Fläche in die Tiefe stürzen und reißen ihn wieder zur Fläche zurück. Dies heftige Vor und Zurück bewegt den Flächenraum in höchst dramatischer und dynamischer Weise. Das Flächenmuster folgt dieser heftigen räumlichen Rhythmik: die Hauswände brechen in der Zick-Zack-Bewegung, kantige Raumdiagramme sprengen die Atmosphäre auf und entlassen aus sich jene kreisförmigen Ballungen, die wie Explosionswölkchen in der splittrigen Atmosphäre stehen und das Explosive des kantigen Gefüges betonen. Auch das Licht greift handelnd ein. Breite Lichtbahnen in Gelb und Weiß stürzen herein; ihnen bricht das Blau und Rot entgegen. Im Kampf der Farben und ihres Lichts spielt nun das Drama in einen ganz antinaturalistischen Bereich hinüber: die dichterische Vision und die mit ihr verbundene innere Erregung wird sichtbar. Sie bleibt aber doch gebunden an eine bildnerische Ordnung, die sich zum expressionistischen Bild verhält wie die Metrik des Gedichts zum Schrei. Durch die metrische Ordnung der Farbe gewinnt die Vision jenen entrückten Klang, den Apollinaire mit seinem Wort ›orphisch‹ treffen wollte.

In Delaunays ›Fensterbild‹ von 1910/11 (Abb. 195)

ist das Bildfeld ganz rhythmisch bewegte und farbig durchleuchtete Fläche geworden, Träger eines nur ihr eigentümlichen zauberischen Farblichts. Anfänglich ist das Gegenständliche nicht zu bemerken. Ein Schachbrettmuster kleiner Farbquadrate ordnet sich in rhythmisch variierte Rechtecksysteme. Jedes Teilchen ist zugleich Träger eines bestimmten Farblichts. In chromatischer Stufung heben sie vereint ein farbiges Licht hervor, komplementäre Kontraste und kleine Dissonanzen beleben durch Störung und Ausgleich die Lagerung der Farbakkorde, wie auch gelegentlich kleine kahle Flächenformen das Schachbrettmuster unterbrechen. Durch die synchronische Aktion der Farben und ihrer Distanzwerte wird die Fläche in räumliche Vibration gebracht. Hervor tritt ein eigentümlich bewegtes Farblicht, das allein aus sich einen bestimmten Stimmungsraum schafft. Aus diesem hermetischen Licht heben sich einfache Formen heraus, eben jene ›kahlen‹ Formen, und werden plötzlich als Dächer, Häuser, Mauern und Fenster lesbar. Hervor kommt ein Motiv in aller Gegenständlichkeit: ein Fenster zur Stadt. Eine dichterisch-bildnerische Impression hat metrisches Maß erhalten. Eine lyrische Eindrucksempfindung hat sich in Malerei verwandelt.

Es leuchtet ein, wie sehr die metrisch-kristallische Stufung des Farblichts auch weiter von der optischen Beobachtung abgelegene Inhalte erreichen kann. Marc, Macke und insbesondere Klee werden gerade durch die zauberische Transparenz dieses Farblichts ihre Tiefenerlebnisse an der Wirklichkeit sichtbar machen. Delaunay führten seine Untersuchungen an der lichthaltigen Farbe folgerichtig – aber vorübergehend – zur abstrakten Malerei, um ihre darstellerische Selbständigkeit in letzter Konsequenz zu erproben (Abb. 200). Stufungen, Passagen, Spannungen der Farbe auf der Fläche, die Bewegungsrichtungen der Farbe, Entsprechungen und Kontraste des Farblichts allein machen das bildnerische Gefüge aus und machen als ›Bild‹ sichtbar nichts Gegenständliches mehr, sondern – wie Delaunay sagt – »den Herzschlag des Menschen selber«.

Delaunay kehrte bald zur Interpretation der Gegenstandswelt zurück. Sein Sportbild von 1913 (Abb. 203) zeigt wieder jenen magisch durchleuchteten Farbraum, in dem sich wie in einer entrückten Dimension das Spiel der bewegten Körper abzeichnet. Wieder organisiert die Stufung der Farbe das Wunder des Lichts. Evokative Aufschriften und Simultan-Zeichen – ein Riesenrad, das durch den ›sens giratoire‹ der Farben in Drehung versetzt wird, der Eiffelturm, ein Flugzeug – stellen die Sportszene vor einen großstädtischen Fond. Dieser aus den Bildmitteln selbst hergestellte durchleuchtete prismatische Farbraum hat eine ganz neuartige inhaltliche Tragweite. In seinem magischen Licht werden die Bilder der sichtbaren Natur eigentümlich transparent und die Wirklichkeit erhält den Klang des Legendären.

Es ist dieser Augenblick bildnerischer Erkenntnis, der einem großen Erzähler – *Marc Chagall* – die Mittel in die Hand gibt, die träumerischen Bilder seiner Erinnerung aufzuzeichnen. Sein Bild ›Ich und das Dorf‹ von 1911 (Abb. 208) zeigt, zu welch unerwarteten Bereichen das neue Bild hinführen kann. Der magisch durchleuchtete Farbraum wird Erscheinungsort der Erinnerungen und Träume. In einer eigentümlichen Umdeutung werden die transparenten Pläne zu Formgleichnissen der Transparenz des Traums. In ihre durchsichtige Schichtung zeichnen sich die Schichten der Erinnerung ein. Das Simultane, das bisher die Gleichzeitigkeit zeitlich getrennter Eindrücke auf der Bildfläche bedeutete, wendet sich ins Psychologische und bedeutet nun die Gleichzeitigkeit der erinnerten Bilder und Träume auf dem Erscheinungsort der Bildfläche. Aus der Erinnerung kommt wie in einem Kaleidoskop ein ländliches Bild herauf: der Dorfplatz, die melkende Magd, Tiergesicht und Menschenantlitz in eins verflochten, darüber die kindlich sehnsüchtige Ansicht des heimatlichen russischen Dorfes. Die unwirkliche Farbe bringt einen märchenhaften Klang. Unser Auge liest die einzelnen Stationen der Erinnerung ab und findet im magischen Raum des Bildes die Einheit der Legende wieder. Das Bild ist zum Erscheinungsort der Träume geworden.

Es mag bei Delaunay schon aufgefallen sein, wie sehr die technische Welt und die Formen des modernen Lebens und seiner Zivilisation die bildnerische Phantasie zu beschäftigen begannen. Gerade der im Orphismus wirksame Wunsch, die Tatsachen der Gegenwart in ein dichterisches Gegenbild zu verwandeln, konnte am romantischen Pathos der modernen technischen Arbeitswelt und ihrer neuen Individualitäten, den Maschinen, nicht vorbeigehen. Hier setzte jetzt *Fernand Léger* an. Die ›Akte im Walde‹ von 1910 (Abb. 215) zeigen schon die stereometrischen Formreduzierungen des frühen Kubismus und die formvereinfachende Optik Rousseaus, haben aber noch nicht die Selbständigkeit der kubistischen Bildkonstruktion gewonnen. Erst die ›Frau in Blau‹ von 1912 (Abb. 219) zeigt die bewältigte Einsicht in die kubistische Vorstellung vom Bild als selbständigen Organismus, steigert aber die Farbe zu kräftigem Klang, der durch das scharfe Blau etwas Metallisches und Maschinelles erhält. Auch die Zerlegungsformen der menschlichen Figur suchen jeweils die mechanische und maschinelle Form auf, als wollten sie das Menschenbild an die von ihm erdachte Maschinenwelt angleichen. Man mag nicht so weit gehen, hier eine Mythisierung des maschinenbeherrschenden Menschen zu erkennen, doch zeichnet sich hier bereits jenes optimistische Pathos ab, das später Léger zu seinem großen Thema der monumentalen Verbildlichung der modernen Arbeitswelt führte.

Die Absicht Légers war zwar voller Romantik, aber gänzlich frei von Ironie. Sein Erlebnis der Maschinenwelt grenzte nahezu an deren figurale Heroisierung. Die Maschine aber ließ sich auch ganz anders erleben: das maschinelle Ding, der Apparat, konnte auch sehr beunruhigenden personellen Charakter annehmen – als ›personnage nouveau‹. In einem uns wohl vertrauten Gemütszustand aus Angst und Spott verlebendigt sich das mechanische Ding und nimmt ironische Verbindung zum Menschen auf. Ein Bild von *Marcel Du-*

r. delaunay 1910. 1911

champ von 1912 (Abb. 223) zeigt diese angstvoll-ironische Empfindung zum ersten Mal: zwei Apparate von äußerster, aber in sich unsinniger Präzision bauen sich im Bildfeld auf. Ihr verblüffend antropomorphes Gestänge und ihre majestätische Präsenz suggerieren die unheimliche Anwesenheit merkwürdiger Ding-Figuren, gleichsam als blickten wir auf eine lautlose Versammlung fremder, ferner Wesen. Aus dem Apparat blickt uns ein Fremdes warnend an, und diese Berührung mit dem ganz Fremden ruft wie zur Rettung die Ironie herbei. ›König und Königin umgeben von schnellen Akten‹ – so ironisiert der Bildtitel dieses Fremde.

›Schnelle Akte‹ – diese ironische Bezeichnung legen die kinetischen Bewegungsformen nahe, die in verblüffender Beweglichkeit wie ein Wasserfall durch die Diagonale des Bildes stürzen. Wir sahen schon, wie Delaunay die dynamischen Erlebnisse an der Wirklichkeit aufsuchte. Duchamp geht noch darüber hinaus; er will die Erfahrung der Geschwindigkeit unmittelbar ins Bild bannen, nicht allein jene Simultanzeichen, die die Kubisten für den bewegten Gegenstand erfanden, sondern die Geschwindigkeit als Erscheinung selbst. Dafür erfindet er den stürzenden Formenschwall seiner kinetischen Zeichen.

Vielleicht kam der Anstoß zu dieser erstaunlichen Bewegungsformung schon von den italienischen Futuristen, die 1912 ihre Bilder in Paris ausstellten. Sicher trifft dies zu für das Bild der ›Marschierenden Soldaten‹ (Abb. 224) von *Jacques Villon*, dem Bruder Marcel Duchamps, das in nahezu abstrakter Rhythmik die Bewegung der ziehenden Marschkolonne abspiegelt. Doch ließe sich diese Nachbarschaft auch durch die gleichen und gleichzeitigen Erfahrungen erklären. Denn die Leistung des Orphismus besteht auch gerade darin, das durch die Kubisten heraufgeführte neue Bild mit Inhalten unserer zeitgenössischen Wirklichkeitserfahrungen aufgefüllt zu haben, in denen natürlich auch die neuen Erfahrungen der Geschwindigkeit und Gleichzeitigkeit mit einbeschlossen waren.

Eine sehr eigenartige Wirkung hat der Einfluß des Kubismus auf *André Derain* (vgl. Seite 111). Er führt ihn von den Farbspielen des Fauvismus zur Wirklichkeit zurück. Aber diese Wirklichkeit hat in der Vorstellung Derains einen besonderen Aspekt. Sie ist hart, wie versteinert, von einer unberührbaren Feierlichkeit und Stille. Figuren und Dinge erhalten in der strengen Hierarchie des Formaufbaues eine eindrückliche Daseinsmacht, die der realistischen Erscheinung die Aura des Magischen gibt. Allein diese mit Hilfe kubistischer Mittel verwirklichte Vision einer magischen Realität rechtfertigt es, auch Derain in die Nähe des Orphismus zu stellen. Doch steht er in diesem Kreis ganz isoliert.

Der Orphismus vollzieht die Ausweitung der kubistischen Bildkonstruktion in die Sphäre der visuellen Dichtung. Sein eigenster Beitrag ist der in den Bahnen der kubistischen Analytik heraufgezüchtete Farblichtraum. Durch dessen Transparenz und sein zauberisches Farblicht wird das strenge kubistische Bildgerüst nicht allein für die poetische Verklärung des Sichtbaren tragfähig, sondern auch für das Sichtbarmachen der antwortenden Regungen der psychischen Region. Der Gedanke der abstrakten Malerei ist im Orphismus schon implicite enthalten und wird auch durch Delaunay und Kupka 1912 verwirklicht. Seine eigentliche Domäne aber ist die Umsetzung der optischen Erlebnisse in ein farbiges Klanggebilde, das auch die dichterischen und seelischen – die ›orphischen‹ – Impulse in sich hineinnimmt. Die inhaltlichen Möglichkeiten der Malerei werden durch den Orphismus außerordentlich erweitert. Von ihm aus war der Blick in völliges Neuland möglich. In seiner Richtung, und vielfach von ihm beeinflußt, bewegen sich nun in den gleichen Jahren die italienischen Futuristen und die deutschen und russischen Maler des ›Blauen Reiter‹.

◀ 195 Delaunay, Fenster zur Stadt Nr. 4, 1910-11

196 Delaunay, Landschaft mit untergehender Sonne, 1906

197 Delaunay, Paris, St. Séverin, 1909

198 Delaunay, Türme von Laon, 1912

199 Delaunay, Eiffelturm mit Bäumen, 1909

200 Delaunay, Runde Scheiben, 1913

201 Delaunay, Die Portugiesin, 1916

202 Delaunay, Eiffelturm, 1910-1

203 Delaunay, Mannschaft von Cardiff, 1913

204 Chagall, Sabbath, 1910

205 Chagall, Die Wanduhr, 1915

206 Chagall, Der Geiger, 1912-3

207 Chagall, Festtag, 1914

208 Chagall, Ich und das Dorf, 1911

209 Chagall,
Hommage à Apollinaire, 1911

210 Chagall,
Paris durchs Fenster gesehen, 1913

211 Chagall, Meiner Braut gewidmet, 1911

212 Chagall, Der heilige Droschkenkutscher, 1911

213 Chagall, Selbstbildnis mit sieben Fingern, 1912-3

214 Chagall, Rußland, den Eseln und den Anderen, 1911

215 Léger, Akte im Walde, 1910

216 Léger, Die Treppe, 1913

217 Léger, Formkontraste, 1914

218 Léger, Häuser unter Bäumen, 1913

219 Léger, Frau in Blau, 1912 ▶

F. LEGER

220 Léger, Der Typograf, 1919

221 Léger, Der rosa Schleppdampfer, 1918

222 Duchamp, Akt die Treppe herabsteigend Nr. 2, 1912

223 Duchamp, König und Königin, 1912

224 Villon, Marschierende Soldaten, 1913

225 Le Fauconier, Der Überfluß, 1910

226 Le Fauconier, Bretonisches Mädchen, 1908

227 Gleizes, Die Kathedrale von Chartres, 1912

228 Metzinger, Stilleben, 1916-7

229 Derain, Die Gabe, 1913

230 Derain, Die zwei Schwestern, 1914

231 Derain, Der Samstag, 1914

Der Futurismus

Die Unterzeichnung des 1. Manifestes der futuristischen Malerei am 11. 2. 1910 durch die italienischen Maler Boccioni, Carrà, Balla, Russolo, Severini ist die offizielle Geburtsstunde des bildnerischen Futurismus. Er entsteht aus einem begeisterten Ja-Sagen zu den neuen Tatsachen der modernen Zivilisation und ihren umwälzenden technischen und wissenschaftlichen Entdeckungen. Er empfindet den Aktivismus als Triebkraft des die Technik beherrschenden Menschen, die Geschwindigkeit als das Kennzeichen der modernen Lebensdynamik, den universalen Dynamismus als Kern der modernen Weltvorstellung. Er erkennt, daß das statische Abbild und die alte, auf den ruhenden Fluchtpunkt bezogene perspektivische Raumvorstellung den umfassender gewordenen Wirklichkeitserfahrungen nicht mehr gerecht werden kann. Seine Aufgabe sieht er im bildnerischen Ausdruck zeitgenössischer Erlebnisse in ihrer ganzheitlichen dynamischen Sensation, die auch das Nicht-Sichtbare einbezieht. Dafür entwickelt er seine Verfahren. Diese setzen anfänglich bei den impressionistischen und neo-impressionistischen Darstellungsmitteln für das bewegte Licht und die bewegte Menge auf den Boulevards an, finden aber bald Zugang zu den formalen Erfindungen der Kubisten: den Zerlegungsformen der Gegenstände, dem prismatischen Aufbau der Bildfläche, den simultanen und kinetischen Formen.

Umberto Boccionis ›Auflauf in der Mailänder Galleria‹ von 1909 (Abb. 232) zeigt den Ausgangspunkt der futuristischen Überlegungen. Das Motiv ist die Prügelei zweier Straßenmädchen in der abendlichen Galerie und das Herbeistürzen der Menge. Die Sensation der Bewegung ist das eigentliche Thema. Die Mittel bietet noch der neoimpressionistische Divisionismus, mit dessen Hilfe Atmosphäre und Oberfläche in flirrendes Schwingen versetzt werden. Die herbeieilende Menge ist in diagonale, auf den Handlungskern zustürzende Bewegungsströme geordnet. Alle Mittel sind eingesetzt, die Turbulenz zu steigern: der Kontrast der in ruhigen Vertikalen aufgerichteten Wände oben zu der zuckenden Beweglichkeit unten; das ruhig ausgebreitete Licht oben zu der von Schlagschatten zerrissenen Unruhe unten. Man erkennt nicht den einzelnen, man erkennt nur die herbeistürzende Menge. Kleine, aus der laufenden menschlichen Figur entwickelte kinetische Zeichen markieren die Bewegungsstöße und werden nur da und dort durch eine deutlicher ausgeführte, gleichsam stellvertretende Figur näher bestimmt. Licht plus Bewegung beginnen die materielle Körperlichkeit der Dinge aufzulösen. Es sind aber nicht nur die figürlich bestimmten Bewegungszeichen, die den Bewegungsvorgang ausdrücken, sondern auch die dazwischen liegenden Leerformen mit ihren Schattendiagrammen, die das zentripetale Hinzustürzen mit Zickzack- und Pfeilzeichen begleiten. Positive und negative Formen wirken zur Steigerung des Bewegungsausdrucks zusammen. Der Raum ist noch illusionistisch vorgestellt im Sinne der statischen Fluchtpunktperspektive, wenngleich die Verlegung des Fluchtpunktes weit außerhalb des Bildes schon ein sehr dynamisches Raumbild ergibt. Zugleich legt der eigentümliche Signet-Charakter der Buchstaben eine Raumebene in leiser Abweichung von der illusionistischen Perspektive fest. Der Wunsch, die dynamische Sensation auszudrücken, zielt bereits auf die Aufhebung des statisch-perspektivischen Blickpunktes und beginnt, die naturalistischen und impressionistischen Mittel zu verändern.

Boccionis Bild von 1911 (Abb. 233) bringt einen entschlossenen Schritt nach vorn. Schon der ganz neuartige und ganz ungewöhnliche Bildtitel ›Der Lärm der Straße dringt ins Haus‹ zeigt, wie das Interesse des Malers sich jetzt vom statischen und optischen Eindruck zu der dynamischen und akustischen Eindrucksempfindung hin erweitert hat. Dieser erweiterte Wirklichkeitseindruck erzwingt die Veränderung der herkömmlichen Beschreibungsmittel. Das Motiv ist noch deutlich zu erkennen: eine über ein Balkongitter lehnende Frau, die auf eine Baugrube hinabschaut. Doch taucht diese gleiche Frau noch einmal links und rechts auf, als sei sie noch einmal von verschiedenen Blickpunkten wiedergegeben. Das Bildgefüge wird dadurch kompliziert, daß auch die Perspektive auf verschiedene Standpunkte gleichzeitig bezogen ist. Sie variieren zwischen einer Fernsicht mit sehr hohem Horizont und einer mehr aufsichtigen Perspektive, die in die Tiefe der Baugrube führt. Diese verschiedenen Standpunkte in ihrer Gleichzeitigkeit bewegen, verschachteln und verschränken den Raum, nehmen ihm den illusionistischen Charakter und geben ihm eine neuartige formale Ausdrucksfunktion. Aus dem tiefen Schacht rollt sich nach oben und vorn eine Spirale auf, die durch die Stangen und die Kurve der Arbeiter markiert wird. Dieser dynamische Schwung reißt die Häuser aus der Senkrechten. Eckig, brüchig, splittrig legen sich die vielfältig gebrochenen Kompartimente aus Häusern und Räumen um den Trichter. Die gegenständlichen Formen zerlegen und durchdringen sich, eingefügte figürliche Zeichen – der ächzende Zuggaul rechts, die stürzende Ziegelkarre links – rufen akustische Sensationen auf. Alle Formen dienen als bildnerische Analogien für die umfassende Eindrucksempfindung des städtischen Bauplatzes, der mit seinem Lärm in das stille Zimmer im Rücken der Frau einbricht. Die Gesamtheit der Sensationen – das Draußen und Drinnen, das Visuelle, Akustische und Psychologische – soll gleichzeitig (simultan) zur Darstellung gebracht werden. Die Ausdrucksmittel sind: Zerlegung, Durchdringung und Verschränkung der Gegenstandsbilder, kinetische Bewegungsformen, evokative Gegenstandszeichen (die scheuenden Pferde, der stürzende Karren links), der durch die springende Perspektive aufgesplitterte Raum. Sie entstammen zu einem Teil der Anregung des Kubismus, haben aber die andere Aufgabe, eine komplexe Wirklichkeitsvorstellung vollständiger sichtbar zu machen.

In Boccionis ›Elastizität‹ von 1912 (Abb. 238) wird nun das gegenständliche Motiv – ein Reiter auf trabendem Pferd – noch viel weitgehender in kinetische Bewegungszeichen aufgelöst. Das Interesse verlagert sich vom statischen Dingwort ›Pferd‹ auf das dynamische Tätigkeitswort ›traben‹. Aber auch die ruhenden Gegenstände werden dieser, das Dynamische aufsuchenden Analytik unterworfen. Dem liegt eine genaue bildnerische Überlegung zugrunde. Der Futurist unterscheidet zwischen der ›relativen Bewegung‹ – das ist die Bewegung eines Gegenstandes von einem Ort zum anderen – und der ›absoluten Bewegung‹ – das sind die Bewegungstendenzen, die im ruhenden Gegenstand selbst liegen und die angeben, in welcher Weise er sich gemäß seiner inneren Dynamik zerlegen würde. Die aus den Anweisungen der Gegenstände entwickelten dynamischen Formen durchdringen sich zu einem ganzheitlichen Formgebilde, das die ganze Umwelt ergreift und selbst die Atmosphäre in seinem Strahlungsfeld festmacht. Die Futuristen nannten dies »das Solidemachen der Atmosphäre«. Boccionis ›Elastizität‹ zeigt die Durchdringung der aus der absoluten und der relativen Bewegung analytisch entwickelten Formen und ruft den Eindruck eines umfassenden Bewegungsvorgangs hervor. Kraftfelder organisieren den Raum und gittern Landschaft und Atmosphäre kristallisch ein. Die Lagerung dieser Raumkristalle bewegt die Fläche in sehr dramatischer Weise. Die Farbe, die mit den großen Komplementärspannungen Gelb-Blau, Grün-Rot arbeitet, akzentuiert diese Vorgänge in ihrer Weise. In das vielfältig gebrochene Rot des Pferdes dringt das Blau des Himmels, das Gelb des Weges, das Grün der Landschaft ein. Durch diese Verfahren wird das Gegenständliche verschmolzen zu der umfassenderen simultanen Einheit – Gegenstand plus Umwelt –, die dem umfassender empfundenen und über das Erscheinungsbild hinausweisenden Wirklichkeitserlebnis entspricht.

Diese Verfahren ermöglichen nun so komplexe Simultangebilde wie Boccionis ›Abschied‹ (Abb. 235). Evokative Gegenstandsdetails machen das Bild lesbar: eine Lokomotive mit mächtigen Dampfwolken, die sich wie Kraftfelder ausbreiten; von rechts einbrechend ein schneller Bewegungszug, durch Gestänge und Drähte da und dort geortet; von links eilt ein zweiter schwingender Bewegungsstrom am evokativen Zeichen eines Leitungsmastes vorbei, vereinigt sich mit dem Strom von rechts und stürzt aus der linken Bildecke davon – der vorüberdonnernde Zug. Aber wir sehen auch ins Innere – die in den Abteilen zusammengekauerten Gestalten. Dies alles blitzt nur eben auf, um gleich wieder in der eiligen Bewegung zurückgenommen zu werden. Die Absicht ist, die komplexe Sensation einer nächtlichen Bahnfahrt anschaulich zu machen: Rasen, Lärmen, Dröhnen, Schüttern, nächtliches Halten, die langen Schienenwege, das Draußen und Drinnen, auch das Seelisch-Zuständliche einer solchen Fahrt. Das ist mit den statischen Bildern der sichtbaren Gegenstandswelt natürlich nicht auszudrücken. Die bewegten Gegenstände verwandeln sich in kinetische Zeichen, die absolute Bewegung in abstrakte Diagramme, der Raum in ein schüttelndes Kristallgefüge. Der ganze Bildaufbau mußte sich verändern, um die durch die Vorstellung von Geschwindigkeit und universaler Bewegung – die die Futuristen als »Absoluta der Modernität« verstanden – verursachte komplexe Erfahrung der Wirklichkeit in bildnerischen Analogien erfassen zu können.

Diese umfassend interpretierten Impressionen optischer und seelischer Erfahrungen bestimmen die futuristischen Themen. *Carlo Carrà* nimmt sich eine rüttelnde Droschke zum Motiv (Abb. 240), ein andermal den Ingenieurbau der Mailänder Domplatz-Passage (Abb. 241). Die menschliche Haltung ist ernster, schwerfälliger, archaischer.

Leichter und beschwingter sind die Tanzbilder *Gino Severinis* (Abb. 247) – sehr dekorative, aber auch sehr suggestive Gefüge wirbelnd bewegter Formen, in denen Gegenstandsfragmente und eingefügte Beischriften das Inhaltliche – Tänzer im großstädtischen Nachtlokal – lesbar machen. Aufgesetzte Pailletten – Übernahmen kubistischer Montagetechnik – glitzern über die Oberfläche. Das Bild ist eine Art von simultaner Antwort der Vorstellung auf das Erlebnis großstädtischer Festformen, in das auch der Rhythmus der Tanztakte eingefangen ist.

Das auslösende Erlebnis kann auch die gegenständliche Ebene ganz verlassen und aus dem Grundimpuls der futuristischen Weltauffassung – dem universalen Dynamismus – hervorgehen. Die ›Spiral-Konstruktion‹ Boccionis (Abb. 237) ist solch ein in sich selbst bestehendes Gebilde, das gegenständliche Assoziationen nicht mehr einschließt.

Auch *Giacomo Balla* läßt in seinem Bild ›Auto plus Lärm‹ von 1912 (Abb. 250) das Gegenständliche weit zurück. Das Bewegungsmotiv wird in ein reines Diagramm aus vorbeihuschenden Formen verwandelt. Sein weniger von der Qualität als vom Thema her interessantes Bild ›Merkur zieht an der Sonne vorbei‹ (Abb. 255) unternimmt es nun gar, die dem ganzen Futurismus unterliegende Vorstellung vom universalen Dynamismus ins Kosmische zu spiegeln, als Vision des Weltalls, als bewegtes Kreisen astraler Systeme, durchpulst von Schwingungen, Strahlungen und Kraftfeldern.

Der Futurismus entsteht also aus dem Wunsch, der durch das Erlebnis der Geschwindigkeit und die modernen Naturerkenntnisse umfassender gewordenen Wirklichkeitserfahrung, die auch Nicht-Sichtbares einbezieht, habhaft zu werden. Dafür sucht er bildnerische Analogien. Er findet sie beobachtend und erfindend. Er beobachtet, daß die Geschwindigkeit den ungebrochenen Umriß der Gegenstände aufsplittert, das Körperliche in kinetische Formen und rhythmische Wiederholungen zerlegt, die Perspektivik progressiv verändert und dadurch auch den Raum progressiv bewegt. Er zerbricht also den Kontur, zerlegt das Körperliche, facettiert den Raum und baut mit diesen Splittern eine den Bewegungstendenzen des Motivs entsprechende Ordnung auf, die ihm das vollständigere Wirklichkeitserlebnis suggeriert. Er bezieht auch die Suggestionen der Farbe und ihre dynamische Aussagekraft in diese Rechnung mit ein. In diese weitgehend abstrakte Ordnung bauen sich da und dort stellvertretende Gegenstandszeichen ein, die wörtliche Hinweise auf das vom Künstler Gemeinte geben, damit der Betrachter in seiner Vorstellung die gemeinte komplexe Wirklichkeit nachvollziehen kann, die der Künstler hat treffen wollen. Die futuristische Formel ›Gegenstand plus Umwelt‹ bezeichnet die noch gegenstandsgebundene, auf die simultane Zusammenschau der Gegenstandsbilder gerichtete Absicht. In der Manipulation der aus der bildnerischen Analyse der absoluten und der relativen Bewegung entstehenden Formen kann sich in der Phantasie des Künstlers aber auch ein gleichnishaftes Bild zur Vorstellung vom universalen Dynamismus einstellen. Das futuristische Bild gibt also nicht eigentlich das Sichtbare wieder, sondern macht ein Erlebnis sichtbar. Es baut eine komplexere Wirklichkeit auf als jene, die das Auge liefert, eine Wirklichkeit, die den abstrakter gewordenen modernen Erfahrungen und den modernen wissenschaftlichen Überzeugungen entspricht.

Der klassische Futurismus ist etwa gegen 1914 zu Ende. Spätere Ableitungen wirken noch lange fort, die ›Aeropittura‹ (Flugmalerei) war die letzte (Manifest 1929). Sie sucht die Sensationen des Fliegens mit den futuristischen Mitteln zu beschreiben (vgl. Abb. 258). Die Vorstellungen und Phantasien über die moderne Kosmologie, die in der futuristischen Idee vom universalen Dynamismus implicite enthalten waren, entwikkelte unter anderen Prampolini in seinen kosmischen Bildserien.

Auch außerhalb Italiens kam der Futurismus durch die Werbekraft seiner Ausstellungen, die seit 1912 durch die europäischen Hauptstädte wanderten, und durch die unermüdliche Propaganda Marinettis zur Wirkung. In England wurde er durch *C. R. W. Nevinson* vertreten, der 1914 mit Marinetti das englische futuristische Manifest ›Vital English Art‹ herausgab (vgl. Abb. 261). Nevinson auch war es, der bereits 1918 die Sensationen beim Fliegen mit Hilfe futuristischer Verfahren malerisch zu bewältigen versuchte. – In Amerika brachte der Futurismus sehr eigene Stilerscheinungen hervor. 1913 war *Joseph Stella* aus Frankreich und Italien, wo er den Futuristen begegnet war, nach New York zurückgekommen. Anfänglich boten ihm die vielfältigen simultanen Eindrücke des New Yorker Vergnügungsparkes das geeignete Thema (Abb. 265). Bald aber fand Stella dann das Motiv, in dem sich ihm die ganze Erscheinung des modernen technischen Amerika wie in einer Symbolfigur zu spiegeln schien: die Brooklyn Bridge. Er empfand sie ganz romantisch als »den Schrein, der all die Anstrengungen der neuen Zivilisation Amerikas enthält«. In seinen vielen Variationen um das Thema dieses Ingenieurbaus (Abb. 266) beschreibt er die magische Erscheinung der Brücke im nächtlichen Licht und erreicht mit den futuristischen Mitteln den überzeugenden Ausdruck seines dichterischen Erlebnisses. Auch *John Marin*, der bedeutendste amerikanische Maler der ersten Generation, hat neben Einflüssen von Delaunay wichtige Anregungen vom Futurismus empfangen. Schon 1912 in der Bilderreihe um das Woolworth Building (Abb. 263) benutzt er futuristische Mittel, um seine Vision vom Hochragen dieses Wolkenkratzers bildnerisch zu fassen.

Die Strahlungskraft des Futurismus war also sehr groß. Sie wirkte selbst auf den Kubismus zurück, regte Duchamp zu seinen kinetischen Untersuchungen an und befruchtete Dada. Sie bot auch anfänglich dem sozialkritischen Verismus von *George Grosz* (Abb. 260) und *Otto Dix* (Abb. 259) die ersten Ansätze. Die Idee vom Simultanen ging in der ganzen folgenden Entwicklung nicht mehr verloren. Unmittelbar befruchtend wirkte der Futurismus auf die Künstler des ›Blauen Reiter‹, die seine Einsichten und die des Orphismus für ihre ganz anders gearteten Absichten nutzten.

232 Boccioni, Auflauf in der Galleria, 1909

233 Boccioni, Lärm der Straße dringt ins Haus, 1911

234 Boccioni, Stadt im Aufbau, 1911

235 Boccioni, Abschied, 1911

237 Boccioni, Spiralkonstruktion, 1913

236 Boccioni, Die Materie, 1912

238 Boccioni, Elastizität, 1912 ▶

239 Carrà, Das Begräbnis des Anarchisten Galli, 1911

240 Carrà, Rüttelnde Droschke, 1911

241 Carrà, Die Galleria in Mailand, 1912

242 Soffici, Stilleben, 1915

243 Soffici, Stilleben, 1914

244 Sironi, Tänzerin, 1914

245 Sironi, Automobil, 1914

246 Severini, Tänzerin, 1912

247 Severini, Bal Tabarin, 1912

248 Severini, Der Einsturz, 1914

249 Severini, Nord-Süd-Métro, 1912

250 Balla, Auto und Lärm, 1912

253 Balla, Fahnen auf dem Altar des Vaterlandes, 1915

251 Balla, Auto im Rennen, 1913

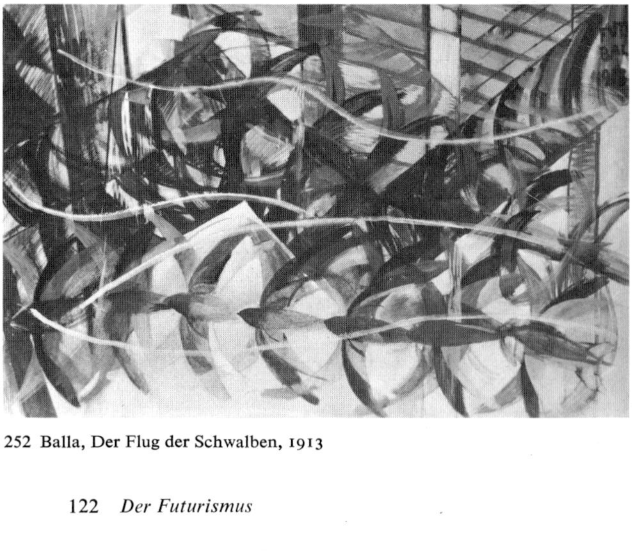

252 Balla, Der Flug der Schwalben, 1913

254 Balla, Primavera, 1915

255 Balla, Merkur zieht an der Sonne vorbei, 1914

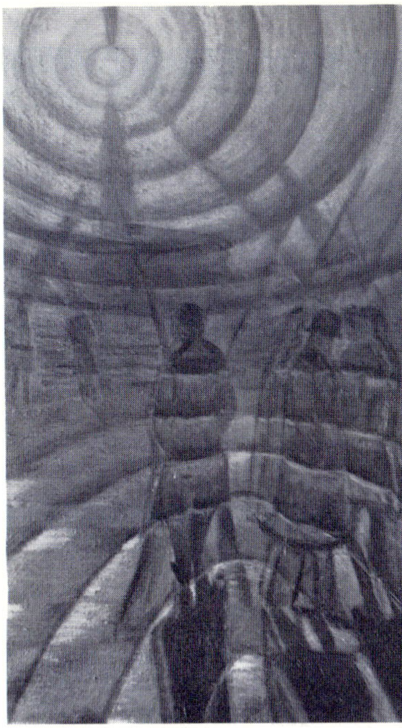

256 Russolo, Der Nebel, 1912

257 Russolo, Die Musik, 1911

258 Dottori, Die Luftschlacht über der Bucht von Neapel, 1942

259 O. Dix, Krieg, 1914

260 Grosz, Für Oskar Panizza, 1917-8

261 Nevinson, Die Ankunft, 1913-4

262 Feininger, Radfahrer, 1912

263 Marin, Woolworth Building, 1912

264 Marin, Lower Manhattan, 1922

265 Stella, Lichtschlacht (Vergnügungspark), 1913

266 Stella, Brooklyn Bridge, 1917

Der Blaue Reiter

Die Ideen des ›Blauen Reiter‹, die in München entwickelt wurden, sind die deutsche und sehr romantische Antwort auf den gleichen geistigen Zustand, der in Frankreich zum Orphismus geführt hatte. Diese Maler empfanden Natur und Mensch als einen großen Seinszusammenhang und wollten das über die bloße optische Erfahrung hinausgreifende Erlebnis der Welt durch ein religiös bestimmtes romantisches Allgefühl tiefer motivieren. Durch die Auflösung des Systems unserer optischen Teilerfahrungen und Teilempfindungen wollten sie die Vollständigkeit des Seinserlebnisses in sich herstellen, um daraus ein antwortendes Bild zu gewinnen, das als Gleichnis zur »mystisch-innerlichen Konstruktion der Welt« (Marc) verstanden werden konnte.

Der ›Blaue Reiter‹ entlehnt seinen romantischen Namen dem Titel eines Almanachs zur zeitgenössischen Kunst, den Kandinsky und Marc 1911 vorbereiteten und der 1912 in München erschien. Seinen Kern bilden Kandinsky und dessen Gefährten Jawlensky und Gabriele Münter und die drei Freunde Marc, Macke und Klee. Kandinsky ist der bewegende Geist der Gruppe. Die Zusammensetzung aus Russen und Deutschen ergibt die besondere mystisch-romantische Gestimmtheit, die in der Umwelt des Münchener Naturlyrismus und des Jugendstils den rechten Nährboden fand. Aber sehr früh schon machte sich der Einfluß Gauguins und van Goghs geltend. Über diese ›expressionistische‹ Komponente stellt sich schon gegen 1906/7 die Verbindung zum Fauvismus her. Etwa gegen 1910 und verstärkt 1911/12 dringen dann langsam die konstruktiven Verfahren des Kubismus ein, und da die Ausdruckskraft der Farbe von allem Anfang an im Mittelpunkt der Überlegungen dieser Maler stand, geraten sie ganz natürlich in die Nachbarschaft des Orphismus. Der Besuch Marcs, Mackes und Klees bei Delaunay 1912 markiert diese Entwicklung, die noch weiterhin unterbaut wird durch das Zusammentreffen mit dem Futurismus im gleichen Jahr. So lassen sich zwei Phasen im Wege des ›Blauen Reiter‹ unterscheiden: eine mehr expressionistische Phase mit der Nachbarschaft zu den ›Fauves‹ und eine mehr konstruktive Phase mit der Nachbarschaft zum Orphismus.

Wassily Kandinskys ›Eisenbahn von Murnau‹ von 1909 (Abb. 296) steht noch in der ersten Phase dieser Entwicklung. In einem strahlenden Farbakkord von Blau, Gelb und Grün bricht sich das landschaftliche Erlebnis. Farbbahnen mit rhythmischen Unterteilungen (die Schatten der Eisenbahn) gliedern den Farbakkord; Gegenstandszeichen fügen sich als rhythmische Interpunktionen in den Dekor. Im Bildviereck schließt sich ein Farbklang ein, den Kandinsky als den ›inneren Klang‹ der Landschaft bezeichnen würde und der das optische Erlebnis ins Lyrische rückt. Die gegenständlichen Merkzeichen haben nur noch reinen Hinweischarakter ähnlich den naiven Darstellungszeichen der Kinder und Laienmaler. Wie die Farbigkeit etwas von der naiven Buntheit bäuerlicher Hinterglasbilder hat, so ruft das Motiv der Leitungsmasten die Erinnerung an die naiven Wirklichkeitszeichen von Rousseau herauf. Tatsächlich hatte sich Kandinsky in diesen Jahren eindringlich mit der Bauern- und Laienmalerei beschäftigt, um die eigentümliche Ausdruckskraft zu erkunden, die den bildnerischen Hervorbringungen des naiven Gemüts eignet. – Diesen ins ausdrucksvoll Naive hinüber gespielten Fauvismus zeigen auch die frühen Bilder der Gefährten Kandinskys. Das Bild von *Gabriele Münter* (Abb. 315) fängt in seinen einfachen Konturen einen kleinen Moment eines abendlichen Gesprächs ein, der durch das aufmerksame Zuhören eines Beteiligten – es ist Jawlensky – gekennzeichnet war. Daraus entsteht eine stille lyrische Metapher, die aus dem besonderen Anlaß etwas allgemeines herauszuheben sucht – das ›Zuhören‹. *Alexej von Jawlenskys* ›Kind mit Puppe‹ (Abb. 313) wieder sucht im Klang der Farben und in der ausdrucksvollen Eurythmie der Konturen die versunkene Stille und Melancholie auszudrücken, die ihm aus dem Gesicht des Kindes entgegenschien. In dem kleinen Motiv leuchtet schon leise jenes Mystisch-Allgemeine durch, zu dessen Ausdruck dann Jawlensky in einem langsamen Prozeß seine ständig variierte Ikone des Menschenantlitzes erfand.

Diese erste Phase, die im Umkreis der von Kandinsky gegründeten ›Neuen Künstler Vereinigung‹ recht breit wirksam wurde (vgl. auch Seite 146), ist also eine besondere Spielart des europäischen Expressionismus. Sie wird aber gezügelt durch die Eurythmie des Konturs und des farbigen Dekors, die noch in Verbindung zu Matisse und zum Jugendstil stehen. Die besondere seelische Gestimmtheit der Russen bringt einen mystischen und naiven Unterton. 1910/11 geht diese Phase zu Ende. Franz Marc tritt der ›Neuen Künstler Vereinigung‹ bei und aus ihr sezessioniert nun sehr bald der ›Blaue Reiter‹. Durch die Berührung mit dem Orphismus (insbesondere mit Delaunay und Chagall) und Futurismus entsteht der Stil, den wir heute mit der Bezeichnung ›Blauer Reiter‹ meinen. An die Seite Kandinskys treten jetzt die bedeutenden Individualitäten Marc, Macke und Klee und verändern den bisherigen Stilausdruck völlig.

Franz Marcs ›Stier‹ von 1911 (Abb. 274) zeigt die veränderte Auffassung. Das Bild des Stieres ist auf ein allgemeines Typuszeichen zurückgeführt und vereinfacht zu einer bildnerischen Hieroglyphe, die aus der Vielfalt der individuellen Prägungen der Natur die allem einzelnen hinterliegende allgemeine Gestalt herauszeichnet. Ihr ausdrucksvoller ornamentaler Kontur deutet das Wesen des Tieres: die gesammelte träumende Kraft des Stieres. Er umgreift auch die Umwelt des Tieres:

267 Marc, Rehe im Walde II, 1913-4 ▶

das Vegetative und Erdhafte, das sein Dasein umhüllt. Aus der hinfühlenden Kontemplation des Tierwesens und aus dem ahnenden Wissen um das bruchlose Eingefügtsein seiner Existenz in das ganze Sein der Welt ergab sich für Marc sein großes geistiges Thema – das Tierbild als Symbolzeichen für das Eingefügtsein alles Kreatürlichen in den Seinszusammenhang der Natur. Aber dieses Thema umfaßt zugleich die Sehnsucht des Menschen, selbst wieder zu diesem unteilbaren Schöpfungsgrund zurückzufinden. Wieder ist es der ›orphische Grund‹, der zu bildhaftem Ausdruck drängt und die natürlichen Bilder in den ihm wesenhaften Raum zu rücken sucht – in Mythe und Legende.

Vom Formalen her gesehen wird die Erscheinung noch getrübt durch Naturalismen und jugendstilhafte Eurhythmie. Die Zurückdrängung des naturalistischen Raumbildes erfolgt durch ein einfaches Hochklappen der Pläne, die Farbe ist in ihrer eigenen Entfaltung beschränkt durch Rücksichtnahme auf die Lokalfarbe, der ungebrochene Kontur folgt noch dem vereinfachten Naturbild und hindert die simultane Durchdringung der Raum- und Körperformen. Erst durch die Berührung mit dem Orphismus gelingt es, dem Gegenstandsbild die Dimension der Erscheinung zu geben. Der verschollene berühmte ›Turm der Blauen Pferde‹ von 1912 (Abb. 271) oder die ›Rehe im Walde‹ von 1913/14 (Abb. 267) sind ausgereifte Ergebnisse. Die Grundlagen des neuen Bildes lassen sich leicht wiedererkennen: das Primat der Fläche, deren räumliche Bewegung durch die Transparenz der farbigen Pläne, der selbständige Farblichtraum, die Einbindung der Gegenstandszeichen in die farbige Konstruktion durch Zerlegung und Durchdringung. Die darstellerische Selbständigkeit dieser Mittel erlaubt, das Gegenständliche auf wenige Hinweiszeichen zu beschränken. Aus den vollen Akkorden der Farben und ihrer Modulation entsteht ein magisches Licht, das einen zauberischen Stimmungsraum schafft; die Formen schieben sich zu einem durchsichtigen Kristallgitter zusammen. Vom Grund dieses klangvollen Gefüges leuchtet uns ein Bild entgegen, das das gegenständliche Motiv poetisch verwandelt und ins Legendäre rückt. In der leuchtenden Transparenz des farbigen Lichts wird ein bildnerisches Gleichnis sichtbar, das jenen Traum vom Eingestimmtsein alles Lebendigen in einen großen Seinszusammenhang in anschauliche Bilder verwandelt. Es sind Bilder von erstaunlicher und neuartiger inhaltlicher Reichweite, die das apokalyptische Schicksal alles Kreatürlichen, wie in den ›Tierschicksalen‹ (Abb. 278), vorzustellen vermögen. Sie können sich aber auch ganz loslösen vom Gegenständlichen. In seinen letzten abstrakten Bildern und im Skizzenbuch im Felde hat Marc immer wieder diesen Punkt umkreist (Abb. 279).

1912 ist für Deutschland das Jahr der fruchtbarsten Auseinandersetzung mit dem Orphismus und dem Futurismus. In *August Mackes* ›Frau vor Schaufenster‹ (Abb. 282) sehen wir, wie Macke die simultane Bewegungsformung des futuristischen und die kristallische Struktur des orphistischen Bildes für sich durchprobt. Aber Macke läßt nun etwas ganz anderes daraus entstehen. In den Bildern von 1913 (Seite 135) streift er die kristallische Vergitterung ab. Allein aus der Zusammenordnung der farbigen Flecken und der durch sie bestimmten Pläne entsteht der durchleuchtete Farblichtraum. In diesem diffusen, leichtbewegten Farblicht gewinnen nun die kleinen Motive eine ungemeine poetische Kraft. Die »ganz durchfreute Natur« – wie Macke sagte – verwandelt sich in Klang und Dichtung. Aus dieser freudigen Erlebnisweise strömt nun in ganzer Fülle die kostbare Reihe der tunesischen Aquarelle als schöne Kantilene über das Motiv des afrikanischen Frühlings, den Macke zusammen mit Klee im Frühjahr 1914 erlebte. – Mackes Aquarell aus Kairuan (Abb. 289) ist noch unter der unmittelbaren Wirkung des optischen Erlebnisses entstanden. *Paul Klees* ›Mildtropische Landschaft‹ (Abb. 293) – eine Erinnerung an die tunesische Reise – ist dagegen erst 1918 entstanden, Jahre nach dem Erlebnis. Doch reflektiert wie in einem Kristall in diesem kleinen Blatt der Klang der Erinnerung an Himmel und Meer, Wüste und Oase, Licht und Spiegelung: gesammeltes Zeichen für das umfassende Bild, das die Erinnerung an das afrikanische Land im Frühling bewahrte. Im durchlichteten Farbklang, im geheimnisvollen Muster genügt eben ein farbiger oder zeichenhafter Hinweis, um den gesamten Erlebnisraum der vielschichtigen Erinnerung mit allem Zuständlichen im Betrachter aufzurufen.

Die Erfahrung der darstellerischen Selbständigkeit der bildnerischen Mittel drängte immer wieder dazu, das Abbildliche ganz zu verlassen. Wie Delaunay 1912 zur abstrakten Malerei kam, so trieb auch Marc immer näher an sie heran. Und gerade im ›Blauen Reiter‹ war der Künstler tätig, dem der Ruhm zukommt, die abstrakte Malerei heraufgeführt zu haben – *Wassily Kandinsky*. Das geschah 1910, freilich mit Hilfe vielfältiger historischer Vorstufen und persönlicher Voraussetzungen.

Kandinskys ›Komposition II‹ von 1910 (Abb. 300) zeigt noch die Verbindung zum expressiven Stil der ersten Phase. Aber wie schon der Titel alles Gegenständliche abstreift, so drängt auch das Bild das Abbildliche weit zurück. ›Komposition‹ – das meint etwas Vergleichbares zu einer musikalischen Komposition; man möchte geradezu eine Beziehung suchen zur dramatischen Komposition der Musikbühne, zu jenem musikgetragenen Gesamtkunstwerk, das Wagner im Sinn hatte. Wie die Musik Wagners gesättigt ist mit sinnlichen und symbolischen Anspielungen und aus ihnen im Geiste des Hörers große Szenerien und figürliche Analogien entstehen, so schwemmt auch unser Bild in den großen Tonschwällen der Farbe ein ganzes figürliches Inventar aus· Zeichen ziehender Gestalten, einen sprengenden Reiter, ein liegendes Paar, die bukolische Gruppe spielender Kinder, eine Baumgruppe im Sturm, russische Kuppelkirchen. Folgt unser Auge dem epischen Ziehen der Farbklänge, so stößt es immer wieder auf diese heraufkommenden Symbolzeichen wie auf die Leitmotive einer dramatischen Bühnenkomposition, die eine Abfolge von Empfindungen anschlagen, die nun auf der Leinwand simultan zueinem Bild zusammentreten. Aber was da an inhaltlichen Bezügen anklingt, emaniert doch nur aus den farbigen Klängen, wie eben aus den Tonschwällen Wagners die figürlichen Assoziationen emanieren; Farbklänge, musikantische Farbbewegungen also, die einen dramatischen Zustand der Seele anschaubar machen wollen, aber ihrer darstellerischen Selbständigkeit noch nicht soweit vertrauen, um auf gegenständliche Hinweiszeichen ganz verzichten zu können. Die naturalistischen Restbestände trüben noch die formale Organisation des Bildes, auch das Raumbild hat noch naturalistischen Kulissencharakter.

In der ›Komposition V‹ von 1911 (Abb. 301) beginnt sich nun der Bildkörper zu organisieren und zwar im ähnlichen Sinne wie das orphistische Bild. Das Vorgestellte rückt aus der ›irdischen‹ Perspektive heraus. Die Fläche stellt sich her und wird nun durch die auf ihr sich vollziehenden Farbereignisse in außerordentlich dramatischer Weise bewegt, in einer Weise aber, daß selbst die dramatische Kurvatur der schwarzen Linie oben, die wie ein Peitschenknall das Bild durchfährt, sich auf der Fläche einschreiben kann, ohne ihre räumliche Bewegung zu stören. Das Bild ist zur Schrifttafel geworden und vertraut allein auf die Ausdrucksfähigkeit der vollen Akkorde der Farben und der Führung der linearen Motive. Es instrumentiert mit seinen Mitteln einen inneren, dramatischen, seelischen Zustand. Man könnte es ein ›Seelengemälde‹ nennen und könnte dabei der Zustimmung Kandinskys sicher sein, der ja als Grundprinzip des bildnerischen Handelns »die zweckmäßige Berührung der menschlichen Seele« nannte. Es ist ein abstrakter Expressionismus, der sich nicht mehr an den Dingen der sichtbaren Natur entzündet, sondern an den Zuständen im Menschen.

Farbstimmung und formale Rhythmik haben hier oft einen ausgesprochen russischen, ja asiatischen Klang. Die Farborchestrierung des Entwurfes zu ›Komposition VII‹ von 1913 (Abb. 303) – der übrigens Klee gehörte – verwendet die schärfste Spannung der farbigen Klänge: das Ultrahoch im spitzesten Diskant des Gelb, das Ultratief im Orgelwerk des Schwarz und Blau. Es klingt wie russischer Chorgesang. Vergleicht man die heiße Farbigkeit dieses Bildes mit der kühlen Orchestrierung von Matisse, so spürt man die ganz andere Konstitution der russischen Seele: ihr Schweifendes, Anarchisches und Mystisches. Im dionysischen Furioso des Bildes gerät das ganze Lebensgefühl des Malers in ein orphisches Singen. Das Bildfeld wird zum Spielfeld der freiesten psychischen Improvisation (Abb. 305).

In den Formeln des Historikers läßt sich der ›Blaue Reiter‹ durchaus als Spielart des Orphismus verstehen. Doch hat er der ›orphischen‹ Strömung in Europa eine neuartige inhaltliche Tiefe gegeben. Indem er die orphistischen Mittel von allem Anfang an nur als Ausdrucksmittel für die psychische Spiegelung eines umfassender und tiefer gewordenen Wirklichkeitserlebnisses ansah, erweiterte er die Berichtmöglichkeiten der Malerei in neue, unerwartete Gebiete hinein. Diese Mittel setzte er ein, um die Empfindung vom Seinszusammenhang der Natur sichtbar zu machen und selbst noch die Wendung ins Religiöse zu vollziehen, aus der das Bild als neues ›Andachtsbild‹ einer religiös-pantheistischen Empfindung begriffen werden konnte (Marc). Mit diesen Mitteln konnten die dichterischen Erlebnisse an der sichtbaren Welt in visuelle Poesie verwandelt werden (Macke), konnte auch ein Bild gefunden werden, das ein umfassendes visuelles Erlebnis durch die Kraft der Vorstellung und Erinnerung aus der Veränderlichkeit des flüchtigen zeitlichen Eindrucks in die Dauer des ›imago‹ bannte (Klee), konnte schließlich den psychischen Erfahrungen die Schrifttafel der freiesten Improvisation zubereitet werden (Kandinsky). Nicht zufällig entstand gerade in diesem Ideenkreis die erste und vollgültige Ausformung des abstrakten Bildes. Immer aber ging es dabei um den Ausdruck der Erfahrungen der menschlichen Innenwelt. Der expressionistische Klang ist in all diesen Bildern nicht zu überhören. Der Gedanke, aus den bildnerischen Mitteln selbst eine konkrete, auch außerhalb der psychischen Regungen des Menschen bestehende Harmonie zu entwickeln, der im Kubismus latent enthalten war, ist im ›Blauen Reiter‹ noch nicht angelegt. Ihn bringen erst Piet Mondrian und der internationale Konstruktivismus zur Entfaltung.

268 Marc, Pferd in Landschaft, 1910

269 Marc, Die roten Pferde, 1911

270 Marc, Die gelben Pferde, 1912

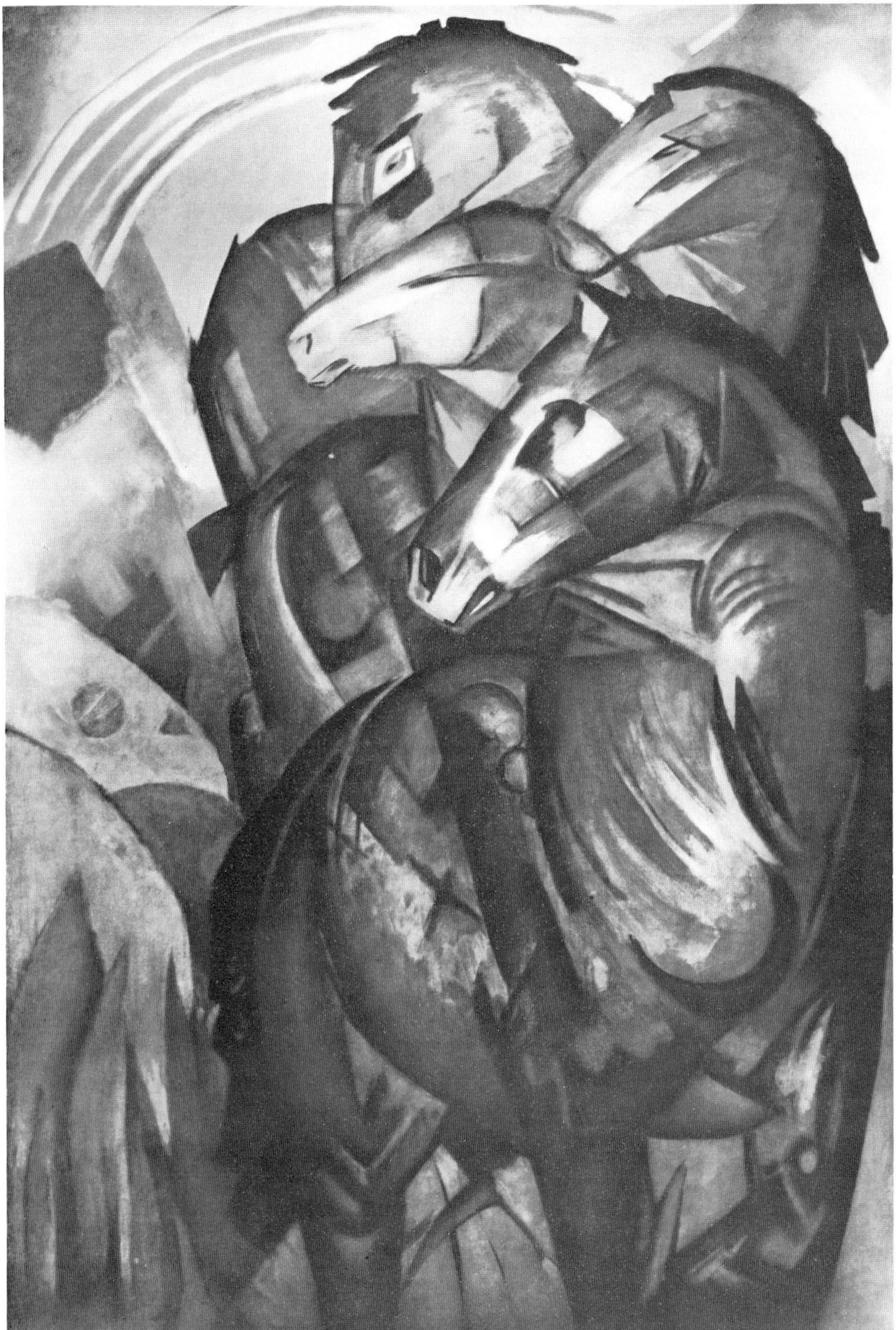

271 Marc, Der Turm der blauen Pferde, 1912

272 Marc, Der Tiger, 1912

273 Marc, Der Mandrill, ca. 1913

274 Marc, Der weiße Stier, 1911

275 Marc, Affen, 1911

276 Marc, Füchse

277 Marc, Reh im Blumengarten, 1913

278 Marc, Tierschicksale, 1913

279 Marc, Kämpfende Formen, 1914

280 Macke, Landschaft am Tegernsee, 1910

281 Macke, Marienkirche in Bonn, 1911

282 Macke, Frau vor Schaufenster, 1912

283 Macke, Vor dem Hutladen, 1913

284 Macke, Promenade, 1913

285 Macke, Spaziergang auf der Brücke, 1912

286 Macke, Der Abschied, 1914

287 Macke, Dame mit grüner Jacke, 1913

288 Macke, Garten am Thuner See, 1913

289 Macke, Kairouan I, 1914 ▶

290 Klee, Straße mit Fuhrwerk, 1907

291 Klee, Föhn in Marc's Garten, 1915

292 Klee, Der Niesen, 1915

293 Klee, Mildtropische Landschaft, 1918 ▶

294 Kandinsky, Murnau, 1909

295 Kandinsky, Arabischer Friedhof, 1909

296 Kandinsky, Eisenbahn von Murnau, 1909-10

297 Kandinsky, Landschaft mit Turm, 1908

298 Kandinsky, Reiter, ca. 1911

299 Kandinsky, Der Reiter, 1910

300 Kandinsky, Komposition II, 1910

301 Kandinsky, Komposition V, 1911

302 Kandinsky,
Landschaft mit Kirche, 1913

304 Kandinsky, Sintflut, 1912

305 Kandinsky, Träumerische Improvisation, 1913

306 Kandinsky, Komposition VII, 1913

◀ 303 Kandinsky, Entwurf zu Komposition VII, 1913

307 Jawlensky, Lampe, 1908

308 Jawlensky, Landschaft, 1907

309 Jawlensky, Stilleben mit blauer Kanne und Figur, 1908

310 Jawlensky, Die weiße Feder, 1907

311 Jawlensky, Bildnis Sacharoff, 1909

312 Jawlensky, Mädchenbildnis, 1909

313 Jawlensky, Mädchen mit Puppe, 1911

314 Münter, Wolken, 1910

315 Münter, Zuhören, 1908

316 Werefkin, Kalkofen, 1912

317 Erbslöh, Großer Akt mit Strumpfband, 1909

318 Erbslöh, Großer Park, 1912

Der Weg zum konkreten Bild

Der Schritt zur abstrakten Malerei, den Kandinsky tat, begründete sich aus dem Wunsche, dem menschlichen Gefühlsleben unmittelbaren Ausdruck zu geben. Das Bild stand in einem ›beschreibenden‹ Bezug zu den Regungen der menschlichen Psyche. Bildnerische Formen und ihre Anordnung haben aber nicht allein expressiven und individuellen Charakter, sie haben auch einen für sich selbst bestehenden allgemeinen darstellerischen Wert als reine ästhetische Konstruktion, die ein Ordnungsverlangen unseres Geistes ebenso befriedigt, wie die zweckfreien Maßbeziehungen der Geometrie oder die aus Zahlenverhältnissen begründbaren Taktordnungen der Metrik und der Musik. Sie haben gleichen ›harmonikalen‹ Charakter.

Diese Einsicht wuchs im Kubismus immer deutlicher herauf und zugleich mit ihr die Einsicht in die feinen Gesetzmäßigkeiten der bildnerischen Mittel. Die Lagerungsgesetze der Farbe waren durch Seurat und Signac weitgehend bereitgelegt worden; die Lagerungsgesetze der Form begannen sich bei der Ausarbeitung des kubistischen Bildes deutlicher abzuzeichnen. Nun kreuzten sich im Orphismus beide Verfahren: über die formale kubistische Konstruktion (mit der Herkunft von Cézanne) legte sich eine farbige Konstruktion (mit der Herkunft von Seurat). Sie verbanden sich mit der Erfahrung von der darstellerischen Selbständigkeit der bildnerischen Mittel. An dieser Kreuzungsstelle entstand 1912 das abstrakte Bild des Orphismus. Es war seiner Herkunft nach mehr konstruktiver Natur als das abstrakte Bild Kandinskys. Delaunays abstraktes Bild (Abb. 200) verselbständigte die Gesetzmäßigkeiten des Farbaufbaus und setzte sich als Thema Bewegung, Klang, Rhythmik, Lichthaltigkeit der reinen Farbe. »Die synchronische Aktion der Farben«, dekretierte Delaunay 1912, »ist als eigentlicher und einziger Vorwurf der Malerei zu betrachten.« Was Gauguin als »musikalische Phase« der Malerei vorausgesagt hatte, war damit verwirklicht und zwar in einer der Musik vergleichbaren Disziplinierung durch eine Art Harmonielehre. Farbe wurde ein selbständiger, konkreter Gestaltungswert. Aber über die Ästhetik der ›Nabis‹ drang noch ein anderer Gedanke in den Orphismus ein, der Gedanke einer idealen Ordnung der Bildfläche durch Maß- und Zahlenverhältnisse. Auch er radikalisiert sich jetzt. *Frank Kupkas* ›Vertikalpläne in Blau und Rot‹ von 1913 (Abb. 363) entwickeln aus dem idealen Grundkontrast des Bildfeldes – Senkrecht zu Waagerecht – eine entsprechende Elementarform, schmale Rechtecke. Diese fügen sich zu rhythmischen Sequenzen zusammen und instrumentieren mit ihnen in der Durchspielung der Blau- und Rotformen einen formalen Satz, der durch die Weißformen in rhythmischen Kadenzen belebt wird. Eine reine, aus den Maßordnungen der Fläche entstandene Elementarform wird allein durch Veränderung von Größe und Proportion zum Klingen gebracht und mit ihr ein der musikalischen Fuge vergleichbares Spiel vorgeführt. Die Elementarform wird als konkreter Gestaltungswert erkannt.

Nur wenig später beginnt in Rußland eine ähnliche Entwicklung, der Suprematismus und Konstruktivismus. Auch sie setzt beim Kubismus an, auch sie isoliert und radikalisiert in ihm enthaltene Ideen (Seite 163). Wahrscheinlich schon 1913 kommt *Kasimir Malewitsch* inmitten des anarchischen Kunstklimas des modernen Rußland zu einer äußersten Reduktion. Er setzt ein einfaches schwarzes Quadrat auf den weißen Grund der Fläche, abstrahiert also aus dem kubistischen Bild die elementarsten Grundformen: die elementare Fläche und die elementarste der in ihr möglichen Formen – das einfarbige Quadrat. Nun erwies sich aber dieses so spontan erreichte Feld elementarer Bildmittel von großer Keimkraft. Schon die ›Komposition‹ von Malewitsch von 1914 (Abb. 359) zeigt die Wachstumsmöglichkeiten: die planimetrischen Formen beginnen sich zu entfalten, ihre Größe, Proportion und Anordnung gliedert die Fläche in vielfältiger Weise. Nimmt man nun dazu, daß gleichzeitig der russische Konstruktivismus diese elementaren Mittel ins Dreidimensionale hinüberspielte (Seite 162) und somit auf die *räumlichen* Möglichkeiten der Fläche hinwies, so leuchtet ein, welch reiches Feld bildnerischer Möglichkeiten sich geöffnet hatte. Durch eine in Richtung auf das Elementare vorgenommene Analyse der Form war man auf die Grundlagen einer freien, gegenstandsgelösten, harmonikalen Gestaltung gestoßen.

All dies ging sehr sprunghaft vor sich, in oft vorschneller Rhetorik. Es bedurfte eines Künstlers von hohem Rang und klarer Denkfähigkeit, um diesen Ansätzen ein gesichertes Fundament zu geben. Er fand sich in Piet Mondrian. Was Kandinsky aus den umgehenden Ideen für das abstrakte Bild geleistet hatte, leistete Piet Mondrian für das, was er die »peinture abstraite réelle« nannte und was wir heute mit dem Wort ›konkrete Malerei‹ meinen.

Piet Mondrians Weg ist Schritt um Schritt nachzuvollziehen. Er entwickelt sich aus den »logischen Folgerungen der kubistischen Entdeckungen« (Mondrian). Einen frühen Ausgangspunkt der Überlegungen zeigt der ›Rote Baum‹ von 1908 (Abb. 320). Farbig steht das Bild noch in der Nähe van Goghs und der ›Fauves‹. Aber ein anders gearteter Formwille beginnt sich durchzusetzen. Das Geäst breitet sich ganz in der Fläche aus und zeichnet ihr ein bewegtes, aber wohlgeführtes Muster ein. Auch die Leerformen zwischen dem Geäst wirken an diesem Muster mit und binden die Atmosphäre in den planen Bildraum ein. Dieser hinter der Bildfigur wirksame Ordnungswille drückt sich selbst in der Pinselschrift aus. Im spontanen

Schriftbild setzen sich allenthalben kleine Rechtecke und senkrechte Striche durch. In diesen, aus dem Unterbewußten kommenden graphologischen Ordnungszeichen legt sich schon eine bestimmte Richtung an. – Im ›Grauen Baum‹ von 1912 (Abb. 321) dringt sie langsam in das bewußte Denken ein. Hilfestellung bietet der Kubismus. Am gleichen Motiv (Abb. 322) macht sich Mondrian in einer ganzen Bilderreihe das in ihm arbeitende Denken immer bewußter und anschaulicher. Der Vorgang ist der einer ständigen methodischen Reduktion. Sie greift am Gegenständlichen wie an der Bildkonstruktion an. Der Baum setzt sich in ein rhythmisch bewegtes, von der natürlichen Gestalt abgehobenes Grundmuster um. Seine Körperlichkeit ebnet sich in der Fläche ein. Auf dieser vibrierenden Fläche lagert sich das vom Gegenstand abstrahierte Muster: Bogenschwünge, waagrechte, senkrechte, diagonale Kompartimente. In Ausgleich und Störung erreichen sie schließlich ein wohlgelagertes Gleichgewicht, das versteckt, aber kraftvoll gehalten wird durch ein Achsenkreuz (gegenständlich gelesen aus Stamm und querendem Hauptast), das die Bildfläche in Höhe und Breite ziemlich genau halbiert. Dies ganze Gefüge ist fest in die Bildkanten verspannt. Ziel ist die Verwandlung des Naturbildes in formale Beziehungen und Rhythmen auf der Fläche.

Auch das ›Stilleben II‹ von 1911 (Abb. 324) reduziert die Formen weitmöglichst auf die elementare Form des Rechtecks und sucht diese wieder in die von den Bildkanten her gegebenen Grundkonstanten der Senk- und Waagerechten einzubinden. Wo Abweichungen in dieser strengen Regelhaftigkeit auftreten, erklären sie sich als durchscheinende Gegenstandsformen. Wir können die vorgenommenen Reduktionen überprüfen, wenn wir sie mit einem der ersten Beispiele dieser Bilderreihe, dem ›Stilleben mit Ingwertopf I‹ (Abb. 323), vergleichen. Es ist der gleiche methodische Weg, den wir bei der Baum-Reihe beobachtet haben. Wir erkennen im ›Stilleben I‹ von 1911 jene graphologischen Merkzeichen des unbewußten Formwillens wieder, besonders deutlich rechts unten, wo die diffuse Zone des Tischtuches durch feste T-Zeichen fixiert wird. Genau die gleichen Merkzeichen sehen wir im ›Stilleben II‹ von 1911. Sie sind aber jetzt ins Bewußte eingetreten und gewichtige Bausteine der Bildkonstruktion geworden. Der taktfeste Wohllaut der Komposition, die stille Feierlichkeit lassen dieses Bild als ein vollendetes Meisterwerk erscheinen. Bringt man sich aber einmal in die Richtung des Denkens von Mondrian, so entdecken wir doch einige Trübungen. Die Schachtelformen vorn rechts in ihrer schiefen Lage bringen die ganze Konstruktion des unteren Bildfeldes in leises Taumeln, und unverzüglich wird dort auch das Raumgefüge in seiner planen Lagerung beunruhigt. Es ist die besondere Form des Gegenstandes (Buch, Schachtel), die sich nicht in die allgemeine Ordnung der Elementarformen fügen will. Die besondere Form des Naturbildes trübt also die Erscheinung einer allgemeinen Harmonie, die Mondrians Geist als antwortendes Gegenbild gerade herstellen möchte.

Diese Erkenntnis motiviert den weiteren Schritt Mondrians. Die folgenden Kompositionen entfernen diese Trübungsquelle. Auf dem Bildfeld erscheint ein kleinteiliges Muster, das nahezu ausschließlich aus jenen Elementarformen, die wir erstmalig in der Pinselschrift entdeckten, aus Rechtecken und T-Zeichen, zusammengesetzt ist. Die Anordnung folgt gern einem Achsenkreuz, das ziemlich genau durch die Bildmitte läuft – genau wie im ›Grauen Baum‹ von 1912. Da wir wissen, daß Mondrian in diesen Jahren stets von einem Naturmotiv ausging, hindert uns nichts, diese ›Kompositionen‹ in der Fortsetzung der Bildreihe zu sehen, die mit dem ›Roten Baum‹ von 1908 ihren Anfang nahm: Verwandlung eines optischen Erlebnisses in formale und rhythmische Beziehungen.

Die Reduktion scheint kaum mehr weiterzutreiben, auch die Farbe ist seit 1911 auf Modulationen über Grau, Ocker, schwachem Blau eingeschränkt. Dennoch empfindet Mondrian, daß vom gegenständlichen Erlebnis her der individuelle Stimmungsgrund noch immer durchscheint. Wirklich enthalten ja diese strengen Farbform-Rhythmen ein durch das Formgitter hindurchscheinendes besonderes lyrisches Erlebnis. Es ist gerade dieser Akzent des ›Besonderen‹ und ›Emotionalen‹, der Mondrian die Heraufkunft einer »universellen Harmonie«, wie er sagt, zu verhindern scheint. Die Naturbilder und die Gefühle verunklären ihm die Erscheinung dieser gesuchten Harmonie. Er reduziert also weiter, kommt bis zu den ›Plus-Minus-Bildern‹ in Schwarz, Weiß und Grau (Abb. 328), die aber noch immer obstinat ein optisches Erlebnis (zum Beispiel die Rhythmik der auf den Strand zulaufenden Meereswellen) in ihr elementares System einfangen wollen.

Jetzt erst, auf dieser äußersten Stufe der Abstraktion, erlaubt sich dieser strenge Geist den Gedanken, daß die ästhetische Harmonie einfach grundsätzlich unterschieden sei von der natürlichen Harmonie, daß Anordnung und Form selbst die Realität bilden, in der die universelle Harmonie anschaulich werden kann. Jetzt ist ein weiteres Vordringen bis zu den letzten Elementen bildnerischer Ordnungen möglich. Durch das Zusammentreffen mit van der Leck und van Doesburg 1916/17 wird Mondrian wieder auf die Farbe gewiesen. Sie stellt sich ihm sogleich in ihrem konstituierenden Elementarkontrast vor: die reinen Farben – Rot, Blau, Gelb – und die Nichtfarben – Schwarz, Weiß, Grau. Für die rein harmonikale elementare Gestaltung – das heißt Harmonie aus Elementarkontrasten – scheinen ihm nur die Elemente verwendbar, die sich aus diesem farbigen Elementarkontrast und dem formalen Elementarkontrast – Senkrechte zu Waagerechte – begründen: es bleibt als elementarste Gestaltungsform das primärfarbige Rechteck auf der Fläche. Jedoch legt das Rechteck auf der Fläche noch immer die Beziehung zu einer besonderen Form nahe und sein Aufliegen auf der Fläche die räumliche Illusion. So sieht sich Mondrian gezwungen, die farbigen Rechtecke zusammenzuschieben, sie durch Streifen zu trennen, damit sie ihren Charakter als Form verlieren und zu reinen Flächenkompartimenten werden. Die ›Komposition‹ von 1921 (Abb. 331) zeigt das Ergebnis: eine gleichgewichtige Harmonie, gestaltet aus den elementaren Kontrasten der Senkrechten und Waagerechten und der reinen Farben und der Nichtfarben. In dieser elementaren Bildfigur ist das Natürliche und das Individuelle nicht mehr anzutreffen, sie ist ein Paradigma ausgeglichener harmonikaler Beziehungen als konkrete Realität. Hervortritt ein Grundentwurf als die Ikone einer elementaren bildnerischen Wahrheit. In ihm konnten sich die Kontraste spannen oder in einer leichten, lichten Lagerung ruhen (Abb. 319), stets erschien eine ausgeglichene Beziehung aus Kontrasten, eine konkrete Harmonie als Setzung des menschlichen Geistes, in der dem Tragischen, Willkürlichen und Zufälligen nicht mehr zu begegnen ist. Erst in seinen allerletzten Jahren hat Mondrian, angeregt durch den Rhythmus der Weltstadt New York, die Erscheinung seiner Ikone verändert und eine rhythmische Beweglichkeit einzuführen versucht (Abb. 335).

Von dieser elementaren Ikone führte kein Weg weiter; sie stand an der äußersten Grenze der Malerei. Von ihr aber strahlte eine mächtige Kraft in das Feld der gesamten Kunst zurück. Diese Strahlkraft war so groß, daß sie nicht nur eine ganz neue Malerei hervorrief, sondern alle Bereiche der Gestaltung – Architektur, Möbel, Plakat, Gebrauchsform, Typographie usw. – erreichte und unsere gestaltete Umwelt, unsere Gegen-Wirklichkeit zur Natur, radikal veränderte. Eine reiche Entwicklung konnte Platz greifen.

Unsere Bilderreihe macht die Entwicklung und das Zusammenströmen der einzelnen Unternehmungen zu einem breiten Stilausdruck leicht ablesbar. Durch das Zusammentreffen mit van Doesburg war Mondrian in eine Gemeinschaft Gleichstrebender gekommen, der auch eine Anzahl Architekten angehörte. In ihrer Zeitschrift ›De Stijl‹ arbeiteten sie nun eine auf alle Gebiete formaler Gestaltung ausgreifende Ästhetik aus. In ihr erhielten die Ideen Mondrians einen breiten Widerhall über ganz Europa hin, da sie auf ein in der Zeit angelegtes geistiges Bedürfnis trafen. Zugleich drängten einzelne Individualitäten auf ihre Erweiterung. In der ›Stijl‹-Gruppe selbst suchte der intelligente und bewegliche Geist *Theo van Doesburgs* die strenge Doktrin in Bewegung zu bringen. Seine ›Komposition‹ von 1925 (Abb. 340) scheint nichts weiter als eine Drehung des Quadratmusters Mondrians um 45°. Aber durch diese so einfach scheinende Manipulation treten ganz neue elementare Kategorien auf: die Diagonale tritt auf als Grundelement der Bewegungsformung; die Bildkanten zerschneiden die Rechteck-Kompartimente und gefährden dadurch das Gleichgewicht, das nun auf einer komplizierteren Ebene wiederhergestellt werden muß.

Gleichzeitig dringen die Ideen des entwickelten russischen Konstruktivismus in die westliche Welt ein. Gabo, Pevsner, Kandinsky, Lissitzky verlassen gegen 1922 Rußland und treten in die Diskussion um das konkrete Bild voll ein. Die ›Komposition‹ von *El Lissitzky* (Abb. 356) zeigt die anders geartete Argumentation. Sie ist auf direktem Wege aus dem kubistischen Bild entwickelt durch reine Vereinfachung, Elementarisierung und Geometrisierung. Der Aufbau des Gleichgewichtes kompliziert und erweitert sich, wenngleich die Stereometrie und ihre Perspektivik noch mit räumlichen Illusionen arbeitet und dadurch die elementare Wahrhaftigkeit des Bildes (im Sinne Mondrians) in Frage stellt.

Friedrich Vordemberge-Gildewart – in Verbindung zum ›Stijl‹, zu Lissitzky, zu Schwitters in Hannover – sucht nun am gleichen Problem diese »elementare Wahrhaftigkeit« durch Montage wiederherzustellen (Abb. 341). Er baut drei reale räumliche Pläne: den einfachen Grund, darauf eine Tafel mit einer Figuration aus geometrischen Elementarformen, die nun ihr abschließendes Gleichgewicht erhalten durch eine aufgelegte Reißschiene, die den vordersten Plan markiert. Durch das Klötzchen links unten wird die Verbindung zwischen den Plänen hergestellt. Die räumliche Beziehung erscheint in konkreter Tatsächlichkeit. Diese konkrete Tatsächlichkeit wird noch besonders markiert durch das in die Komposition eingefügte ›reale Objekt‹ der Reißschiene. – Ungemein reiche und doch immer auf der sauberen Verwendung der elementaren Mittel beruhende Möglichkeiten zeigen sich jetzt allenthalben (Abb. 347).

Diese Ideen, Experimente und Manipulationen um das konkrete Bild fanden eine Experimentier- und Lehrstätte im ›Bauhaus‹ in Dessau. In enger Nachbarschaft zu den ›Stijl‹-Leuten und den russischen Konstruktivisten arbeiteten dort *Laszlo Moholy-Nagy* (Abb. 342) seit 1924 und in seiner Nachfolge *Josef Albers* (Abb. 344) an der Idee des konkreten Bildes weiter und setzten sie in Verbindung zu Architektur und Gebrauchsform. Eine Fülle von Ideen zur Formung des Gebrauchsgeräts, der Typographie, der Reklame hat hier ihren Ausgang genommen und ist längst zum selbstverständlichen Bestand unserer Umwelt geworden.

Das konkrete Bild erfährt aber noch eine zusätzliche Bereicherung aus ganz anderer Richtung – vom Dadaismus und seinem tiefsinnig-ironischen Spiel mit realen Dingen. Schon die Kubisten hatten in ihren Montagen aus beiläufigstem Gerümpel eine Ordnung arrangiert, in der Dingreste in seltsame Beziehungen gerieten und eine fremde Schönheit gewannen. *Kurt Schwitters* griff diesen Gedanken auf. In seiner Collage von 1920 (Abb. 352) fügt er aus einem verwirrenden Durcheinander von Abfällen eine feine, von Ironie durchspielte Ordnung zusammen, als sei im Zufällig-Aufgelesenen, im zerbrochenen Fragment eine Bitte zur Vollendung enthalten, der man durch Platzanweisung in einer halberdachten, halb zufällig sich einfindenden Ordnung entsprechen könne. An diesem Platz blüht solch ein verworfener Dingrest zu einer eigenen Schönheit auf, nimmt Verbindung zu seinen Nachbarn und hervortritt ein gleichgewichtiges Gefüge, das aus dem Verworfenen eine ganz eigene, aber auf seiner konkreten Tatsächlichkeit ruhende Harmonie gestaltet.

Dieser Gedanke ließ sich umkehren. Wir sahen schon, wie bei Duchamp (Abb. 223) ein aus abstrakten Formen aufgebautes Ensemble durch Analogie zu mechanischen Dingen und Apparaten ein eigentümlich personelles Leben von verblüffender Mehrdeutigkeit gewinnen konnte. Dada griff diese Möglichkeit auf. Ein überzeugendes Beispiel zeigt eine abstrakte Marionette von *Sophie Taeuber* (Abb. 362): ein scheinbar mechanisches Ding aus simplen Elementen, aber in Bewegung gesetzt, nimmt dieses rasselnde Ding Personalcharakter an, eine Bedeutung taucht auf und wird zwingende Figur eines ganz komplexen Inhalts – ›Soldat und Armee zugleich‹. Diese Erfahrung der Personalisierung einer reinen Form ließ sich cum grano salis auch im konkreten Bild verwenden. In *Hans Arps* ›Konfiguration‹ (Abb. 351) ordnen sich freie vielgeschwungene Formen zu einem empfindlichen Gleichgewicht zusammen. Sie haben keinerlei ›gegenständlichen‹ Charakter, aber doch etwas ungemein Personelles: sie sind Form und Wesen zugleich. Die konkrete Form öffnet sich hier zu neuen inhaltlichen Bereichen hin, in die auch Vegetatives unversehens hineinzuwachsen vermag (Abb. 364) und selbst etwas Figuratives, wie bei gewissen Bildern Mirós oder beim späten Kandinsky, auftauchen kann. Diese Zufuhr freier phantasievoller Form aus dem Dadaismus war für den Ausbau des konkreten Bildes von großer Wichtigkeit. Im Zusammenströmen all dieser Richtungen öffnete sich ein neues Feld der Kunst – die konkrete Gestaltung.

Die Vorstellung vom ›Konkreten Bild‹ als dem Träger einer in sich selbst bestehenden Harmonie jenseits jeder Beschreibung gegenständlicher oder psychischer Natur entwickelte sich aus dem Kubismus. Sie löste den Gegenstandsbezug auf, aus dem die Architektur des kubistischen Bildes entwickelt worden war. Dadurch sah sie sich gezwungen, die Gesetzmäßigkeiten der reinen Mittel zu analysieren und alle in ihnen möglichen Kombinationen erst einmal auf ihren elementaren Grund zurückzuführen. Herstellung der Fläche, Zurückführung des Bildgerüstes auf den Grundkontrast des rechten Winkels, Reduzierung der Bildfiguren auf die elementaren geometrischen Formen: das waren einzelne Schritte, um jenen elementaren Grund zu erreichen. Von hier aufbauend ließ sich nun kontrollierbar eine Bildwelt ausformen, die als reine geistige Gestaltung angesehen werden konnte. Ziel war die Herstellung einer konkreten Harmonie, in der der menschliche Geist sich selbst kontemplieren und mit der universellen Harmonie in Einklang bringen konnte.

Diese Überlegungen kamen etwa 1912/13 in Gang, zur gleichen Zeit also, als der Kubismus aus seiner analytischen in die synthetische Phase trat. Die Bezeichnung ›konkrete Malerei‹ hat van Doesburg erst 1930 eingeführt, um auch sprachlich auf der konkreten Realität der Form zu bestehen und den Unterschied zur ›abstrakten Malerei‹ zu markieren. Die Grenzen ließen sich nie ganz scharf ziehen, da die Argumentation der konkreten Gestaltung stark auf die abstrakte Malerei wirkte und gerade Kandinsky seit etwa 1920 sich ihr sehr annäherte. Die konkrete Malerei ist noch immer ein ganz lebendiger Stilausdruck unserer Gegenwart; mehr als irgendeine andere künstlerische Richtung hat ihre Argumentation auf die Gestaltung unserer modernen Umwelt eingewirkt.

319 Mondrian, Komposition mit Rot und Blau, 1936 ▶

P M 36

320
Mondrian, Der rote Baum, 1908

321
Mondrian, Grauer Baum, 1912

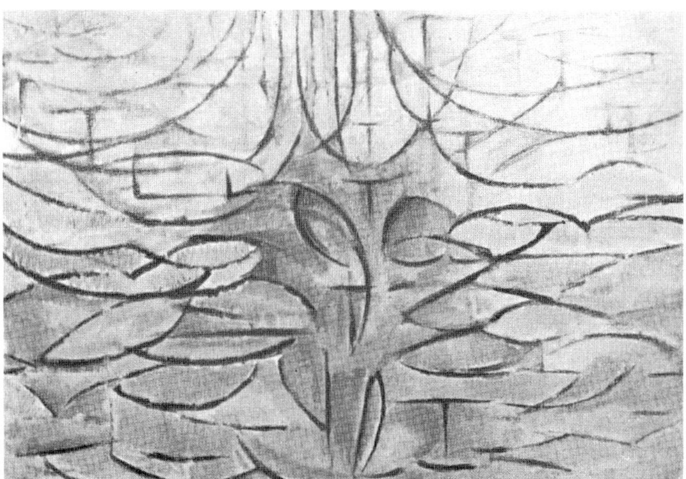

322
Mondrian, Blühender Apfelbaum, 1912

323 Mondrian,
Stilleben mit Ingwertopf I, 1911

324 Mondrian, Stilleben mit Ingwertopf II, 1911

325 Mondrian, Komposition X, 1911

326 Mondrian, Komposition, 1913

327 Mondrian, Landschaft mit Bäumen, 1911

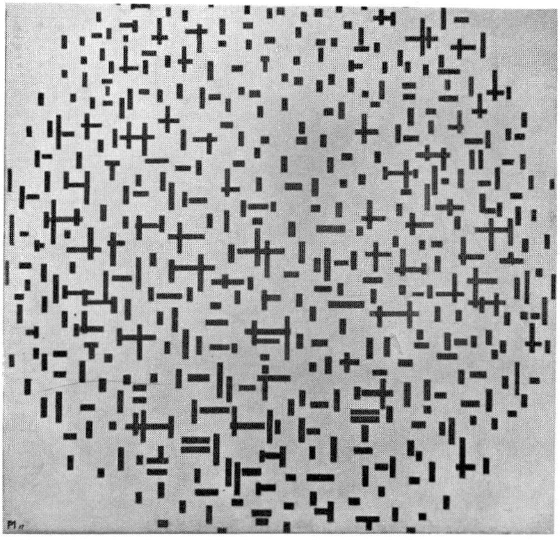

328 Mondrian, Komposition, 1917

329 Mondrian, Komposition III, 1917

331 Mondrian, Komposition mit Rot, Gelb, Blau und Schwarz, 1921

330 Mondrian, Tableau I, 1921

332 Mondrian, Komposition mit Gelb und Blau, 1929

333 Mondrian, New York City, 1942

334 Mondrian, Vertikale Komposition, 1936

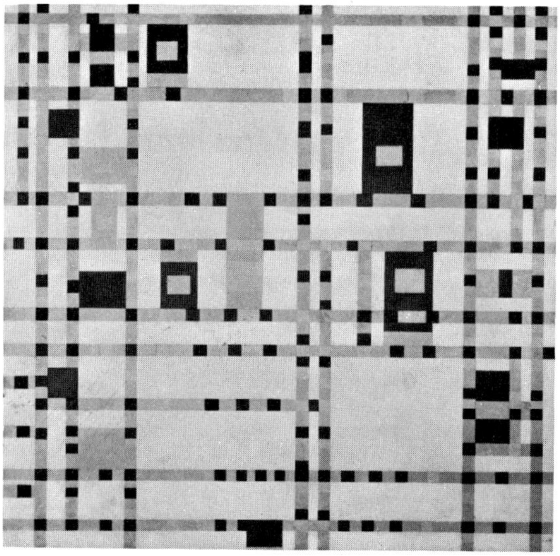

335 Mondrian, Broadway Boogie-Woogie, 1942-3

336 van Doesburg, Komposition IX, 1917

337 van Doesburg, Komposition II, 1918

338 van Doesburg, Komposition, 1919-20

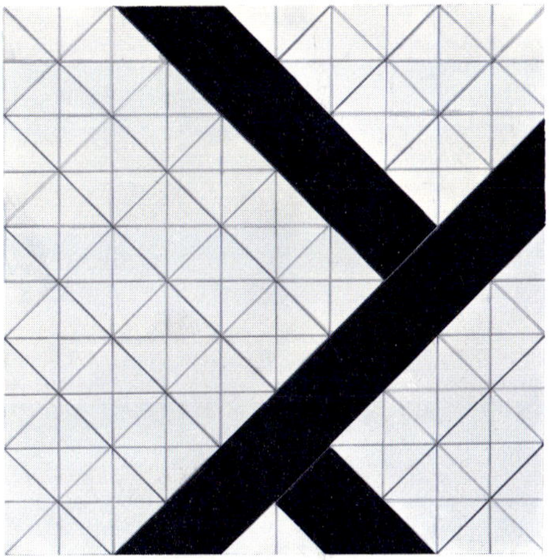

339 van Doesburg, Gegenkomposition, 1925

340 van Doesburg, Gegenkomposition in Dissonanzen XVI, 1925

341 Vordemberge-Gildewart, Relief VIII, 1924

342 Moholy-Nagy, Komposition A II, 1924

343 Vordemberge-Gildewart, Komposition XXXIV, 1927

344 Albers, Studie, 1950-4

345
El Lissitzky,
Museumsraum Hannover,
1925

346 Albers, Lauben, 1929

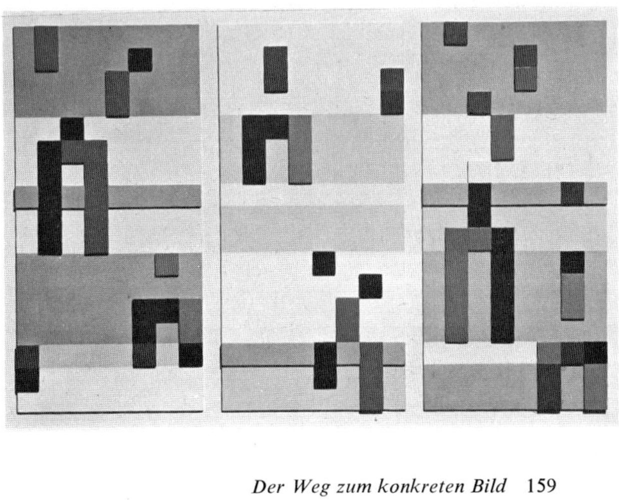

347 Taeuber-Arp,
Vertikal-Horizontal-Komposition, 1928

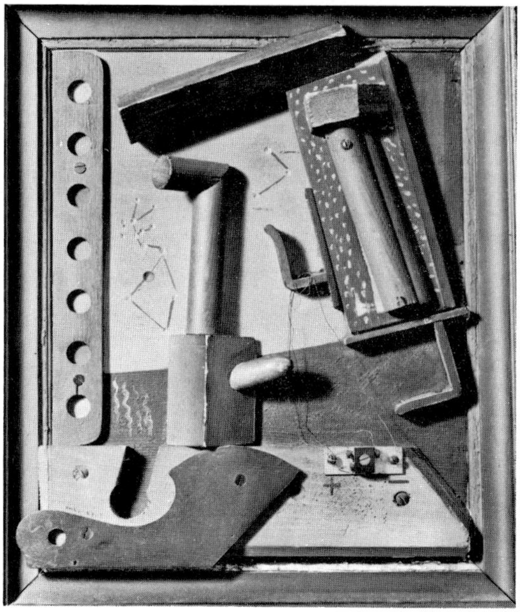

348 M. Ernst, Frucht einer langen Erfahrung, 1919

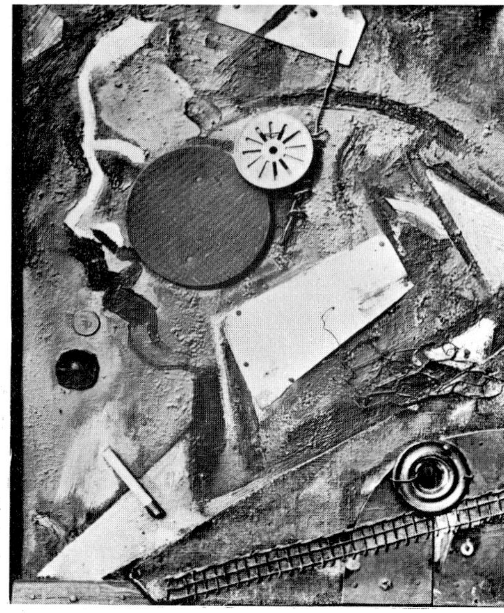

349 Schwitters, Merzbild 1 A (Irrenarzt), 1919

350 Arp, Statische Komposition, 1915

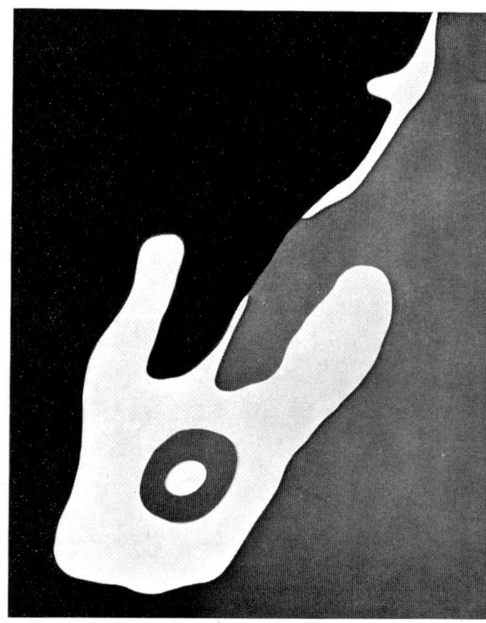

351 Arp, Konfiguration, 1927-8

352 Schwitters, Merzbild 25 A. Das Sternenbild, 1920 ▶

Offener Brief
732

353 Puni, Suprematistische Komposition, um 1915

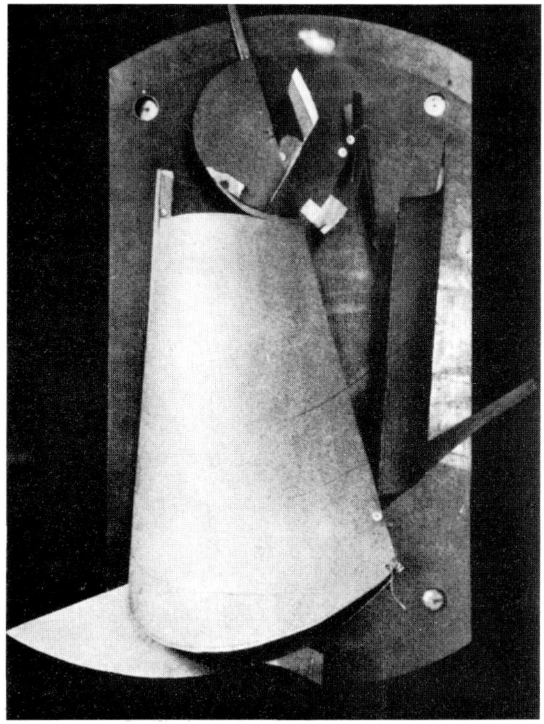

354 Tatlin, Relief, 1917

355 Rodtschenko, Komposition, 1918

356 El Lissitzky, Proun 99, um 1924

357 Malewitsch, Frau mit Eimern, 1912

358 Malewitsch, Dame vor Litfaßsäule, 1914

359 Malewitsch, Suprematistische Komposition, 1914

360 Malewitsch, Suprematismus: Gelb und Schwarz, 1916-7

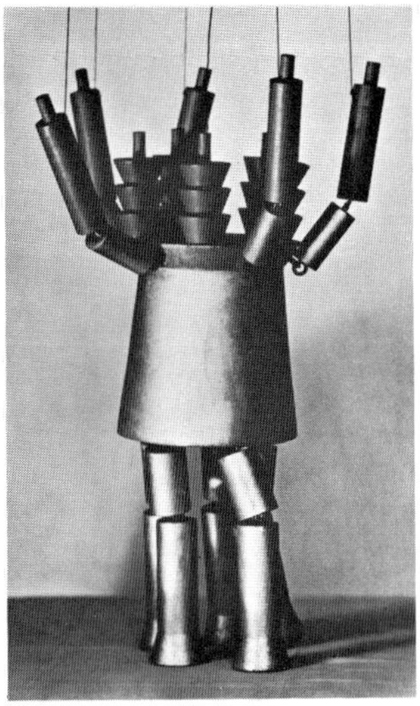

362 Taeuber-Arp, Soldat und Armee zugleich, 1918

363 Kupka, Vertikalpläne in Blau und Rot, 1913

364 Arp, Farbiges Holz, 1917

365 Ozenfant, Komposition, 1920

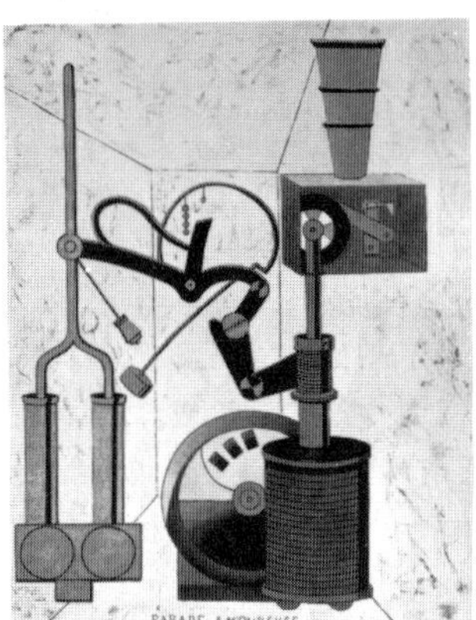

366 Picabia, Parade amoureuse, 1917

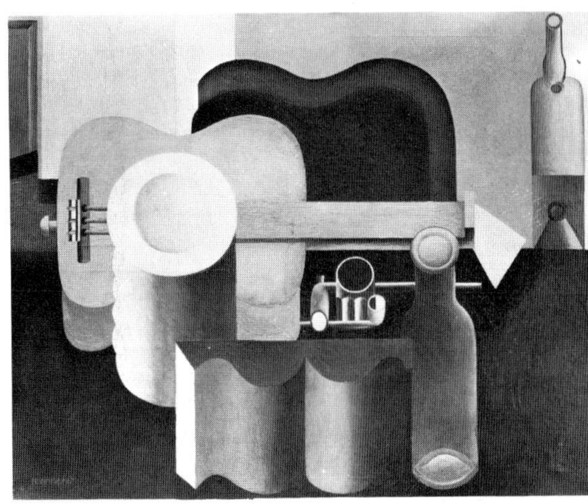

367 Le Corbusier, Stilleben, 1920

◀ 361 Malewitsch, Suprematismus, 18. Konstruktion, 1914

Die magische Dingerfahrung

Die Entwicklung vom Kubismus bis zur konkreten Malerei scheint ein einziger folgerichtiger Weg, der sich immer weiter von der sichtbaren Gegenstandswelt entfernt. Dennoch war es gerade der Gegenstand, an dessen Analyse die ganze Entwicklung angesetzt hatte. Freilich hatte dieser Gegenstand, der dem Maler in den Blick geriet, wenig mehr zu tun mit jenem vertraulichen Bestandteil des naturalistischen und impressionistischen Wirklichkeitsbildes, der in seiner Einbettung in Umwelt, Atmosphäre und Gewöhnung fraglos vorhanden war. Gerade der fragende analytische Blick isolierte und vereinsamte den Gegenstand, zog ihn aus dem Versteck seiner Umwelt und aus der Verhüllung von Licht und Atmosphäre hervor, streifte das Zufällige seiner Umweltbeziehungen ab und stieß dabei auf ein reales Gegenüber von phantastischer Daseinsmacht. Der Gegenstand nahm sozusagen personellen Charakter an, er wurde zum ›Ding‹, zu einem Wesen von eigener, selbständiger Gegenwart. Dieses eigentümliche und neuartige Verhältnis zum Ding, auf das der Mensch mit Zuneigung oder Angst, mit Ironie oder Analytik antworten konnte, war schon um 1890 in der Malerei sichtbar geworden. Schon van Gogh hatte dieses Ding-Wesen erkannt. Cézanne hatte es seiner formalen Analytik unterworfen. Am Beginn des Kubismus stand wieder die Befragung des Dinges. Aber der Kubismus und alles aus ihm Folgende war viel zu sehr damit befaßt, die im Ding enthaltenen anschaulichen Ordnungen hervorzuheben und daraus aufs rein Bildnerische gerichtete Folgerungen zu ziehen, um auch noch seinen so eindringlichen Realitätscharakter definieren zu können. Dennoch blieb in den großen bewegenden Geistern, die in so ganz anderer Richtung vorzuschreiten schienen – in Picasso und Delaunay, in Léger und Kandinsky –, das Wissen um jenen einmal berührten Wirklichkeitsgrund, um das ›Große Reale‹ des Dinges, stets gegenwärtig. Derain suchte es mitten in den kubistischen Untersuchungen in seinen Stilleben von 1913 zur Darstellung zu bringen. Es fand einen besonderen Ausdruck in der staunenden Anerkennung, die diese Künstler einem – gesehen vom Standpunkt intellektueller Kultur – ganz einfältigen Laienmaler zollten, der jene Magie des Dinges wie von selbst zu definieren wußte, weil er offenbar selbst in einer noch ungebrochenen, naiven Beziehung zu diesem Realitätsgrund stand – *Henri Rousseau*. Rousseau hatte seit 1885 immer wieder zur Erheiterung der spottlustigen Pariser seine naiven Bilder bei den ›Indépendants‹ ausgestellt. Aber erst gegen 1906/7 werden sein Genie und der Ernst seiner Arbeit erkannt – und zwar gerade durch die Künstler der Avantgarde. Apollinaire befreundet sich mit ihm. 1907 malt er im Auftrag der Mutter Delaunays die ›Schlangenbeschwörerin‹. 1908 gibt Picasso ihm zu Ehren ein Bankett. Vollard, Uhde, Brummer kümmern sich um seine Bilder. 1910 veröffentlicht Soffici in ›La Voce‹ einen Aufsatz über ihn. Gleichzeitig weist Kandinsky, selbst mitten in seiner Arbeit am abstrakten Bild, auf Rousseaus Werk hin als der polaren Ergänzung zu seiner eigenen Bemühung um das »Geistige in der Kunst«: dem »Großen Abstrakten« stellt er das »Große Reale«, das Rousseau sichtbar gemacht habe, ergänzend gegenüber.

Rousseaus ›Krieg‹ von 1894 (Abb. 371) zeigt eine Szenerie von merkwürdig eindringlicher Phantastik. Doch ist es nicht der romantisch-allegorische Vorwurf – die auf schwarzem Roß über ein kahles Leichenfeld sprengende Kriegsfurie –, der diese eindringliche Gegenwärtigkeit des Phantastischen hervorruft. Die Kraft der Vergegenwärtigung strömt aus den einzelnen Ding-Bildern selbst, die in ihrem Beisammen einen adäquaten Wirklichkeitsraum schaffen, in dem die »Phantastik in härtester Materie« (Kandinsky) volle Gegenwärtigkeit gewinnt. Es ist das materielle Ding-Bild, das uns durch seine Daseinsmacht bestürzt. Dieses Ding-Bild – wir betrachten den Baum rechts – ist eigentümlich verdichtet. Es stellt nicht den besonderen Fall dieser oder jener Baumart vor, sondern den allgemeinen Fall ›Baum‹. Es versammelt die Spielarten der Natur in einem typischen Bild und hebt die ›urständige‹ Gestalt selbst hervor. Sie ist die Formwurzel, aus der mancherlei Bildungen wachsen können. Diese verdichtete Gestalt hat große stellvertretende Kraft: wenige dürre Äste, wenige große Blattzeichen genügen, um eine vollständige Wirklichkeit herzustellen. Wie die Ding-Gestalt vom Zufälligen der individuellen Ausformung abgelöst ist, so auch vom Zufälligen der Umwelteinwirkungen: die Spiele des Lichts und des Atmosphärischen berühren und verunklären sie nicht. Dieser Wunsch zur formalen Definition erfaßt selbst das natürlich Unbestimmte. Die Rauchfahne der Fackel, die Wolken werden wie feste Gebilde bestimmt, das Terrain durch aneinandergefügtes Schollenwerk bezeichnet. In diesem verdichteten Wirklichkeitsraum gewinnt die Baum-Gestalt ein ergreifendes darstellerisches Pathos. Die Verwundung der Gestalt – der aufgerissene Stamm, der brechende Ast, die bloßgelegten Adern – scheinen Verletzungen des Ding-Wesens selbst. Aus dem versehrten Ding dringt die ergreifende Klage. Übersehen wir das ganze Bild, so bemerken wir, daß es aus lauter derartigen verdichteten Wirklichkeitszeichen zusammengesetzt ist. Aus der evokativen Kraft dieser Wirklichkeitsdefinitionen errichtet sich eine zweite, eine hintergründige, ›phantastische‹ Wirklichkeit »in härtester Materie«. Um den inneren Vorgang einer solchen Wirklichkeits-Herstellung besser zu verstehen, bietet sich eine überraschende Beziehung an. Suchen wir nämlich in der Geschichte der Kunst nach Vergleichbarem, so stoßen wir auf die Bilder von Uccello, was schon Apollinaire bemerkte. Wir geraten also in die Zone zurück, in der der menschliche Geist sich wieder gehalten sah, die Wirklichkeit der Außenwelt bildnerisch zu erobern. Vom Goldgrund lang ausgeformter Ikonographien kommend, gingen die Meister der florentinischen Frühzeit daran, sich die Wirklichkeit anzueignen. Diese Wirklichkeitsaneignung erfolgte weniger durch Beobachtung als durch bildnerische Definitionen in der Vorstellung. Auch sie bestimmten sich die Ding-Gestalt und setzten dieses Bild aus Vorstellung und Begriff zur Außenwelt in Beziehung. Erst an dieses vorgestellte ›archaische‹ Ding-Bild konnten sich in einem schrittweisen Vorgang die Daten der immer genauer werdenden Beobachtung ansetzen, die schließlich zur illusionistischen Abbildlichkeit der Renaissance führten. Die Eroberung der Außenwelt erfolgt also in den archaischen Schichten über die Vorstellung und über die in ihr sich aus Wissen und Erleben abgeprägten Ding-Bilder. So viel der Maler vom Ding in sich ›hatte‹, so viel konnte er aus sich herausstellen. Die Wirklichkeitssetzung erfolgte noch aus einer unteilbaren, außerhalb des Bewußtseins wirkenden naiven Einheit von Mensch und Ding.

Rousseaus Bild steht freilich ganz außerhalb jener geschichtlichen Lage. Eine Unzahl merkwürdiger Naivitäten macht uns klar, daß wir uns hier überhaupt ganz außerhalb der Sphäre unserer intellektuellen Kultur befinden. Hier wirkt das Genie eines echten ›Naiven‹, der, von seinem bildnerischen Trieb überwältigt, sich ans Malen macht und nun als einzelner, außerhalb der Hilfs- und Sicherungsbereiche des Stils und der Kultur, sich gehalten sieht, Außenwelt zu definieren, als hätte es nie vor ihm eine abbildende Malerei gegeben. Er allein muß sich seine Wirklichkeit durch einzelne Definitionen herstellen. Er befindet sich also in der gleichen menschlichen Lage wie Uccello (nur unendlich einsamer). Aus dieser Vergleichbarkeit der menschlichen Lage kommt die verblüffende Vergleichbarkeit der Form. Rousseau gehört zu jener geschichtslosen Schicht der Volks- und Laienkünstler, aus der sein Genie unerwartet hervorbricht und aus dem Wirklichkeitsbesitz seiner inneren Vorstellung die archaische Hoheit des Dinges zu zeigen versteht, seine zweite Realität. Er steht noch in einem ungebrochenen Verhältnis zur Dingwelt. Sein herausgestelltes Vorstellungsbild ist ihm identisch mit dem Wirklichkeitsgrund, in dem die Dingwelt steht. Die Entfernung dieses aus seiner naiven ›Welt-Habe‹ vorgestellten Ding-Bildes von den zufällig wechselnden Wirklichkeits-Spiegelungen auf unserer Netzhaut kann er gar nicht wahrnehmen. Diese definitorische Kraft ist auch dann wirksam, wenn Rousseau sich Gegenstände aufbaut mit dem Ziel, sie abzuschildern (Abb. 377). Da wird jeder Gegenstand zu einem Vorstellungsbild seines originalen dinglichen Daseins – kein gewöhnliches Inventarstück im gewöhnlichen Milieu.

Dabei läßt sich beobachten, wie nah diese Ding-Definitionen Rousseaus sich mit den Gegenstandsbildern des frühen Picasso (Seite 83) treffen. Es geraten da zwei von verschiedenen Seiten her wirkende Weisen der Wirklichkeitsbestimmung in Nachbarschaft. Die eine – die auf Cézanne fußende Picassos – streicht in beharrlicher Durchdringung der Oberflächen der Gegenstandsbilder alle Verhüllungen der Wirklichkeitsbilder durch Kultur, Ideale, Gefühle, Gewöhnung, Übereinkünfte und die Zufälle der Umweltverhältnisse; die andere – die Rousseaus – hebt aus einem von Kultur und Übereinkunft unberührten Vorstellungsgrund die Wirklichkeitsbilder herauf. Beide erreichen oder erstreben eine zweite Realität »parallel zur Natur«, wie Cézanne verlangte. Das Ding wird Material der Ausdruckswelt.

Diese vorstellige Ding-Gestalt hat eine ungemeine Kraft der Wirklichkeitsbezeichnung. Das Bild Rousseaus ›Am Waldrand‹ (Abb. 369) stellt eine lichte, romantische Waldlandschaft völlig überzeugend in allem Reichtum natürlichen Wachsens vor. Und doch ist es ein Wachstum »parallel zur Natur«. Denn sehen wir genau zu, so bemerken wir, daß dieser Reichtum aus einem einzigen Vorstellungsbild ›Baum‹ wächst, daß die besonderen Individualitätszeichen der Bäume in der Natur, das Blattwerk, durch zwei Definitionsformeln allein bestimmt werden (Blattstände mit großen Intervallen und Fiederblätter), daß jedes dieser Dingbilder ohne räumliche Verkürzung klar und fein wie ein Schriftzeichen ausgebreitet ist. Doch ist alles ›wie die Natur‹, weil aus der Formwurzel des vorstelligen Ding-Bildes unwillkürlich – und ohne Willkür – die Gebilde wachsen, die zwar so in der Natur nicht zu sehen sind, aber doch volle Wahrscheinlichkeit, Natürlichkeit und Wahrheit haben. Herausgewachsen aus dem Wirklichkeitsgrund in der inneren Vorstellung, tritt eine zweite Wirklichkeit hervor, die die uns umgebende, sichtbar ausgeformte Natur nur zu einem Sonderfall, einem auch möglichen Ereignis erklärt.

Diese hergestellte Wirklichkeit kann unversehens Beziehungen aufnehmen zu den ausgeformten Realien der Natur. In Rousseaus ›Hungrigem Löwen‹ (Abb. 373), mitten in einer Umwelt aus ›Jenseits-Pflanzen‹, steht links unten ein Bäumchen, das mit peinlicher Akribie die Blattstände eines Ahornzweiges wiederholt. Da hat also Rousseau irgendwo einen Ahornzweig aufgelesen und durch den poetischen Schock, den dieses wundersame Gebilde in ihm auslöste, wurde es prägnanter Bestandteil seiner Vorstellung, trat also in seinen urtümlichen Wirklichkeitsgrund ein – ein ganz reales Gebilde und doch Inventarstück der ›zweiten Realität‹. Diese vorgestellte Wirklichkeit hat eine so bestürzende Dichte und Gegenwärtigkeit, daß uns ihre magische Kraft mit Staunen und Schrecken erfüllt. Genau wie Rousseau, der, von seinem Bild zurücktretend, oft die Fenster aufreißen mußte, um den Blikken dieser magischen Wirklichkeit zu entrinnen.

So konnte also Rousseau sich ganze Urwälder erbauen, Vögel und Tiere in ihnen ansiedeln, er konnte selbst sein Animawesen – Yadviga – auf rotem Diwan in diese Urwälder betten (Abb. 372) und doch die Wahrscheinlichkeit und Wahrheit von Wirklichkeit erreichen. Traum und Wirklichkeit fügen sich in eins und machen das materielle Ding als etwas Magisches erlebbar. Diese magische Dingerfahrung war es, die die jungen revolutionären Maler in Rousseaus Bildern staunend kontemplierten.

Es ist heute üblich geworden, Rousseau auf Grund seines außerordentlichen Genies aus der Reihe der Sonntagsmaler und Neo-Primitiven herauszunehmen. Das ist ganz falsch. Sein naives Verhältnis zum Wirklichen ist gerade der tragende Grund seines Genies. Wir können bestimmte Eigenheiten seines Stils bei allen Neo-Primitiven, die im Zuge der Beschäftigung mit Rousseau aus ihrer natürlichen Anonymität herausgezogen wurden, feststellen. Da sehen wir in den Bildern der *Séraphine von Senlis* (Abb. 383) jene gleiche, aus Dingbildern erstellte magische Wirklichkeit, die aus einem einzigen Gestaltbild – einem Blütenbaum – emporwächst, das entstanden sein mag bei der verzückten Betrachtung irgendeines billigen Flitter-Bouquets und im Übermaß dieser Verzückung auch dunkle Symbole aus unbewußteren Bereichen der Vorstellung in sich einschließt. Wir sehen eine vergleichbare archaische Härte der Dingdefinitionen bei *Camille Bombois* – derber, nüchterner, proletarischer, aber voll von der Magie des Dinges (Seite 173). Auf kindlicherer Ebene setzt *Louis Vivin* eine kleine gemütvolle Wirklichkeit bausteinhaft zusammen (Seite 176).

Auch in Amerika hat dieses naive Kunstwollen einen sehr breiten Ausdruck gefunden. *Joseph Picketts* kindlich poetische Landschaften (Abb. 396), *Patrick Sullivans* naive Allegorien (Abb. 395), *Maurice Hirshfields* traumhafter, orientalischer Dekor (Abb. 390) sollen hier nur stellvertretend stehen für eine Fülle solch urtümlicher Begabungen. – Mag auch die Qualität schwanken, die Form des naiven Äußerungswillens ist immer die gleiche. Der Definitionswille des Naiven stößt immer auf das Magische in der Realität.

Kandinsky hat dafür die Bezeichnung das ›Große Reale‹ geprägt, später sprach die Kunstkritik (Roh) vom ›magischen Realismus‹. All diese Bezeichnungen wurden gefunden vom Standpunkt unserer intellektuellen Kultur. Für den naiven Maler selbst war das aus seiner Vorstellung tretende Bild natürliche, unbezweifelbare Wirklichkeit. Aber die Tatsache, daß ein Künstler wie Kandinsky, der in so ganz anderen Untersuchungen befangen schien, in Rousseau den anderen Pol einer echten bildnerischen Wahrheit sah, zeigt uns das dringende Bedürfnis in den obersten Rängen der modernen Kultur, sich über die veränderte Erfahrung am Ding und an der Wirklichkeit klarzuwerden. Gerade die Entfremdung von der Gegenstandswelt schuf die Distanz, aus der der Gegenstand begriffen werden konnte als etwas Selbständiges, Ganz-Anderes, Fremdes und Fernes. So kam es, daß das einfältige Genie Rousseau die moderne Malerei in einer bestimmten geschichtlichen Lage entscheidend beeinflussen konnte. Die an ihm erkannte Idee vom ›Großen Realen‹ beeinflußte die gesamte, auf die Wirklichkeit gerichtete Malerei der Moderne.

368 Rousseau, Schlangenbeschwörerin, 1907

369 Rousseau, Am Waldrand, 1886

370 Rousseau, Frühling im Bièvre-Tal, 1908-10

371 Rousseau, Der Krieg, 1894

372 Rousseau, Der Traum Yadvigas, 1910

373 Rousseau, Der hungrige Löwe, ca. 1905

374 Rousseau, Urwaldlandschaft mit untergehender Sonne, 1909

375 Rousseau, Eva, ca. 1905

376 Rousseau, Blumenvase, 1909

377 Rousseau, Stilleben mit Kaffeekanne, 1910

378 Bombois, Der Torbogen

379 Bombois, Wäscherinnen

380 Bombois, Arbeiter

381 Bombois, Brücke mit Wäscherinnen

382 Bombois, Athlet, ca. 1930

384 Séraphine de Senlis, Paradiesbaum, 1928

385 Séraphine de Senlis, Lebensbaum, um 1928

386 Bauchant, Der Gärtner (Selbstbildnis), 1922

387 van Hyfte, Interieur mit Blumen

◀ 383 Séraphine de Senlis, Baum, ca. 1930

388 Vivin, Institut de France, 1928

389 Vivin, Gartenbild, ca. 1930

390 Hirshfield, Hund mit Jungen, 1944

391 Hirshfield, Junges Mädchen vor dem Spiegel, 1940

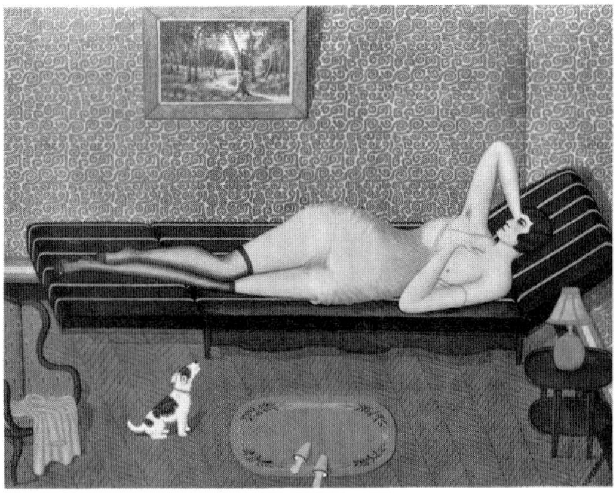

392 Peyronnet, Liegende Frau, 1925

393 Bauchant, Die Schenke des Père Latuile, 1928

394 Metelli, Mein Abmarsch zum Militärdienst

395 Sullivan, Der quälende Zeitvertreib des Menschen, 1936

396 Pickett, Manchester Valley, 1914-8 (?)

397 Kane, Aus meinem Atelierfenster, 1932

Pittura Metafisica

Jene magische Wirklichkeitserfahrung, die wir im vorigen Kapitel erwähnten, wurde auf der Ebene der modernen Kultur durch die italienische ›Pittura Metafisica‹ zu einem der zentralen Themen der modernen Malerei gemacht. Gerade aus dem Zweifel am Wirklichkeitscharakter der sichtbaren Oberflächen der Dinge und aus dem Verlust des Vertraulichkeitsverhältnisses zu ihnen suchte sie durch Manipulation mit den Dingbildern selbst, eine entsprechende bildnerische Deutung zu erreichen.

Die ›Pittura Metafisica‹ wurde durch *Giorgio de Chirico* seit etwa 1911/12 heraufgeführt. 1917, im Militärlazarett von Ferrara, stieß Carrà hinzu. Der Dichter Savinio, der Bruder de Chiricos, steuerte wesentliche und schon auf den Surrealismus vorausweisende Ideen bei. Der Name geht auf de Chirico zurück, der mit dem Beiwort ›metaphysisch‹ die tiefere und rätselhafte Bedeutung der Dinge treffen wollte.

Die Weise seiner Empfindung zeigt die Stadtlandschaft von 1915 (Abb. 404): ein menschenleerer italienischer Bahnhofsplatz, umstellt vom Gleichmaß der Arkaden. In obstinater Perspektivik bauen sich Gebäude wie Versatzstücke einer Bühne in die Leere des Platzes hinein. Ihre Form ist von härtester Präzision. Dennoch ist das Standhafte und Aggressive ihres Daseins nur scheinbar. Zeichen der Brüchigkeit lassen sich allenthalben entdecken, und allenthalben scheint durch die Arkadenbögen und Fenster das Leere herein. Der Eindruck läßt sich nicht abweisen, daß hier ›Etwas‹ durch Kulissen und Dinge verstellt wird. Ein seltsam pathetisches, wie gefrorenes Licht scheint herein, das durch mächtige Schlagschatten in seiner räumlich-geometrischen Projektion als Schattenzeichnung körperlich wirkt, also lediglich als Manifestation des Raumes auftritt. Es ist die ungeheure Präsenz des Raumes, den die Kulissen und Dinge verstellen und den das tote Licht nur da und dort ortet. In gespenstischer Unbeweglichkeit hält sich dieses Raumwesen im Bild und läßt Zeit und Bewegung stillstehen. In der Zeitweisung der Uhr ist die Zeit selbst eingefroren, die Lokomotive und die flatternden Wimpel, Symbole der Bewegung und Geschwindigkeit, erstarren in dieser Sekunde zur Unbeweglichkeit. Vor dieser Leere des Raumes steht das Gestell der Dinge. Ihre Fußpunkte zeichnen in das Unfaßliche des Raumes eine absurde Geometrie, ein Grundriß steckt die Leere der Bodenfläche aus, in der Konstellation der Dinge bestimmt sich eine Art von Astronomie des Raumes. Er wird anwesend: rätselhaft und lauernd sieht er durch das Stückwerk der Dinge überall herein. Vor seiner Leere erhalten nun die ihn verstellenden Dinge eine seltsame melancholische Würde. In ihrem Entgegenstehen gegen das Leere gewinnen sie dichterisches Pathos, als sähen wir sie in dieser ihrer umdrohten Standhaftigkeit zum ersten Mal, als sei in der archaischen Feierlichkeit ihrer Gestalt ein von uns noch nicht erkannter Auftrag der Materie selbst, gegen das Angreifende des Nichts und der Leere zu stehen, sichtbar geworden. Dabei hat sich ihr Bild nicht verändert. Es ist der Blickwinkel des Malers, der sich verändert hat, der in der Kontemplation der Dinge vor dem Leeren sie unter einem anderen psychologischen Aspekt wahrnahm: ihr Ausgesetztsein, ihre einsame Verlassenheit, das stumme Pathos des der Leere entgegenstehenden Dinges und seine Seltsamkeit in diesen Verhältnissen. Das ist der »metaphysische Aspekt«, von dem de Chirico spricht.

Er entspricht einer veränderten Wirklichkeitsempfindung allgemeinerer Natur. Das Bild trägt den Titel ›Turiner Melancholie‹. Dieser hermetische Titel ist ein Gruß an Nietzsche. In den Turiner Briefen Nietzsches finden sich Beschreibungen von den riesigen arkadenumstellten Plätzen Turins, die aus der gleichen Empfindung für den Wert der Dinge in der uns umstellenden Leere des Raumes kommen. Auch bei Nietzsche sind die Dinge nicht mehr diese und jene, mit dem Pfand der Namen leichthin zu belehnende, nichts Fragloses mehr; sie erhalten für ihn vor der furchtbaren Leere des Raumes eine hintergründige Bedeutung. Ihre gegen das Leere anstehende Wirklichkeit wird zum magischen Gegenüber, an dem der Mensch einer seltsam gefährlichen Wirklichkeit inne wird. Vor diesem Hintergrund wird nun das Ding zum beunruhigenden Akteur, zum rätselhaften Ding-Wesen, als das es auch die Dichter – Lautréamont oder Kafka, Rilke oder Proust – empfunden und beschrieben haben.

Bildnerisch konnte diese Empfindung im Dialog zwischen Raum- und Ding-Bild anschaulich gemacht werden. Im ›Aufstand des Weisen‹ (Abb. 407) von de Chirico sehen wir eine enge, von massigem Balkenwerk abgestützte Raumschachtel. Gegen den stürzenden Sog der Perspektive stemmt sich das wuchtige Gestell, als laste zugleich ein furchtbarer Druck von außen auf ihm. Dies Außen sieht durch die Öffnung herein – als das Leere. Sogleich aber schiebt sich von rechts ein in den alten Sicherungsformen der Geometrie konstruiertes Gebilde und sucht das Leere zu verstellen. Aber nun dringt es von unten an. Ein Hängeboden sucht die Drohung abzufangen; an seine Kante klammert sich ein Winkelmaß, um nicht ins ›Bodenlose‹ abzustürzen. Auf diesem über dem Bodenlosen eingezogenen Podest steht ein Gestell von Dingen und Geräten, die der Phantasie eines Landmessers zu entstammen scheinen. Sie stützen sich gegenseitig ab und richten eine seltsame Architektur von höchst fragilem Gleichgewicht gegen das von allen Seiten andringende Leere auf. Ihre Agitation gegen diesen umlauernden Raum gibt ihnen ein ungemeines darstellerisches Pathos. Sie schlagen als Akteure das Raumwesen zurück. Dabei handeln sie nicht. Es ist die Würde ihres unbewegten Daseins, die als Angriff gegen das Nicht-Seiende erscheint. In dieser stummen Versammlung lehnt eine Tafel; scheinbar vertraute Dinge kleben auf ihr: Backwerk, Biscotti. Aber in einer solchen Umwelt haben wir sie nie gesehen – weil wir sie nie wahrgenommen haben! Sie sind aus dem Vertraulichkeitsraum, in den wir sie als das Allergewöhnlichste und deshalb Unbeachtete eingefügt hatten, herausgerückt. Sie sind ver-rückt. Sie scheinen uns ganz absurd und sind doch die alten gewöhnlichen Dinge. Die kleine Operation der Verrückung genügte, um sie als etwas ganz Fremdes auszuweisen, als seltsame Dingwesen von eigener Personalität. Es war der Schimmer von Erinnerung und Gewöhnung, der ihr Eigensein verhüllte; reißt dieser Schleier – und das kann auch experimentell durch willentliche Verrückung des Gegenstandes provoziert werden –, so erscheinen sie uns als etwas anderes, Magisches, das wir als das Absurde empfinden. Durch das Absurde hindurch wird das Dingwesen in seiner eigenen Daseinsmacht erkannt. Und es sind gerade die gewöhnlichsten Dinge, die ein Höchstmaß dieser Daseinsmacht haben.

Der Akteur ›Raum‹ ist von proteushafter Wandlungsfähigkeit. In de Chiricos ›Metaphysischem Interieur‹ von 1916 (Abb. 406) tritt er in drei Weisen gleichzeitig auf. Er ist das von fern Umstellende, das durch die dünnen Wände abgeschirmt wird und durch das Fenster hereinsieht. Er ist aber auch das Umstellte, das sich im Gerüst der perspektivischen Raumschachtel verfängt und durch die ›trigonometrischen Punkte‹ der Dinggestelle in der Falle sitzt. Er ist zugleich das fiktiv Anwesende, das im ›Trickbild‹ der eingefügten Ansicht einer Fabrik sich unversehens hineinspielt. Da der Fluchtpunkt dieses ›Bildes im Bild‹ ungefähr der gleiche ist, wie der der Konstruktion des Zimmers, schiebt sich die fiktive Realität der Fabrik in die andere des Zimmers ein, und beide Scheinbarkeiten durchdringen sich. Dadurch wird unser Raumgefühl völlig disloziert. Der Raum wird zu einem ungemein ausdrucksvollen, rätselhaften Wesen von außerordentlicher Beweglichkeit und psychologischer Antwortfähigkeit.

Ihm entgegen steht der Akteur ›Ding‹ als das Unbewegte im Widerschein der Unwandelbarkeit der Materie selbst. Man kann es noch so ironisieren, immer hält es sich in seiner verlassenen Würde. Gerade durch seine Isolierung, Ironisierung, Dislozierung entsteht eine ganz neue Psychologie des Dinges – hervortritt die Mythik des Dinges (Abb. 408).

In der an der Mythologie der Antike geschulten Phantasie de Chiricos ruft die Mythik der Dinge seltsame ›Kultbilder‹ herbei, die ›manichini‹. Sie sind die Bewohner dieser unheimlichen Welt. In de Chiricos Bild von 1917 (Abb. 398) sehen wir sie in der klassischen Pose von ›Hektor und Andromache‹ als Gliederpuppen und Dingfiguren. Sie stehen auf dünnem Bretterboden, der geradewegs ins Leere stürzt. Mächtige Pylonen umstehen verlassen das seltsame Paar. Schatten fallen ein. Aus der Kontemplation des Leeren und der vor ihm sich aufrichtenden Dinge entsteht die mythische Figur und definiert die uns umstellende Welt als das rätselhafte Gegenüber. Das ›Große Reale‹!

Viel Klassisches war in die Vision de Chiricos mit eingeflossen, Erinnerungen an die Hoheit der Antike und an die unsinnliche Schönheit der Renaissance. Immer wieder äußerte er sich dahin, daß in der italienischen Renaissance das Bewußtsein von der Hintergründigkeit und magischen Hoheit der Dingwelt anwesend gewesen, daß es nur verdeckt und später vertändelt worden wäre. Diesen fast verstummten Ruf aus der Geschichte vernahm ganz unabhängig von de Chirico auch *Carlo Carrà*. Mitten in seinen futuristischen Untersuchungen stieß er auf Giotto, auf dessen magische Stille der Form. Schon 1915 sucht er zu dessen archaischen Dingzeichen zurückzufinden (Abb. 579). Aber indem Carrà in das Geheimnis ihrer Kraft einzudringen sucht, entdeckt er seinen persönlichen Bezug zur Wirklichkeit. Im ›Trunkenen Herrn‹ von 1916 (Abb. 418) verzaubern sich die Dinge fremdartig. Flasche, Glas, Stab schaffen eine rätselhafte Aura. Eine menschliche Büste – selbst ein Ding – kontempliert unbeweglich das Unbewegte. In diesem Zustand traf Carrà mit de Chirico zusammen. Im ›Verzauberten Zimmer‹ (Abb. 410) von 1917 erkennen wir auch bei ihm die gleichen Verfahren wieder, mit denen es de Chirico gelang, das Gegenständliche in eine andere Realitätsebene zu rücken. Doch schwingt die Erinnerung an Giotto immer mit und hält die Dingbilder frei von Ironie. In Bildern wie dem ›Stilleben‹ von 1917 (Abb. 419) kommt diese vor Giotto erfahrene archaische Solidität der Dinge zu feierlichem Ausdruck. In ihrem stillen Zusammenstehen entfaltet sich ihre ganze Poesie, als sähen wir sie ganz neu. Ein Gefühl der Fremdheit bleibt, aber es ist mehr die Entfernung, welche Behutsamkeit und Zuneigung vor sie legt. Vor dem stillen Zauber des Dinges weicht die Ironie. Auch in den Figurenbildern Carràs (Abb. 413) ist dem Pathos und der Ironie nicht zu begegnen. Der ›manichino‹ streift das Beunruhigende ab; er wird zu einer figurativen Emanation der Stille, die die unbewegten Dinge haben. – Dies Gefühl für die Brüderlichkeit mit den Dingen erfüllt auch die frühen Bilder *Giorgio Morandis* (Seite 188). Die Empfindung ist frei von Angst. Sie definiert sich die einfachsten Dinge und erfährt dabei, wie ›abstrakt‹ sie sind. In Carrà und Morandi kehrte die italienische Malerei unter der veränderten Empfindungsweise der Gegenwart zu einem alten Ausgangspunkt zurück, zur Idee von der »originalen Solidität der Dinge« (Carrà).

Was die ›Pittura Metafisica‹ brachte, war ein neues Sehen und eine neue Psychologie der Dinge. Sie suchte die zeitgenössische Wirklichkeitsempfindung für das Fremde und Hintergründige der uns umgebenden Welt, ihren ›metaphysischen Aspekt‹, in ihren Bildern zu definieren. Daß dieses Thema einer dringenden Fragestellung entsprach, zeigt die offene und geheime Wirksamkeit der ›Pittura Metafisica‹. Das von ihr anschaulich vorgetragene Erlebnis der Wirklichkeit wirkte tief auf die kommende gegenstandsgebundene Malerei ein. Die in der Linie von Carrà und Morandi entwickelte Ästhetik der ›valori plastici‹ bestimmte weitgehend die Entwicklung der italienischen Malerei der nächsten beiden Jahrzehnte und fand einen ihrer Reflexe im ›magischen Realismus‹ der Deutschen, wirkte aber auch bis ins ›Bauhaus‹ (Schlemmer) hinein. Die durch de Chirico eingeleitete Herauslösung der phantastischen Aspekte der Wirklichkeit und sein experimentelles Manipulieren mit den Dingen enthielten die ersten, aber grundlegenden Argumente für die ironischen Manipulationen Dadas und der daraus folgenden Ästhetik des Surrealismus.

In der ›Pittura Metafisica‹ kam eine spezifische Weise des modernen Dingverhältnisses zu einem akzentuierten Ausdruck. Sie erreichte auf der Ebene der intellektuellen Kultur jenes gleiche ›Große Reale‹, das Kandinsky im Werk Rousseaus entdeckt hatte. Hier richtet sich jetzt der Gegenpol zu jenen konkreten harmonikalen Setzungen Mondrians auf. Zwischen diesen beiden Polen aber lagert sich die ganze moderne Malerei.

Die in den vorstehenden Kapiteln beschriebenen Gedankengänge und bildnerischen Leistungen bilden die allgemeine geistige Grundlage der modernen Kunst. In ihnen wurde die Vorstellung von der Aufgabe des Bildes und seiner Erscheinungsweise vollständig verändert. Als das gemeinsame Ziel erscheint die Überwindung des reproduzierenden Bildes und die Heraufführung eines neuen Bildes, das fähig war, ganz neue Inhalte anschaulich zu machen. Denn es waren aus neuen geistigen Vorstellungen sich ergebende neue Inhalte, die diese Veränderungen erzwangen. Diese Inhalte lagen hinter oder außerhalb der reinen Sichtbarkeit; sie entsprachen einer Wirklichkeitserfahrung, die sich allein durch die direkte optische Auseinandersetzung mit der Natur nicht definieren ließ. Beide Pole der Wirklichkeitsbestimmung – die sichtbare Außenwelt und die nichtsichtbare Innenwelt des Menschen – waren durch intuitive, intellektuelle und wissenschaftliche Erkenntnisse so erweitert und vertieft worden, daß der direkte Weg der Kommunikation mit der Wirklichkeit über das Auge nicht mehr ausreichend schien. Es handelte sich bildnerisch also auch nicht mehr um Reproduktion einer sehend wahrgenommenen Wirklichkeit, sondern um Projektion eines inneren komplexen Wirklichkeitserlebnisses, für das der innere Bezug zu Natur und Welt wichtiger war als die Beobachtung und Wiedergabe der sichtbaren Natur. Aus diesen seelischen und geistigen Bezügen bildete sich in der Persönlichkeit eine bestimmte Einstellung zur Welt, zu ihrer Sichtbarkeit und Erfahrbarkeit, eine Vorstellung von Welt, die ich den ›Wirklichkeitsgrund‹ im Menschen nennen möchte und der im Künstler nach anschaulicher Definition verlangte. Dementsprechend wurde das Bild zu einer Art Projektionsfeld. Da nichts unmittelbar Sichtbares wiedergegeben werden konnte, sondern etwas aus dem Wirklichkeitsgrund sichtbar gemacht werden sollte, mußten die seit der Renaissance auf die Wiedergabe des Sichtbaren ausgerichteten bildnerischen Kategorien verändert werden: sie verloren ihre reproduktive Funktion und gewannen evokative Funktion. Das Ergebnis dieses Umbaus war das von der sichtbaren Natur weitgehend unabhängige, das autonome Bild.

Dieses neue Feld wurde in seiner ganzen Reichweite abgesteckt: vom Dingbild bis hin zur abstrakten harmonikalen Form. Dieser Vorgang umfaßte ganz Europa. Die einzelnen Nationen erhielten die einzelnen Aufgaben gewissermaßen nach ihrem Wesen ›zugewiesen‹: die Franzosen die rationale Durchdringung und Harmonisierung (Matisse, Kubismus, Orphismus), die Deutschen die irrationale Vertiefung und romantische Durchwärmung (Expressionismus, ›Blauer Reiter‹), die Italiener die Deutung der Realität (Futurismus, ›Pittura Metafisica‹). Am Beispiel dieser drei Länder beschreiben die folgenden Kapitel den Weg der Kunst in den Jahren zwischen den beiden Kriegen. – Es gab durchaus eigenständige Kunstformen und bedeutende Individualitäten in England und Amerika und auf dem Kontinent. Sie konnten nur am Rande gewürdigt werden, hätten auch kaum wesentlich Neues geboten, das nicht auch in der Kunst dieser drei Länder enthalten wäre. Aus diesen einzelnen Positionen arbeitet die Malerei das reiche und vielfältig verschränkte Stilbild aus, das wir – mit Begeisterung oder Unbehagen – als den Stilausdruck unserer Epoche anzusehen haben.

398 de Chirico, Hektor und Andromache, 1917

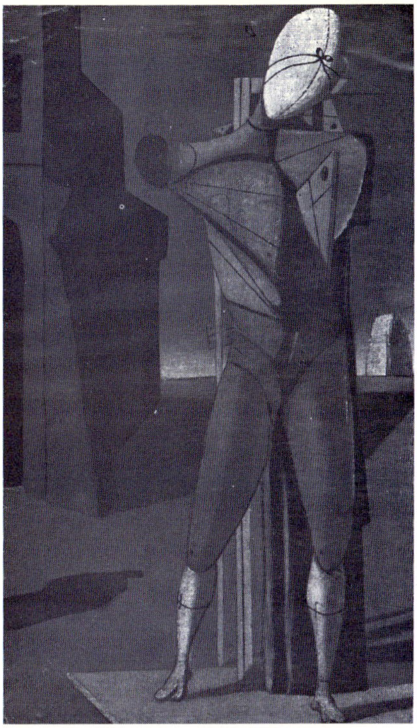

399 de Chirico, Troubadour, 1917

400 de Chirico, Der große Metaphysiker, 1917

401 de Chirico, Die beunruhigenden Musen, 1917

402 de Chirico, Die Freuden des Dichters, ca. 1913

403 de Chirico, Gare Montparnasse, 1914

404 de Chirico, Turiner Melancholie, 1915 ▶

405 de Chirico, Der Philosoph und der Dichter, 1915

406 de Chirico, Metaphysisches Interieur, 1916

407 de Chirico, Aufstand des Weisen, 1916

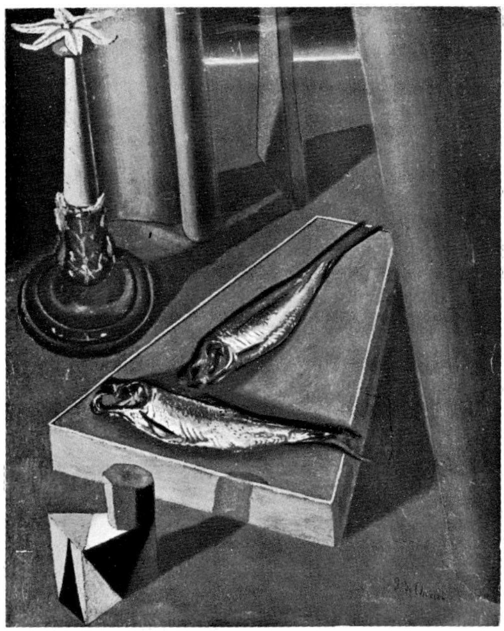

408 de Chirico, Heilige Fische, 1919

409 Carrà, Komposition mit T A, 1916

410 Carrà, Das verzauberte Zimmer, 1917

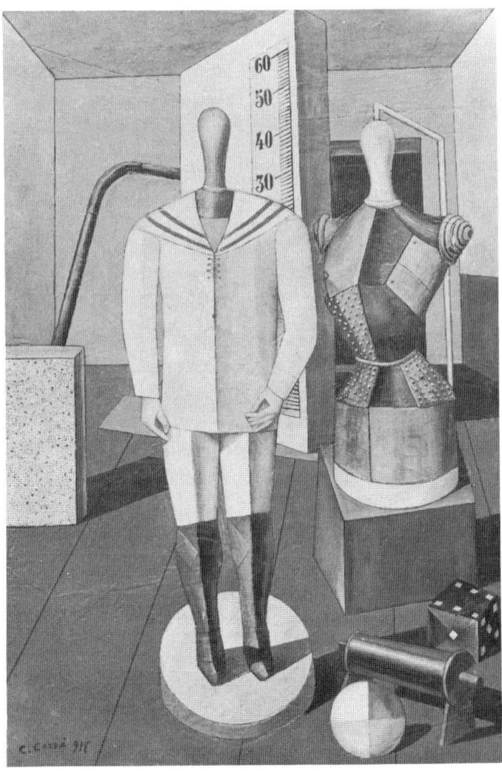

411 Carrà, Mutter und Sohn, 1917

412 Carrà, Oval der Erscheinungen, 1918

413 Carrà, Penelope, 1917

414 Carrà, Antigrazioso, 1916

415 Carrà, Der Sohn des Konstrukteurs, 1919-21

416 Carrà, Pinie am Meer, 1921

417 Carrà, Die Geliebte des Ingenieurs, 1921

418 Carrà, Trunkener Herr, 1916

419 Carrà, Stilleben mit Dreieck, 1917

420 Morandi, Stilleben, 1914

421 Morandi, Stilleben, 1916

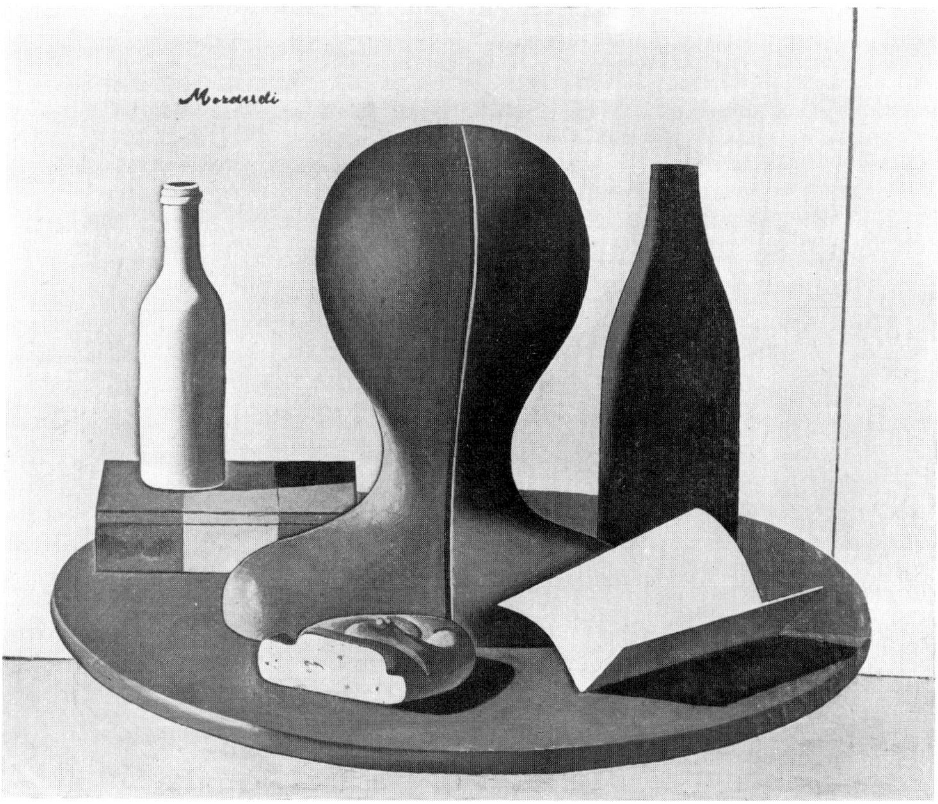

422 Morandi, Stilleben, 1918

423 Morandi, Metaphysisches Stilleben, 1919

424 Morandi, Metaphysisches Stilleben, 1919

425 Morandi, Großes metaphysisches Stilleben, 1918

426 Morandi, Stilleben, 1920

Die Malerei zwischen den Kriegen: Frankreich

In der Weiterentwicklung des modernen Stilbildes nahm Frankreich eine bevorzugte Stellung ein, da durch das Formgenie von Matisse und der führenden Kubisten die Kategorien des neuen Bildes schnell und sicher bestimmt worden waren.

Es ist gerade die schöpferische Kritik am Kubismus, die jetzt einen wichtigen Teil der französischen Malerei zu neuen Lösungen drängte. Diese Kritik setzte schon recht früh und inmitten des Kubismus selbst ein. Sie bewegte sich in zwei Richtungen. Die eine zielte auf die Gegenstandsdefinition und suchte die im Kubismus analytisch gewonnenen Formen durch vergleichende Überprüfung mit der sichtbaren Wirklichkeit aufzufüllen. Das war der Weg Derains. Schon 1913/14 (Seite 111) führte er ihn unmittelbar an die sichtbaren Dinge heran, wobei wieder jene schon bemerkte ›magische Dingerfahrung‹ wirksam wird. Auch hier stellen sich Erinnerungen aus der Geschichte hilfreich ein, Erinnerungen an den Realismus der französischen Spätgotik, insbesondere an den Meister der Pietà von Avignon (Abb. 231). Auch in den Kubismus dringen die Vorstellungen jener modernen Wirklichkeitserfahrung ein, die wir uns bei Rousseau und der ›Pittura Metafisica‹ klargemacht haben. Er öffnet sich zur sichtbaren Wirklichkeit hin. – Der andere Weg lief in umgekehrter Richtung. Er verschärfte die im Kubismus angelegte Tendenz zur absoluten harmonikalen Gestaltung, von der ja auch Piet Mondrian ausgegangen war. Das war der Weg von Juan Gris (Seite 92 ff.). Hinter der strengen Architektur will eine elementare, auf ausgeglichenen formalen Beziehungen ruhende Harmonie durchscheinen. Der Kubismus öffnet sich zur konkreten Gestaltung hin.

Aber schon gegen 1919 suchte Juan Gris diese konkret sich herstellende Harmonie durch assoziative Verknüpfung an Gegenstandsformen anzugleichen, um – wie er sagte – »die mathematische Seite in der Malerei zu humanisieren«. Gerade im Spannungsfeld zwischen diesen beiden komplementären Entwicklungen im Kubismus sucht jetzt – seit 1919/20 – die französische Malerei einen neuen Ausgangspunkt. In der Ästhetik des ›Purismus‹, der sich auch Gris bis zu einem bestimmten Grade anschloß, wird dieser Punkt anvisiert. Die puristische Theorie entwickeln Ozenfant und Jeanneret (Le Corbusier); sie läßt sich aus ihren Bildern anschaulich ablesen (Abb. 365 und 367). Sie zielt einmal auf eine präzise, elementar begründbare Ordnung und folgt darin auf weiten Strecken der Argumentation um das konkrete Bild: auf der anderen Seite aber läßt sie, darin dem Verfahren Juan Gris' folgend, in diese konkret hergestellte Harmonie Dingformen einwachsen. Bedeutsam ist, daß diese Dingbilder ausschließlich dem Sektor der modernen technischen Zivilisation zugehören. Es sind die standardisierten, in der industriellen Fertigung hergestellten Gegenstände, die jetzt als ›objets à réaction poétique‹ erkannt werden. Sie repräsentieren eine Wirklichkeit, die als technisch hergestellte Realität dem schauenden modernen Menschen allenthalben gegenübersteht – Merkzeichen jener Gegen-Natur, die der technische Geist sich erfand. In ihnen steckte eine geistige Disziplin, die der bildnerischen Disziplin des Kubismus sehr entsprach.

Es waren diese Gedanken und Erfahrungen, die nun *Fernand Léger* anhielten, monumentale Bildzeichen für diese Wirklichkeit der modernen technischen Arbeitswelt zu finden (Seite 195 ff.). Léger war im Kriege als Pionier mit der technischen Welt der Maschinen vertraut geworden. Damals erlebte er die präzise, unsinnliche Schönheit der Maschine in ihrem Gegensatz zu den wirren Wucherungsformen der Natur und sah das Zugeordnete in Haltung und Geste des die Maschine bedienenden Menschen. Der dieser unsinnlichen Schönheit zugrundeliegende formale Aufbau ließ sich herauslösen, ohne die Struktur dieser Wirklichkeit zu verletzen, weil jedes Detail eines solchen technischen Dinges eine starke evokatorische Kraft hatte und stellvertretend für das Ganze stehen konnte. Diese Gegen-Natur evozierte die Vorstellung einer merkwürdigen und großartigen Realität, die angefüllt war mit Dingen von fremder Individualität und von seltsamem Personalcharakter. (Marcel Duchamp, Seite 109, und die ironische Personalisierung technischer Dinge durch Picabia, Abb. 366, wirkten hinein.) In diesem Wirklichkeitserlebnis klammerten sich die Empfindungen für die abstrakte Grundordnung der technischen Welt und für die poetische Daseinsmacht der Dinge innig zusammen, ja, gerade in der abstrakten Ordnung gewannen die eingefügten Dingembleme eine außerordentlich wirklichkeitsbezeichnende Kraft. Wir können dies innige Ineinander von abstrakter Konstruktion und dinglicher Definition in den Bildern Légers von 1919/20 in stärkster Ausprägung erleben. In der Folge laden sich diese geometrischen Abstraktionen immer mehr mit sichtbarer Wirklichkeit auf. Doch bleibt das Ding immer ›personnage principal‹. Das Ding und sein Detail treten an die Stelle des ›Motivs‹ und suggerieren durch ihre Embleme die vollständige Umweltwirklichkeit. So meinte Léger, daß in der Art, das Ding und sein Detail ins Auge zu fassen, ein ganz neuer Realismus läge. Entstanden war er durch Verstärkung und Bereicherung der im klassischen Kubismus schon angelegten Verfahren, die Gegenstandswelt durch suggestive Embleme und Zeichen zu repräsentieren.

Diesen Prozeß der Anreicherung des kubistischen Bildgefüges mit den Stoffen des Sichtbaren erkennen wir nun allenthalben. *Georges Braque* (Seite 200 ff.) ist jetzt bemüht, die Struktur seiner empfindlich vibrierenden Oberfläche vollformiger und schmiegsamer zu machen, damit die beweglichen und weniger der Geometrie verpflichteten Dingformen, die die Naturbeobachtung liefert, ohne Gefährdung des konstruktiven Gerüsts in das Erscheinungsfeld des Bildes einwachsen können. Es ist eine reiche Entwicklung, die dieser große Meister aus dem Kubismus zieht: sie mildert die dynamische Formstrenge, gibt dem Bild eine neue Wärme und Fülle, hilft der Empfindung für die formale Besonderheit und Schönheit der sichtbaren Natur zu ihrem Recht, macht das harmonikale Grundmuster beschwingter und führt das kubistische Bild in ganz neue inhaltliche Bereiche. Diese dichterische Inhaltlichkeit kulminiert im Spätwerk Braques in den großartigen geheimnisvollen ›Atelier‹- und ›Vogel‹-Bildern (S. 205), die den dunklen Klang von Schicksalsbildern haben.

Dieses Näherrücken an die Natur beschränkt sich nicht auf die vom Kubismus ausgehenden Malrichtungen. Auch die ›Fauves‹ und Matisse folgen dieser Spur. Gerade *Henri Matisse* (Seite 210 ff.) läßt im dritten und vierten Jahrzehnt die ganze Fülle einer freudig und sinnlich erlebten Natur in den reichen Dekor seiner Bilder einströmen. Dabei verändert sich die ursprüngliche Formgesinnung und die Struktur des Bildes im Grundsätzlichen nicht. Es ist noch immer die gleiche Absicht, eine harmonische Formgleichung aus den sichtbaren Dingen zu ziehen, aber sie quellen jetzt aus einem dichten Wirklichkeitsbesitz, den eine ganz der Fülle der Natur zugewandte Optik ständig bereichert. Erst im Ausgang des vierten Jahrzehnts, im Spätstil von Matisse, treten die fülligen Dingformen wieder zurück, straffen sich zu linearer Figur, und hinter Ornament und Dekor leuchtet eine nahezu abstrakt gefügte harmonikale Ordnung in lichter Durchsichtigkeit und Klarheit wieder auf.

Diese Entwicklungen betrafen die französische Malerei in einem engeren Sinne. Es waren Franzosen, die sie vorantrieben. Die französische Malerei, und besonders die ›École de Paris‹, läßt sich aber nicht in einem solch engen nationalen Rahmen halten. Das Genie Frankreichs assimilierte viele fremde Denk- und Erlebnisformen und die sie tragenden Persönlichkeiten. Mit vollem Recht rechnen wir die Spanier, Italiener, Deutschen, Polen und Russen, die in der ›École de Paris‹ ihre persönliche Ausdrucksweise fanden, zur französischen Malerei. Aus solch anders gestimmter Menschlichkeit drangen vielfältige Impulse in die französische Malerei: Picassos leidenschaftliches Pathos wirkte als Ferment schon im klassischen Kubismus, Chagalls legendäre Sicht auf die Dinge gab dem Orphismus einen besonderen dichterischen Akzent. Diese Impulse ergaben bestimmte Stilbrechungen, die die französische Kunst nicht ohne weiteres aus sich allein hätte entwikkeln können. So erleben wir gerade in den Jahrzehnten zwischen den Kriegen, wie die Tendenz zur Annäherung an das Sichtbare aus der feinen Strenge des französischen Formkanons heraustrat und in eine Strömung hineingeriet, die sich dem Expressionismus vergleichen ließe. Auch sie wird überwiegend von Nicht-Franzosen getragen, obwohl sie bereits in der halluzinierten Vedutenmalerei *Maurice Utrillos* (Seite 222) schon früh zu finden ist. Da ist es die schwermütige, lyrisch gestimmte Einfühlungskraft *Amedeo Modiglianis* (Seite 223 ff.), die aus dem Sichtbaren in empfindsamer Verwandlung ein dichterisches Bild herauslöst, in dessen hermetischer Stille und Einfachheit noch der Reflex der italienischen Menschlichkeit dieses Malers durchklingt. Da ist es die verzweifelte Apokalyptik des litauischen Juden *Chaim Soutine* (Seite 219), der sein Leid an der Welt in jedem gegenständlichen Motiv wiederentdeckt und selbst noch in der heiteren Anmut der südfranzösischen Landschaft etwas Chtonisches und Tellurisches zu bemerken meint, das seiner tragisch gestimmten Erlebnisweise entsprach. Und dann *Marc Chagall*! Chagall (Seite 215 ff.) drängt jetzt aus der hermetischen Formvergitterung des kubistischen Orphismus heraus. Seine dichterischen Metaphern und Legenden füllen sich mit natürlicher Stofflichkeit an. Freilich gibt er das von ihm im Orphismus gefundene Verfahren, mit einzelnen evokativen Gegenstandszeichen und figürlichen Symbolen die Simultaneität und psychologische Mehrschichtigkeit eines Erlebnisses auszudrücken und dadurch seine Vollständigkeit zu suggerieren, nicht auf. Doch wird die Farbhaut der neueren Bilder immer lockerer, lichthaltiger, geschmeidiger und lädt sich an der blühenden Farbigkeit Bonnards auf. So füllen sich auch die Dingzeichen und Figuren mit wärmerer Natürlichkeit. Dabei ist oft zu bemerken, wie die den Dingen zugeneigte Betrachtung das einzelne Ding selbst in seiner realen Tatsächlichkeit zum Träger des Wunderbaren und Phantastischen macht. Nehmen wir diese individuell unterteilte, mehr expressive Stilweise als Ganzes, so erscheint auch sie als Teil des allgemeinen Prozesses, der sich in Richtung auf die Durchdringung der sichtbaren Außenwelt bewegte. In dieser Entwicklung aber erhielten die noch lebenden Altmeister des Impressionismus – Renoir und Monet – ein neues Gewicht, vor allem aber Bonnard und Vuillard (Seite 220 ff.), die die ganze Malkultur des glorreichen letzten Jahrzehnts des 19. Jahrhunderts bewahrt hatten und sie auf das lyrische Erlebnis der stillen Intimität der Dinge gerichtet hatten. Standen sie auch im Kunstgetriebe der beiden Jahrzehnte relativ isoliert, so wirkte doch ihre Poetik und ihre visuelle Kultur als Mahnung, die malerischen Möglichkeiten und Qualitäten unserer Umwelt nicht zu vergessen.

Freilich konnte diese wiederversuchte Vertraulichkeit zu den sichtbaren Dingen, die einmal gemachte Erfahrung von der »nicht mehr lesbaren Wirklichkeit« (Artaud) nicht beiseiteschieben. Denn es war nun einmal erlebt worden, daß die gegenständlichen Bilder in der menschlichen Vorstellung in merkwürdiger Verbindung standen zu einem gegenständlichen Bildervorrat, der im Unterbewußtsein abgelagert war und nur gelegentlich im Traum und in der frei spielenden Phantasie absichtslos herauftreten konnte. Durch de Chirico, Duchamp und die Dadaisten und ihre ironischen Experimente war erfahren worden, daß das einzelne Ding, wenn man es aus dem ihm durch Gewöhnung und Erinnerung zugewiesenen Rahmen und aus seinem vom Intellekt fixierten Abstellort in der menschlichen Psyche herausrückte, die provokatorische Kraft gewinnen konnte, diesen Bildervorrat zu aktivieren. Jedes aus seinen natürlichen Beziehungen isolierte Ding rief Assoziationsabläufe, formale und inhaltliche Verknüpfungen, halluzinatorische Kombinationen herauf, die den vertrauten Aspekt der sichtbaren Wirklichkeit diskreditierten und aus dem gewöhnlichsten Ding, wie aus der Büchse der Pandora, eine Welt von wildester Phantastik heraufwuchern ließ. Durch den provozierten Schock an der Wirklichkeit wurden die gewohnten Ordnungen verletzt, und aus dieser Verletzung brach ein Schwall unkontrollierter, kryptischer, oft widersprüchlicher, auf die Provokation antwortender Bildassoziationen herauf, die in verborgenem Bezug zu der unbewußten Wirklichkeitserfahrung standen. Diese unerschlossene Bildwelt zu aktivieren, war das Anliegen des Surrealismus. Mit ihm treten die Vorstellungen um die magische Dingerfahrung in das akute Stadium und werden in einer auch das Unmenschliche und Untermenschliche nicht scheuenden verbissenen Systematik ausgelotet. Diese verwendet zwei Methoden: den psychischen Automatismus und einen die assoziativen Halluzinationen wahllos registrierenden, überschärften Verismus. Gerade der veristische Aspekt ist geistesgeschichtlich aufschlußreich: die Phantastik erscheint in der härtesten Sachlichkeit. Es sind immer einzelne reale Tatbestände und Wirklichkeitsstücke, aus denen eine unermüdliche und halluzinatorische Assoziationsfähigkeit die phantastische Gegenwirklichkeit zusammensetzt und die quälende Widersprüchlichkeit des Realen beweist. Es ist ein Realismus mit umgekehrtem Vorzeichen, der sich nicht an der Solidität des Sichtbaren, sondern an seiner Unsolidität exaltiert und diese treffen will – »in der Hoffnung, den bisher so beschränkten Bereich des Wirklichen zu erweitern« (Breton).

Was durch solche Provokation der Dinge evoziert werden kann, zeigt in sadistischer Euphorie die erschreckende Bildwelt *Salvador Dalis* (Seite 237). Denn durch die provozierte Freilegung der untersten Schichten im Menschen wurde das ganze Dschungel der menschlichen Triebwelt mit heraufgerissen und paradierte im Kontrast zu der scheinbaren Idyllik der natürlichen Umweltbeziehungen schauerlich einher. Je mehr diese Idyllik als Fassade empfunden wurde, die nur als dünne Kulisse eine alles durchwaltende Motorik aus Hunger und Geschlecht verhüllte, desto schärfer wurde die Wut des Protestes und die Hemmungslosigkeit der Gegenäußerung.

Das war indessen nur die eine Seite, denn jener Schock an der Wirklichkeit aktivierte auch die Schichten, in denen die mythischen Bilder sich formen. Etwas von der Mythik der Dinge klang durch die ganze gegenstandsbezogene Malerei seit dem frühen Kubismus durch. Mit *Max Ernst* (Seite 226ff.) bricht jetzt in einer automatisch andringenden Bilderflut eine vielfältige ungewohnte Naturmythologie herauf: Scharen von Zwitterwesen, Gestrüppdryaden und Vegetationsgöttern, ein ganzer in ständiger Verwandlung begriffener Olymp. Sie alle sind Emanationen des Wirklichkeitsgrundes im Unbewußten.

In ihm wirkte auch eine beunruhigende Erfahrung vom Raum als Unendlichkeitswesen. Wir sind dieser angstvoll-ironischen Kontemplation des Raumwesens immer wieder begegnet, im Surrealismus findet sie ihre eindrücklichsten Bilder. *Yves Tanguys* phantastischer Unendlichkeitsprospekt (Seite 236) ist ein solch antwortendes Bild: Raumgrund, den eine aus ihm sprießende Vegetation von Dinggebilden ortet und in ihrem Bezugssystem als rätselhafte Konstellation anschaulich macht.

Diese Verfahren brauchten als dialektischen Partner die Bilder der sichtbaren Natur, damit durch die Vergleichbarkeit die halluzinatorischen Bilder sich als das ›Andere‹ auswiesen und durch ihr Absurdes und Wunderliches die Realität in ihrer Richtung definierten. Hier zweigte der Irrweg ab, auf dem der veristische Surrealismus sich totlief. Die Manipulation mit den Wirklichkeitsbildern erschöpfte sich ziemlich rasch in einer thematischen Litanei, in der Monotonie sich wiederholender Bilder. Das hatte auch eine formale Ursache. Der veristische Surrealismus verwandte nämlich zur Verbildlichung seines dialektischen Widerspruchs ein bestimmtes Verfahren: die Ironisierung des reproduzierenden Bildes. Obwohl er es ironisierte, bewahrte er es doch in all seinen Kategorien. So kam er gar nicht in die Reichweite des ›evokativen Bildes‹, jenes Erscheinungsfeldes der dichterischen Meditation, das zum Beispiel Klee in Deutschland so wunderbar bereichert hatte. Damit schlossen sich auch all jene Inhalte aus, die außerhalb des Protestes gegen den Wahrheitsanspruch des Sichtbaren lagen und die – oft in einem tiefen Eingestimmtsein mit einer umfassenderen Wirklichkeitsempfindung – zum Ausdruck wollten. Kubismus und abstrakte Malerei hatten gezeigt, wie diese antwortenden psychischen Regungen sich anschaulich machen ließen. Auf diesem Wege hatte Paul Klee die im Seinsgrund des Menschen klingende ›herzerfüllte Dichtung‹ erreicht. Seit etwa 1926 entwickelt sich jetzt in Frankreich aus den Impulsen des Surrealismus eine Malerei, die in weiten Teilen parallel den Bestrebungen Klees liegt. Da sehen wir bei *André Masson* (Abb. 551), wie auf dem evokativen Grund der Bildtafel der Fühlfaden eines feinen Strichs im automatischen Folgen innerer Bewegungsimpulse Bilder tastend heraufhebt, Bilder leidvoller Empfindungen – sterbende und kämpfende Fische, verwundete Tiere –, die in der Melodie der singenden Linie eine poetische Metapher aus der Verwundung der Seele herausspinnen oder in böser Härte auf einen kreischenden Mißklang antworten. Dann ist es *Juan Miró* (Seite 230ff.), der, ausgehend vom Kubismus und berührt durch Klee, ein ganzes Szenarium von Jenseitswesen ans Licht treten läßt, immer bemüht, in seinen ›Konstellationen‹ das Naturpoetische Gestalt werden zu lassen und den leichtfüßigen Reigen flutender Bilder wie einen Sternenteppich an den imaginären Grund der farbigen Fläche zu heften. Waren es anfangs die verliebte Drolerie und die heitere Burleske, die aus dem Inventar der heimatlichen Natur durch Personalisierung und Zuspitzung der heiter komischen Akzente das Material für das Naturgedicht gewannen, so tritt

427 Léger, Komposition auf blauem Grund, 1938 ▶

38
F.LEGER

bald die Figuration vor anders dimensionierte Gründe. Der evokative Raumgrund der Fläche stellt sich her, und auf ihr schreiben die figuralen Embleme den dichterischen Bericht vom Welterleben: Spiegelungen von Nächten und Sternen und ihren mythischen Gestalten in einer improvisierten emblematischen Bilderschrift, gewirkt aus dem mythischen Stoff in der Natur und der Bildkraft einer noch naiven, die mythische Fabel suchenden Empfindung.

Durch den Surrealismus war die französische Malerei wesentlich bereichert worden. Durch ihn vor allem drang die magische Dingerfahrung bewußter in die Malerei ein, er auch machte jenes eigentümliche, nicht mehr in den Kategorien des Gegenständlichen oder Abstrakten sich abgrenzende Feld der psychischen Improvisation bewußt sichtbar. Nehmen wir dazu, daß in der ›Abstraction-Création‹, durch die Pariser Tätigkeit von Kandinsky, Arp, Magnelli, Pevsner, Mondrian und die Strahlung von ›Bauhaus‹ und ›de Stijl‹ nun auch die Argumentation der abstrakten und konkreten Malerei im französischen Milieu wirksam wurde, so erkennen wir das organische Zusammenwachsen der einzelnen isolierten Argumente zu einem breiten und, aus der Distanz gesehen, einheitlichen Stilentwurf.

Was in ihm an einzelnen Ideen angelegt war, wirkt nun in ganzer Vollständigkeit im Genie *Pablo Picassos* und wird durch es mitbewirkt. Picassos Werk ist recht eigentlich der Spiegel, der alle Impulse, Gedanken, Theorien und Sehnsüchte, die die Jahrzehnte bewegten, auf der Bildfläche reflektiert. All die einzelnen Entwicklungen lassen sich an den Etappen seines Werkes, wenn auch in der Beugung seiner dramatischen Menschlichkeit, belegen und ableiten: das neue Verlangen nach Definition des Wirklichen und die dadurch beschworenen Erinnerungen ans Klassische (Abb. 563), die Monumentalisierung und Humanisierung des Kubismus (Abb. 564), die Provokation des unbewußten Wirklichkeitsgrundes durch Verrückung der dinglichen Bezugssysteme und ihr Ausdruck durch die konvulsivische und grimassierende Form (Abb. 566), die Verbildlichung des mythischen Imago (Abb. 560), die Personalisierung des Dingwesens (Abb. 567), die Erprobung der harmonikalen Rhythmen in Beziehung zu gegenständlichen Emblemen und dann – in ›Guernica‹ (Abb. 561) – die große epische Bilderschrift, die Ereignis, Wirklichkeit und Empfindung in die dichterische Dimension der großen allgemeinen Gleichnisse hebt. Und dies alles in gegenseitiger Durchdringung, im ganzen Angehen des Simultankomplexes des antwortenden Empfindungs- und Vorstellungsvermögens im Menschen! Daß dies alles sich dem Genie eines einzelnen überhaupt auferlegen und Vollständigkeit in ihm erlangen konnte, läßt sich nur begreifen als Wirkung eines einheitlichen, die ganze Zeit durchwaltenden Verlangens nach Ausdruck und Bewältigung eines neu sich stellenden und strukturell verwandelten Bezuges zwischen Welt und Mensch, dem unsere Epoche der gewaltigen Umgestaltungen im Weltbild in einem eigenen erfüllenden Stilentwurf Ausdruck zu geben hatte.

428 Léger, Menschen in der Stadt, 1919

429
Léger, Das große Frühstück, 1921

430
Léger, Frau mit Blumen in der Hand, 1922

431
Léger, Kompaß, 1926

432 Léger, Mechanisches Element, 1920

433 Léger, Stilleben, 1926

434 Léger, Gleichgewichtsspiel, 1932

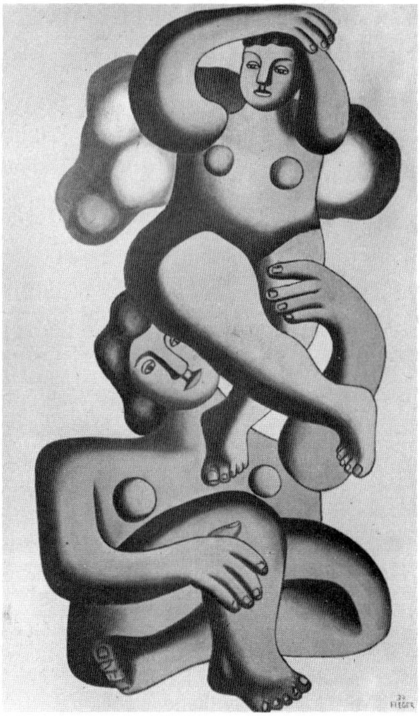

435 Léger, Studie zur Komposition mit den beiden Papageien, 1937

436 Léger, Romantische Landschaft, 1946

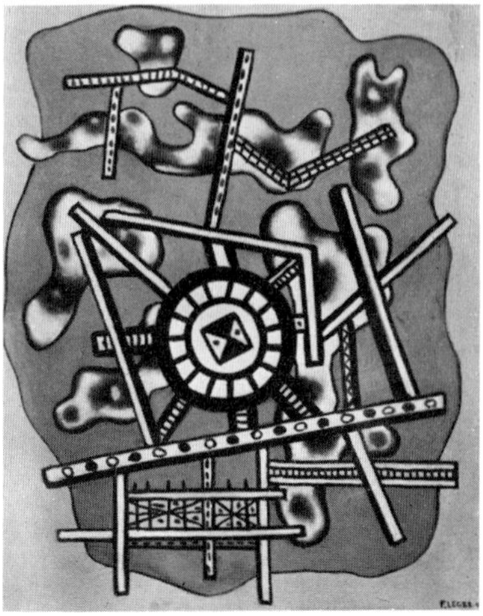

437 Léger, Landschaft, 1947

438 Léger, Taucher auf gelbem Hintergrund, 1941

439 Léger, Taucher, 1945

440 Léger, Komposition mit
Aloë Nr. 3, 1935

441 Léger, Komposition, 1940-2

442 Léger, Hommage à David, 1948-9

443 Léger, Die drei Schwestern, 1952

444 Léger, Studie zu Hommage à David, 1951

445 Braque, Cafébar, 1919

446 Braque, Der Kamin, 1923

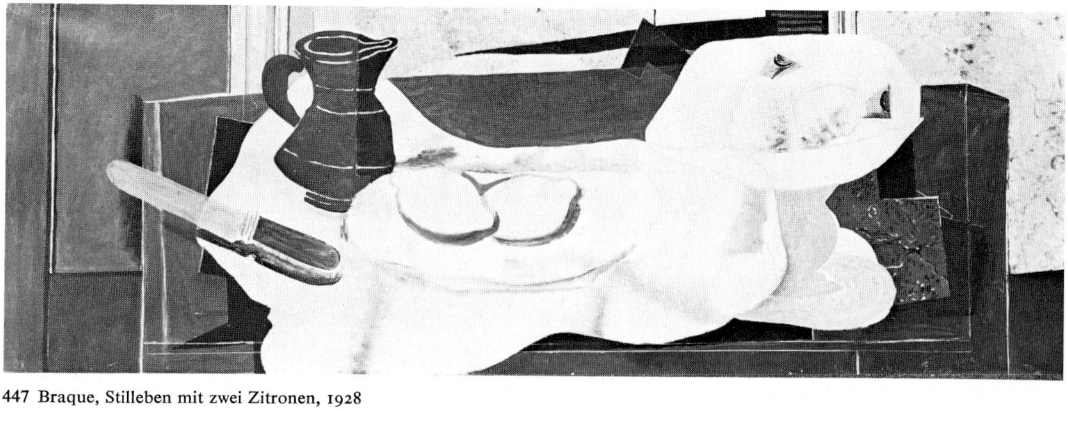

447 Braque, Stilleben mit zwei Zitronen, 1928

448 Braque, Kleiner Akt mit Fruchtkorb, 1925

449 Braque, Die Melone, 1925

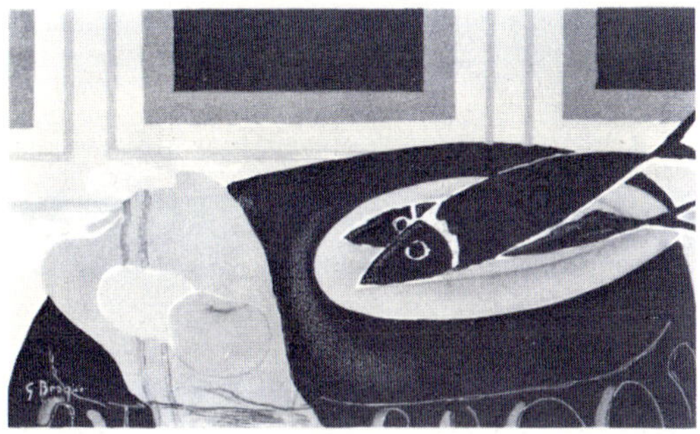

450 Braque, Stilleben mit schwarzen Fischen, 1942

451 Braque, Stilleben, 1930

452 Braque, Stilleben mit Banjo, 1941

453 Braque, Stilleben mit Pfirsichen und Weintrauben, 1927

454 Braque, Stilleben, 1934

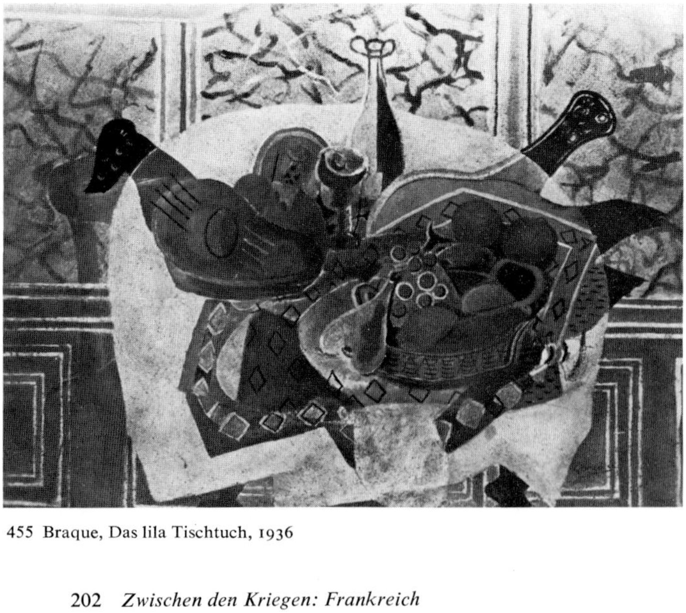

455 Braque, Das lila Tischtuch, 1936

456 Braque, Frau mit Mandoline, 1937 ▶

G Braque

457 Braque, Der Wagen, 1954

458 Braque, Herakles, 1931

459 Braque, Rotes Stilleben, 1955

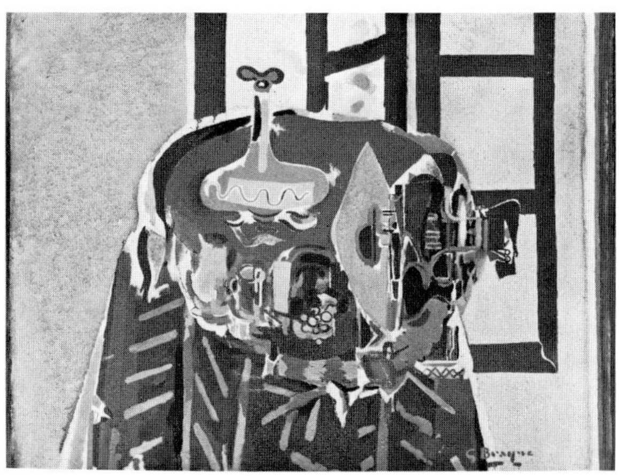

460 Braque, Das offene Fenster, 1952

461 Braque, Atelier III, 1949

462 Braque, Atelier VI, 1952

463 Villon, Die drei Ordnungen, ca. 1936

464 Villon, Der ausgestopfte Vogel, 1938

465 Gromaire, Wäscherinnen am Fluß, 1933

466 Derain, Waldlandschaft, 1931

467 Derain, Pierrot und Harlekin, 1924

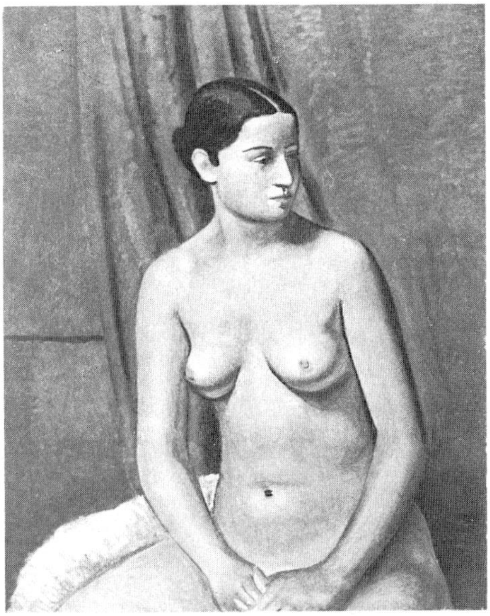

468 Derain, Frauenakt

469 Auberjonois, Selbstbildnis, 1914-9

470 Auberjonois, Die französischen Maler, 1941

471 Rouault, Marokkaner, um 1913

472 Rouault, Paul Verlaine, 1920

473 Rouault, Herbstende, 1948-52

474 Rouault, Pedro, 1939

475 Rouault, Ecce Homo, 1938

476 Rouault, Im alten Viertel der endlosen Mühsal, 1914-27

477 Rouault, Es wird das letztemal sein, Vater, 1914-27

478 Matisse, Marguerite, 1917

479 Matisse, Sitzende Odaliske, 1928

480 Matisse, Maler und Modell, 1916

481 Matisse, Interieur in Nizza, 1917-8

482 Matisse, Odaliske, 1923

483 Matisse, Stilleben mit Ananas und Anemonen, 1940

484 Matisse, Die Dame-Spieler, 1923

485 Matisse, Die Musikstunde, 1917

486 Matisse, Dame am Kamin, 1937

487 Matisse, Die Musik, 1939

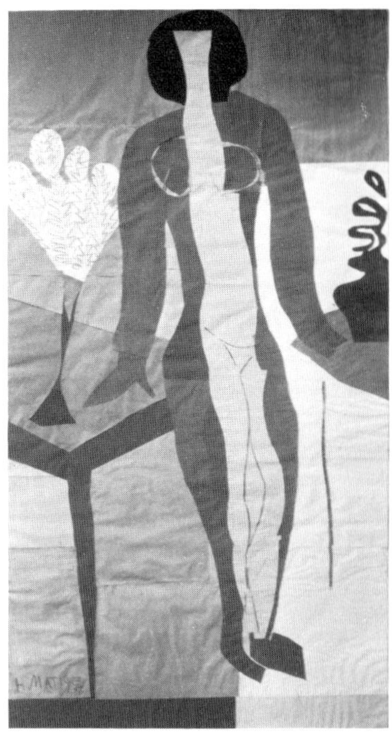

488 Matisse, Zulma, 1950

489 Matisse, Stilleben mit schwarzem Farnkraut, 1948 ▶

490 Dufy, Hindufrau, 1930

491 Dufy, Atelier, 1942

492 Dufy, Ball im Moulin de la Galette, nach dem Bild von Renoir, 1943

493 Dufy, Hommage à Bach, 1950

494 Dufy, Die rote Violine, 1948

495 Chagall, Friedhofstor, 1917

496 Chagall, Der Spaziergang, 1918

497 Chagall, Liebesidyll, 1928

498 Chagall, Blumenstrauß der Liebenden, 1926

CHAGALL 1945

500 Chagall, Der Cellospieler, 1939

501 Chagall, Der gehäutete Ochse, 1947

502 Chagall, Der Engelssturz, 1923-33-47

◀ 499 Chagall, Der fliegende Schlitten, 1945

503 Chagall, Die Dächer, 1953

504 Chagall, Der blaue Zirkus, 1950-2

505 Chagall, Selbstbildnis, 1947

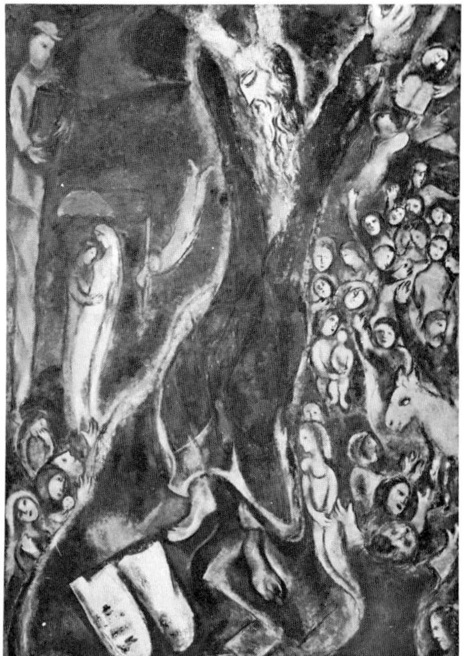

506 Chagall, Moses zerbricht die Gesetzestafeln, 1955-6

507 Soutine Landschaft, ca. 1921

508 Soutine, Das Huhn, 1925-6

509 Soutine, Straße von Céret, 1920-1

510 Soutine, Die unheimliche Straße, ca. 1921

511 Soutine, Boy im Maxim, 1927

512 Bonnard, Signac und seine Freunde beim Segeln, 1924

513 Bonnard, Frühstücksraum, 1930-1

514 Bonnard, In einem südlichen Garten, 1913

515 Bonnard, Akt im Gegenlicht, 1908

516 Bonnard, Akt im Gegenlicht, 1922

517 Vuillard, Bildnis Mme. Marchand, ca. 1930

518 Vuillard, Maillol arbeitet am Cézanne-Denkmal, ca. 1930

519
Utrillo,
Montmartre mit Sacré Cœur

520 Utrillo, Pariser Vorstadt-Straße, ca. 1920–3

521 Valadon, Frauenbildnis, ca. 1925–8

522 Modigliani, Bildnis Jean Cocteau, 1916–7

523 Modigliani, Bildnis Zborowsky, 1917–8

524 Modigliani, Algerierin, 1917

525 Modigliani, Bildnis Soutine, 1917

526 Modigliani, Brustbild einer jungen Frau, 1918-9

527 Modigliani, Liegender weiblicher Akt, 1917

528 Modigliani, Sitzender weiblicher Akt, 1917 ▶

529 M. Ernst, Der große Wald, 1927

530 M. Ernst, Versteinerte Stadt, 1933

531 M. Ernst, Les obscures, 1957 ▶

532 M. Ernst, Muschelblumen, 1929

533 M. Ernst, Vision, 1931

534 M. Ernst, Phasen der Nacht, 1946

535 M. Ernst, Die Horde, 1927

536 M. Ernst, Die Versuchung des Hl. Antonius, 1945

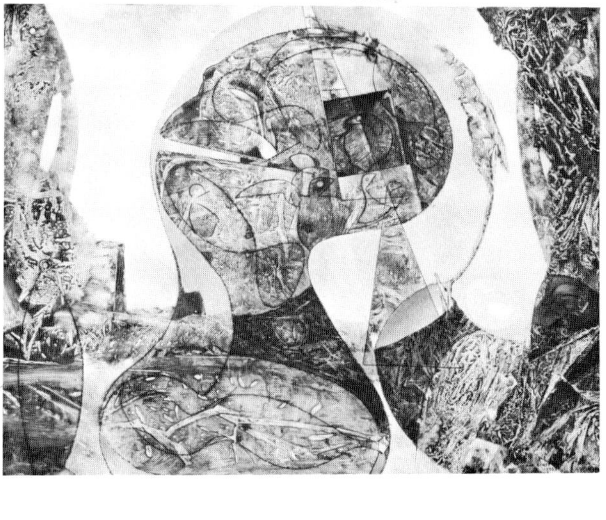

537 M. Ernst, Vater Rhein, 1953

Miró

539 Miró, Personnages rhythmiques, 1934

540 Miró, Komposition, 1933

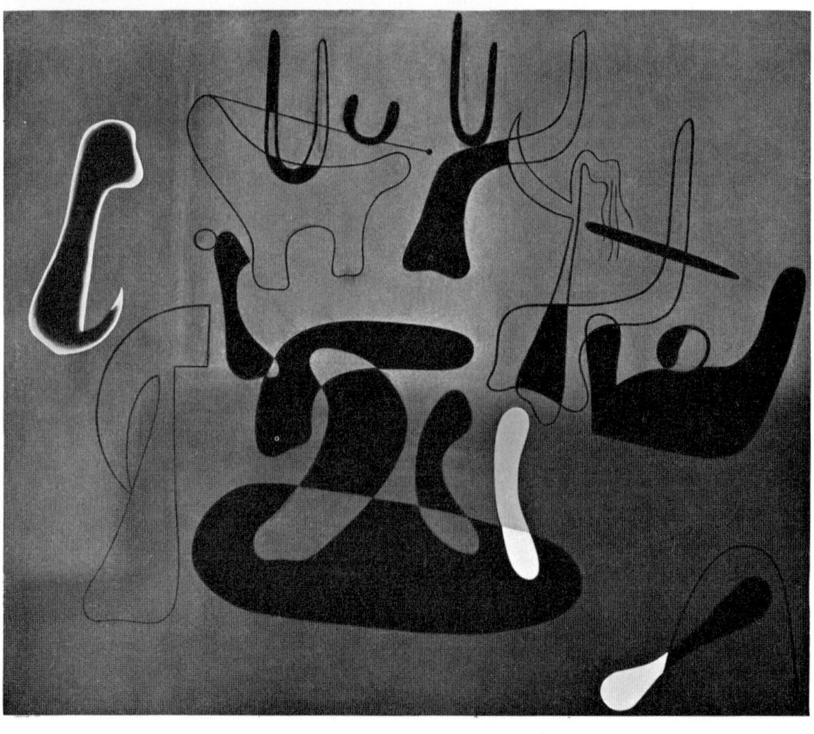

◀ 538 Miró, Der schöne Vogel enthüllt den Liebenden das Geheimnis der Morgenröte, 1941

541 Miró, Blick auf Montroig, 1919

542 Miró, Die Bäuerin, 1922–3

543 Miró, Das gepflügte Feld, 1923-4

544 Miró, Holländisches Interieur, 1928

545 Miró, Die Kartoffel, 1928

546 Miró, Frauen und Vogel im Mondschein, 1949

547 Miró, Komposition, 1953

548 Masson, Statue, 1925

549 Masson, Große Landschaft, 1948

550 Masson, Verwundetes Tier, 1929

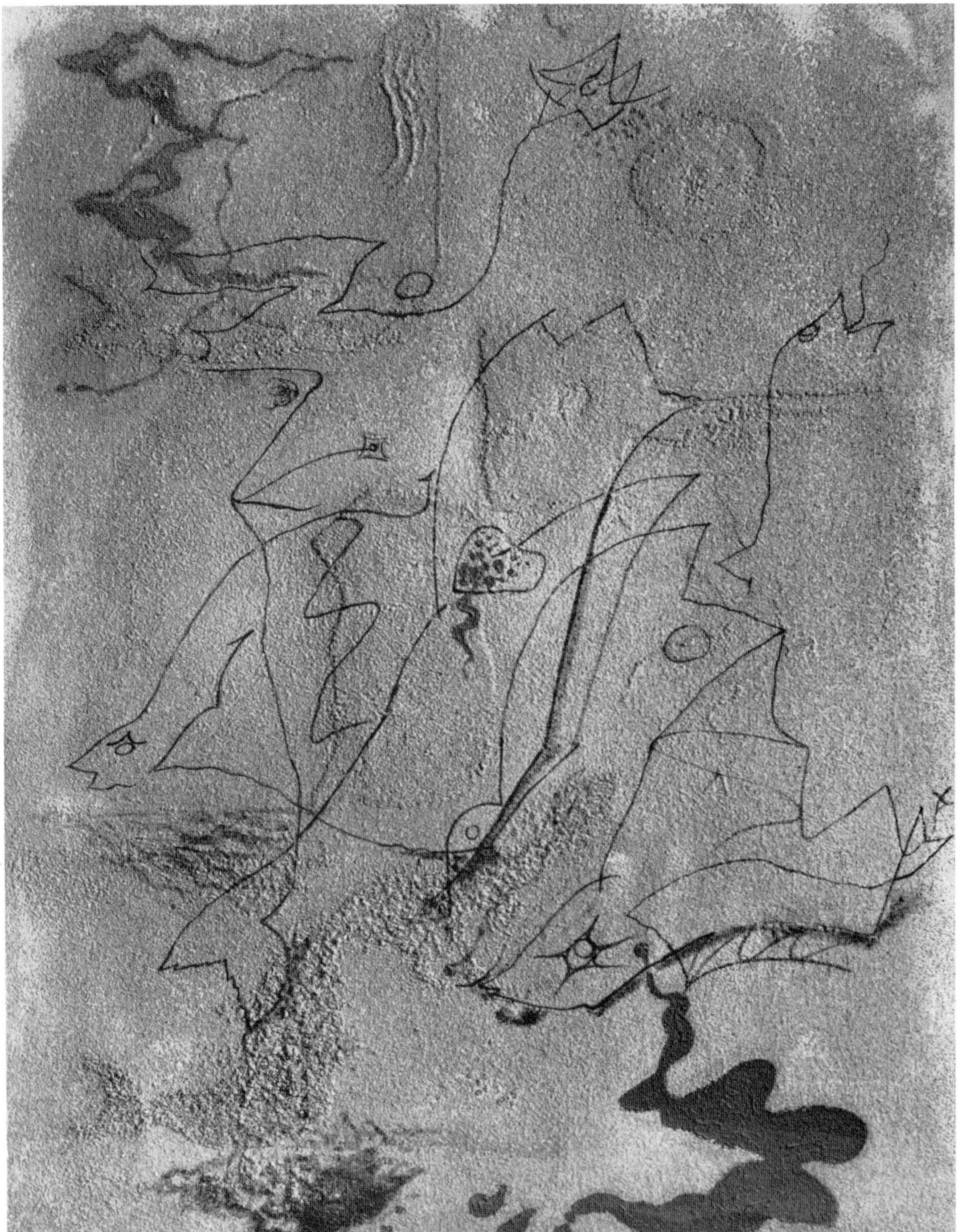

551 Masson, Fische auf Sand gezeichnet, 1927

552 Tanguy, Seeturm, 1944

553 Tanguy, Die Hoffnung, 1929

554
Tanguy,
Rendez-vous der
Parallelen, 1935

555 Dali, Weiche Konstruktion mit gekochten Bohnen, 1936

556 Dali, Perspektiven, 1932

557 Dali, Brennende Giraffe, 1935

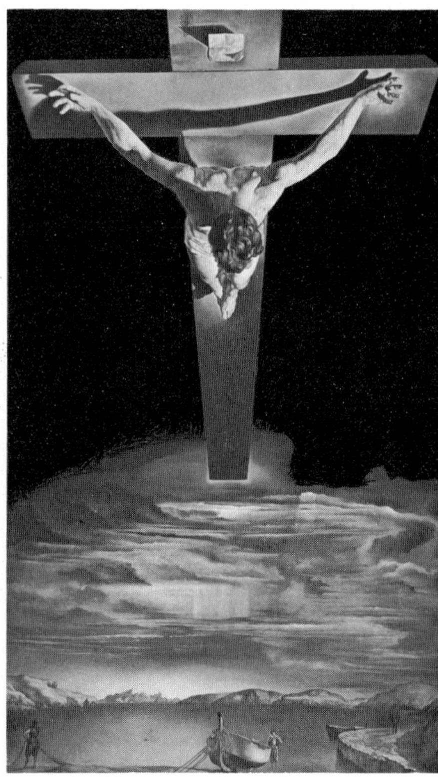

558 Dali, Der Christus des Hl. Johannes vom Kreuz, 1951

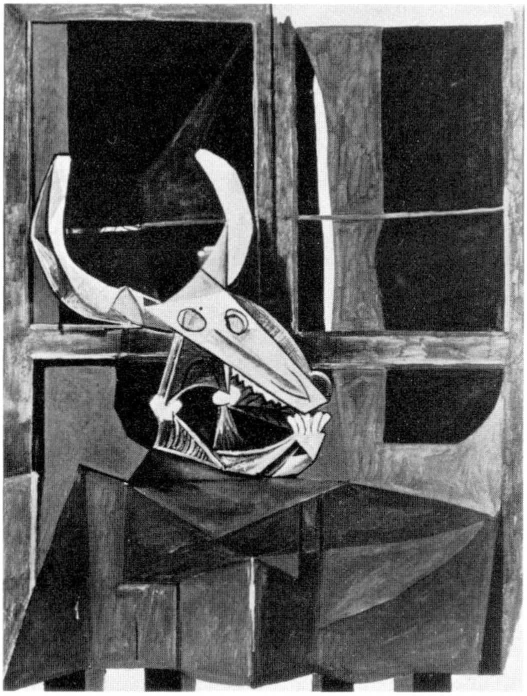

559 Picasso, Stierschädel, 1942

560 Picasso, Sitzende Frau, 1927

561 Picasso, Guernica, 1937

562 Picasso, Weinende Frau, 1937 ▶

563 Picasso, Zwei sitzende Frauen, 1920

564 Picasso, Drei Musikanten, 1921

565 Picasso, Sitzende Frau am Strand, 1930

566 Picasso, Die drei Tänzer, 1925

567 Picasso, Stilleben auf Tisch, 1931

568 Picasso, Der Spiegel, 1932

569 Picasso, Sitzende Figur in rotem Sessel, 1932

570 Picasso, Bildnis eines Malers, 1950

572 Picasso, Nachtfischen bei Antibes, 1939

573 Picasso, Frauen in Algier, 1955

◀ 571 Picasso, Odysseus und die Sirenen, 1946

574 Picasso, Sylvette, 1954

575 Picasso, Frau mit Hund, 1962

576 Picasso, Pastorale, 1946

Die Malerei zwischen den Kriegen: Italien

Italien hatte sich mit der ›Pittura Metafisica‹ eine eigene Ausdrucksweise für die geheimnisvolle Existenz der Dingwelt geschaffen. Sie inspirierte sich bereits an Giotto, Masaccio, Uccello, Piero della Francesca, die den dichtesten Kern aus der natürlichen Erscheinung der Dinge herauszuzeichnen verstanden hatten. Bei der Kontemplation der archaisch verdichteten Wirklichkeitsbilder dieser Meister ereignete es sich nun, daß der anfängliche Schock vor den Dingen dem behutsamen Gefühl für die Brüderlichkeit mit den Dingen wich.

So stellt die von den Erfahrungen der ›Pittura Metafisica‹ ausgehende einfache Wirklichkeitsmalerei den wichtigsten Teil der italienischen Kunst der beiden Jahrzehnte seit 1920 dar. Unterstützend kam hinzu, daß etwa um 1920 allenthalben eine kräftige Rückbesinnung auf den darstellerischen Wert des Gegenständlichen einsetzte. Dabei konnte es nicht ausbleiben, daß durch wirkungsvolle Schlagworte wie ›Rückkehr zur Natur, zum Handwerk, zur Tradition‹ die Gedanken um eine subtilere Poetik des Gegenständlichen übertönt wurden und gerade in Italien mit diesen Faustregeln eine handfeste Ästhetik – die der ›valori plastici‹ – gezimmert wurde. Wie diese Ästhetik sich im oberen Rang ausdrückte, zeigt *Felice Casoratis* ›Atelier‹ von 1922 (Abb. 605): klare, unbewegte Form, eine feste Raumgeometrie von mathematischer Präzision, Strenge der Empfindung, die sich fern von den Leidenschaften hält und sich an der formalen Verhaltenheit der Frührenaissance inspiriert. Im unteren Rang war hier natürlich ein Fluchtweg geöffnet, der schnell zu einem rhetorischen, eklektischen Pseudo-Realismus führte.

Die bruchlose Überleitung von der beunruhigten Empfindungsweise der ›Pittura Metafisica‹ zu einem stillen, kontemplativen Stil, den man ›archaischen Realismus‹ nennen könnte, vollzogen in den Jahren um 1920 Carrà und Morandi. Was insbesondere *Carlo Carrà* anstrebte, ist die Humanisierung der beunruhigenden Wirklichkeitsdeutung der ›Pittura Metafisica‹ mit Hilfe der Formabstraktionen der frühen Florentiner (Seite 247). Die Empfindung für die Dinge wird brüderlicher und die Sorge um ihre Fremdheit äußert sich in einer stillen Melancholie – eine Stimmung, die die ganze italienische Malerei der beiden Jahrzehnte durchklingt. In einfachen Dingbildern sammelt sich die Vielfalt der Natur, ihre einfach-große Form stellt sich unter ein ruhiges Licht, ihr Kontur zeichnet sich feierlich vor weite, stille Horizonte. Im Rahmen von Dingbild und Konstruktion formt sich die Legende der italienischen Landschaft in ihrer archaischen Größe. – Dingbild plus Konstruktion: das trifft auch das formale Wesen der Bilder von *Giorgio Morandi* (Seite 250). Er gehört seinem ganzen Wesen nach zu jener alten italienischen Rasse großer Konstrukteure und benötigt direkter Formanalogien zu den großen Meistern nicht. Sein ganzes Bemühen gilt der stillen Existenz der Dinge, wenn sie in Bezug zum Geist des sinnend betrachtenden Menschen treten. Sein Hauptthema ist deshalb das Stilleben als poetische Verklärung der gewöhnlichsten Dinge. Bei aller Bewahrung ihrer Individualität gestaltet sich aus ihren formalen, farbigen und rhythmischen Beziehungen eine feine, geheimnisvolle Geometrie als Antwort des menschlichen Geistes auf eine verborgene, aber tätig erkannte Ordnung in den Dingen. Allein in diesem Formrahmen gilt die Poesie des Dinges, in seiner Metrik verwandelt sich die dichterische Empfindung in geprägte Form. Diese ist still und schwer und inhaltlich erfüllt von dem Gefühl für die wesenhafte Größe der Dinge und den originalen Wert ihres Daseins.

Schwere der Form und der Klang des Archaischen sind der italienischen Malerei unseres Zeitraums eigentümlich. Wir finden sie in den schwermütigen Bildern *Mario Sironis* (Seite 255), aber auch in der anmutigen Spielwelt *Massimo Campiglis* (Seite 253), der sich gern von den anmutig-archaischen Formen der mittelmeerischen Frühkulturen inspirieren läßt.

Diese Hauptlinie wird begleitet von zwei Nebenlinien. Das ist auf der einen Seite ein romantischer Klassizismus in der Tradition der italienischen Hochrenaissance. In ihm hat einzig *Giorgio de Chirico* Anspruch auf internationale Beachtung (Seite 256). Ein neues, von Tasso und Ariost beschwingtes inhaltliches Pathos überdeckt jetzt in de Chirico die alte Fabel vom Ding und verändert nun auch die Bilderscheinung im Sinne klassischer Figur und französischer, von Courbet und Renoir beeinflußter Malkultur. Auch die romantische Erinnerung an Böcklin kommt wieder herauf. Der alte Wunsch zur mythologischen Figur wird durch die Berührung mit dem französischen Surrealismus neu gekräftigt. Aus ihm entsteht nun die Reihe figuraler Parabeln, in denen eine psychologische Stimmung durch ein seltsames Szenarium von Figuren ausgedrückt wird. Oft übernimmt noch das Absurde, im Sinne der Surrealisten, die Rolle der auslösenden poetischen Zündung. – Die andere Linie setzt am Spätimpresssionismus an und macht sich dessen Bildmittel im Sinne einer instinktiven, den poetischen Moment im Motiv spontan ergreifenden expressiven Malerei gefügig. Ihre Hauptmeister sind *Arturo Tosi* (Seite 260) und *Filippo de Pisis* (Seite 262).

Diese Entwicklungen werden zum großen Teil getragen von den gleichen Künstlern, die in Futurismus und in der ›Pittura Metafisica‹ die modernen Ideen in die Malerei Italiens gebracht hatten: Carrà, de Chirico, Morandi, Severini, Sironi, Soffici. Aber auch die heraufwachsende neue Generation hält sich noch lange in diesem vorgezeichneten Rahmen.

Einen neuen Klang brachte um 1930 der junge römische Maler *Scipione* (Seite 264). Eine Sturzflut apokalyptischer Bilder, gemalt im braunen Ton barocker Galeriebilder, kreisend um die Themen von Verfall und Tod, bricht da in die beruhigte Vorstellungswelt Italiens ein – ein visionärer Expressionismus, vergleichbar dem von Soutine und Kokoschka. Die halluzinierte Art, die Dinge und ihre Vergänglichkeit zu sehen, und die Sensibilität für die hermetische Seite der Wirklichkeit hatten eine tiefe Wirkung. Sie werden geradezu kennzeichnend für die jüngere Generation. Diese Generation liebte das Karge, Stille, die im einfachen Gegenstand liegende Poesie, die wie ein stiller Glanz um die Armut seiner Erscheinung liegt. Ein leiser Protest gegen die Deklamationen der offiziellen Kunst des Faschismus schwingt sicher mit. Nehmen wir so verschiedene Temperamente wie Mafai, Rosai, Cesetti oder Tomea, so finden wir das Gemeinsame in der Ergriffenheit vor der lyrischen Aussagekraft der einfachen Dinge und in der unpathetischen, kargen, oft den mühsamen Reiz der Laienkunst zeigenden Darstellungsweise.

Die Auseinandersetzung mit der abstrakten und konkreten Malerei vollzieht sich in einer viel verschwiegeneren Schicht. Sie fand in der modernen italienischen Malerei selbst nur wenig Ansatzpunkte (Futurismus) und suchte deshalb den Anschluß an die Entwicklung, die sich in Frankreich im vierten Jahrzehnt im Umkreis der ›Abstraction-Création‹ abspielte. Es ging auch hier mehr um die konstruktive Seite; auf die gefühlsbetonte expressive Art der abstrakten Malerei antwortete die italienische Sensibilität kaum. Sie empfand auch die abstrakte Form eher als etwas Dingliches. Das läßt sich vor den Bildern *Alberto Magnellis*, des bedeutendsten abstrakten italienischen Malers dieses Zeitraums, gut einsehen. In einer ganzen Bildfolge – ›Le Pietre‹, ›Die Steine‹ (Abb. 664) – verwendet er die abstrakte Form wie ein standhaftes, den Gesetzen der Gravitation und den natürlichen Raumkategorien unterliegendes Dinggebilde. In seiner späteren Entwicklung zeigt sich deutlich, wie Magnelli diesen vergleichsweise ›naturalistischen‹ Aspekt aufzuheben sucht, wie die Form schwebender wird, der Raum verschränkter, wie aber doch jedes einzelne Gebilde klar wie ein konturiertes Dingzeichen bestimmt wird und das charakteristische Element der Massigkeit und ›archaischen‹ Schwere sich immer wieder durchsetzt. Die italienische Sensibilität antwortete vor allem auf die Formarchitektur und die konstruktiven Möglichkeiten innerhalb der konkreten Kunst. Ein sehr erzogenes Auge kann noch in diesen abstrakten Figurationen den Klang der ›Pittura Metafisica‹ spüren.

Übersehen wir die italienische Malerei zwischen den Kriegen als Ganzes, so steht im Vordergrund die Bemühung um eine neue Form der Wirklichkeitsmalerei. Die Ausgangsposition ist die ›Pittura Metafisica‹, doch humanisiert sich ihre Erlebnisweise der Wirklichkeit und setzt sich in Bezug zu den verdichteten Vorstellungsbildern der florentinischen Frührenaissance. Das Hermetische und Esoterische der ›Pittura Metafisica‹ füllt sich auf mit praller natürlicher Wirklichkeit.

Trotz dieses Heranrückens an die Sichtbarkeit bleiben doch bestimmte Erscheinungsweisen des modernen Bildes bewahrt: das Durchwachsen der Fläche, die Verselbständigung von Licht und Raum, die Freilegung des harmonikalen Gerüsts der Dinge. Gerade bei dem Maler, der die größte Liebeskraft den einfachen Dingen entgegenbrachte, bei *Giorgio Morandi*, sehen wir die Kategorien des ›neuen Bildes‹ ganz deutlich durchscheinen. Auch hier ist das Bild Erscheinungsfeld, in das hinein sich das Erlebnis als formales Ereignis projiziert, wobei die Gedankengänge Cézannes und der Kubisten im geheimen immer wirksam bleiben.

Es hängt mit dem engen Realitätsbezug des italienischen Geistes zusammen, daß nur ein vergleichsweise kleiner Sektor des Gesamtentwurfs der modernen Kunst in Italien wirksam wurde, eigentlich nur die ›Pittura Metafisica‹, mit einem Reflex von Rousseau, und einige formale Hinweise des Kubismus. Matisse, der Expressionismus, der Orphismus, die expressiv-abstrakte Malerei liefern nur ganz schwache Impulse. Auch die Auseinandersetzung mit der abstrakten Malerei vollzieht sich am Rande, nimmt auch nur die Argumente der konkreten Kunst auf und befrachtet diese gern mit dinglichen Vorstellungen. Diese nationale Komponente befähigte Italien zur Ausbildung einer neuen Form des Realismus, die in der charakteristischen Umdeutung zum ›Magischen Realismus‹ insbesondere in Deutschland nicht ohne Wirkung blieb.

577 Carrà, Der Bootsmann, 1930

578 Carrà, Morgen am Meer, 1928

579 Carrà, Die Töchter Loths, 1915

580 Carrà, Sommer, 1930

581 Carrà, Der letzte Badende, 1938

582 Carrà, Frau mit Hund, 1938

583 Carrà, Die Erwartung, 1926

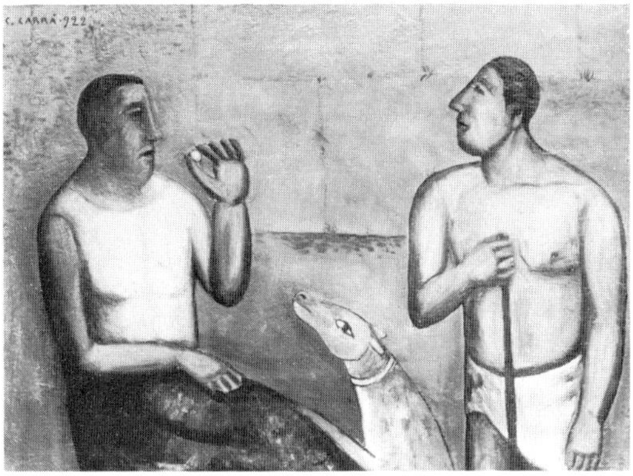

584 Carrà, Die Dioskuren, 1922

585 Carrà, Die Marmor-Sägerei, 1928

586 Carrà, Strand bei Forte dei Marmi, 1927

587 Carrà, Badende, ca. 1938

588 Carrà, Die Loggia, 1942

589 Morandi, Stilleben, 1920

590 Morandi, Stilleben, 1929

591 Morandi, Stilleben mit Fruchtschale, 1931

592 Morandi, Stilleben, 1938

593 Morandi, Stilleben, 1937

594 Morandi, Stilleben, ca. 1957

595 Morandi, Stilleben, 1929 ▶

596 Morandi, Blumen, 1916

597 Morandi, Landschaft, 1943

598 Morandi, Stilleben, 1946

599 Campigli, Mädchen, 1940

600 Campigli, Die Treppe, 1941

601 Campigli, Die Fensterläden, 1931

602 Campigli, Der Dampfer, 1930

603 Campigli, Gruppe Badender, 1934

604 Casorati, Anna Maria de Lisi, 1919

605 Casorati, Das Atelier, 1922/1935

606 Casorati, Mädchen im Atelier, 1921

607 Casorati, Sitzendes Mädchen, 1933

608 Sironi, Stadtlandschaft, 1921

610 Sironi, Stadtlandschaft mit Bettler, 1920

609 Sironi, Der Trinker, 1924

611 Sironi, Drei Weisen, 1940

612 de Chirico, Römische Villa mit Rittern, 1922

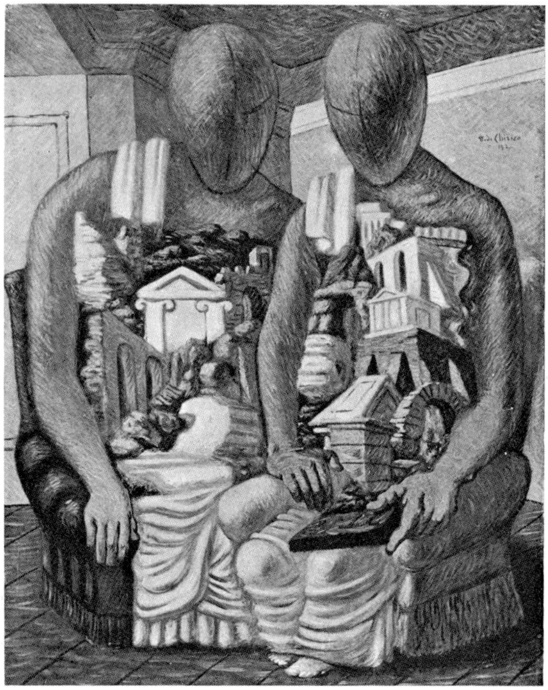

613 de Chirico, Die Archäologen, 1927

614 de Chirico, Gladiatoren, 1927

615 de Chirico, Stilleben mit Fischen, 1924

616 de Chirico, Möbel in Landschaft, 1927

619 de Chirico, Der verlorene Sohn, ca. 1927

617 de Chirico, Homerische Helden, 1929

618 de Chirico, Reiter, ca. 1934

620 de Chirico, Selbstbildnis als Torero, ca. 1942

621 Severini, Die Familie des Künstlers, 1936

622 Severini, Stilleben, 1942

623 Severini, Stilleben, 1938

624 Menzio, Stilleben mit Figur, 1941

625 Paulucci, Stilleben, 1941

626 Paulucci, Römische Vedute, 1940

627 Tosi, Cavi di Lavagna, 1926

628 Tosi, Gepflügte Felder, 1940

629 Tosi, Uccelanda Fogaccia im Juli, 1941

630 de Grada, Olivenhain, 1939

631 Tomea, Abendliche Landschaft, 1937

632 Mafai, Zirkuswagen, 1931

633 Soffici, Bauernhof in der Toskana, 1932

634 Soffici, Toskanische Landschaft, 1929

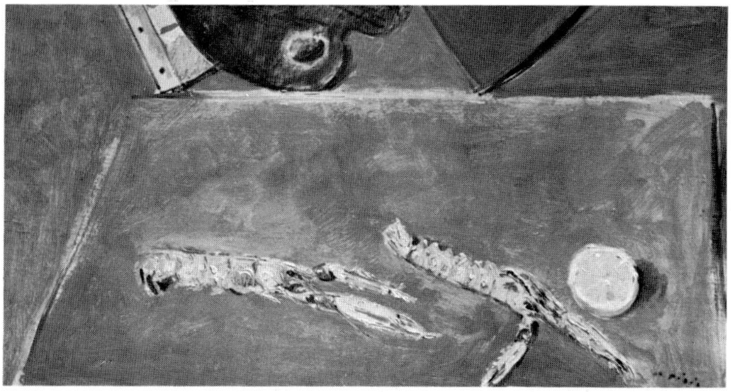

635 de Pisis, Stilleben, 1931

636 de Pisis, Weihnachtsnacht, 1941

637 de Pisis, Piazza San Marco, 1937

638 de Pisis, Blumen am Fenster, 1931

639 de Pisis, Die träumende Rose, ca. 1934

640 de Pisis, Beato Labre, 1942

641 de Pisis, Soldat im Atelier, 1937

642 Scipione, Römische Kurtisane, 1930

643 Scipione, Die Männer, die sich umdrehen, 1929

644 Scipione, Mädchenbildnis, 1930

645 Mafai, Blumen, 1932

646 Scipione, Das Pferd, 1930

647 Scipione,
Flundern und Geldstück, 1930

648 Mafai, Phantasie, 1942

650 Scipione, Das Erwachen der Sirene, 1929

649 Birolli, Der Hl. Zeno, 1931

651 Scipione, Apokalypse, 1930

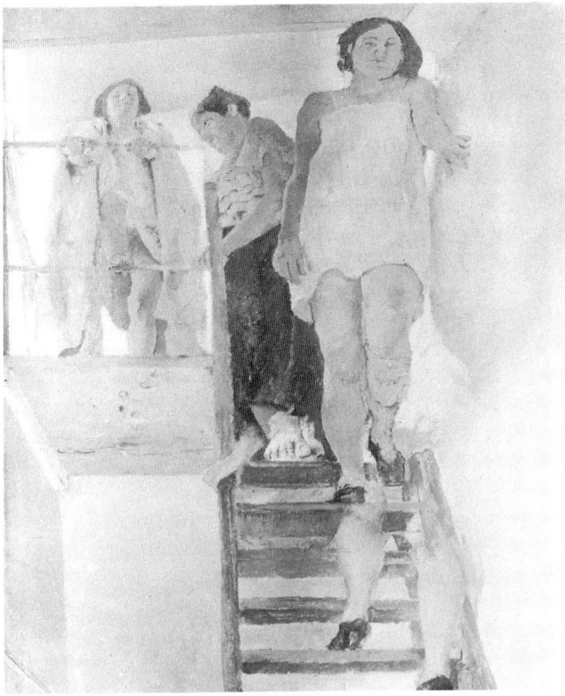

652 Pirandello, Die Treppe

653 Pirandello, Die Frösche, ca. 1935

654 Rosai, Trinker, 1934

655 Rosai, Sich kämmende Frau, 1921

656 Rosai, Nonnen, 1938

657 Rosai, Frauen am Brunnen, 1921

658 Rosai, Gartenlokal, 1938

659 Cesetti, Margherita, 1935

660 Usellini, Die Fotografen, 1940

661 Cesetti, Hirten, 1936

662 Magnelli, Komposition, 1915

663 Magnelli, Lyrische Explosion I, 1918

664 Magnelli, Steine, 1932

665 Magnelli, Ohne Furcht, 1945

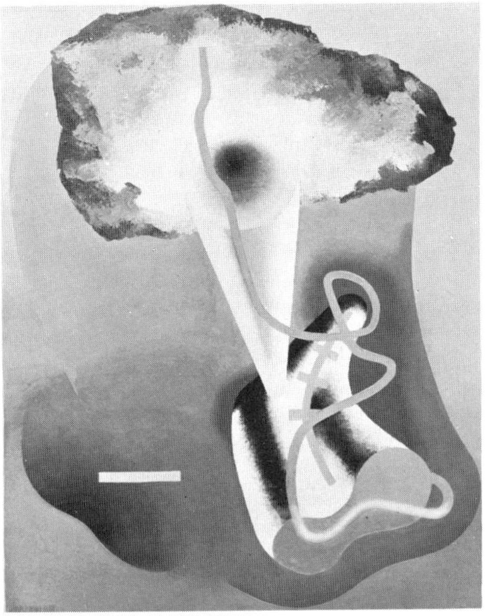

666 Prampolini, Bewohner der Stratosphäre, 1932

667 Radice, Komposition, 1950

668 Soldati, Geistige Architektur, 1950

669 Reggiani, Komposition IX, 1939

Die Malerei zwischen den Kriegen: Deutschland

Kaum war der Krieg, der das geistige und soziale Gefüge Deutschlands bis in den Grund erschüttert hatte, zu Ende, machte sich die deutsche Kunst in einem hektischen Tätigkeitsdrang daran, die vor dem Krieg entwickelten Gedanken wieder aufzugreifen und nach allen Seiten hin zu erweitern. Die Ausgangspositionen waren der Expressionismus und der im Umkreis des ›Blauen Reiter‹ entwickelte romantische Orphismus.

Wie in ganz Europa, stand anfänglich im Vordergrund der Wunsch, die erreichte Position nun an der aggressiv auf den Menschen zutretenden Wirklichkeit zu überprüfen. Diese Wirklichkeit hatte im Elend der deutschen Nachkriegszeit und in der Erinnerung an die unnütz geopferten Leichenhaufen des Krieges apokalyptische Aspekte. Sie war nicht zu übersehen, ihr von allen Idealismen entblößtes Antlitz hatte geradezu magische Bannkraft. Abenteuerlich und doch nicht unbekannt, entsetzlich und doch vertraut, gemein und trostbedürftig richtete sich da eine Wirklichkeit von schärfstem Daseinsanspruch auf, die sich durch die Schockwirkung ihrer grausamen Nacktheit in die Vorstellung einfraß und durch die existentielle Beunruhigung zu Antwort und Ausdruck reizte. Damit ergab sich eine vergleichbare Lage, wie wir sie bei der Entstehung der ›Pittura Metafisica‹ beobachtet hatten. Tatsächlich dringen jetzt sehr schnell die aus der ›Pittura Metafisica‹ entwickelten Ideen der ›valori plastici‹ in die deutsche Malerei ein. Bald nach 1920 werden sie aufgegriffen und führen zu einem kalten, sachlichen, zeichnerisch beschreibenden Stil, den wir ›Neue Sachlichkeit‹ oder ›Magischen Realismus‹ nennen. Er hat, wenn auch romantischer gestimmt, große Ähnlichkeit mit dem klassizistisch unterkühlten Malstil der Italiener, wie ein Vergleich zwischen Casoratis ›Atelier‹ (Abb. 605) mit Bildern von Kanoldt und Schrimpf zeigt (Seite 283). Ebenso wie jener ist er die kurzschlüssige, akademische Ausprägung einer tiefer gelagerten Tendenz zur Bewältigung der Wirklichkeit.

Diese setzte naturgemäß am Expressionismus an. Die Bilder von Grosz und Dix zeigen dies (Seite 282/83). Es ist ein Realismus, der durch seine exaltierte, detailsüchtige, bohrend definierende Optik über sich selbst hinausgerät. Er beruht auf einem isolierenden Sehen, das den Schock an der Wirklichkeit wie ein Präparat aus seinem verhüllenden Zusammenhang herauslöst, damit die schneidende Schärfe der Beschreibung erreicht wird. Diese Optik wäre ohne den Expressionismus nicht möglich gewesen. Sie sucht wie dieser die unmittelbare Betroffenheit in größter Schlagkraft und unbekümmert um Deformation und Übertreibung auszudrücken, nur ist sie jetzt auf Ding und Detail hin geschärft. Mit bohrender Akribie und überscharfer Nahsichtigkeit frißt sie sich in die Form der Gegenstände ein und illustriert mit diesen überschärften Formen das Erlebnis. Dabei ereignet es sich nun, daß durch die Eindringlichkeit des Definierens das Beschriebene aus dem Zusammenhang seiner natürlichen Erscheinung herausrückt und etwas Surreales in härtester Sachlichkeit durchscheinen läßt. Im ›Schützengraben‹ von *Otto Dix* (Abb. 688) ist es nicht das grausige Szenarium der Kriegslandschaft, es ist die unerbittliche Definition der einzelnen Dinge und ihrer Versehrtheit, die dem Bild die entsetzliche Stille und starre Phantastik geben. Hier verbindet sich jetzt der Expressionismus mit jener Wirklichkeitsempfindung, die wir die magische Dingerfahrung nannten.

Natürlich drohte hier die Gefahr, daß bei einem Nachlassen der Erlebnisschärfe alles wieder in einen illustrativen Realismus romantischer Prägung zurückfallen würde. Eine Gefahr, der dieser deutsche expressionistische Verismus denn auch recht bald erlag. Abgefangen wurde sie durch *Max Beckmann* (Seite 276 ff.). Auch er wurde durch den Schock vor einer fremd sich aufrichtenden Wirklichkeit in irgendeiner Schrecksekunde mitten im Kriege vor dieses ihm unbekannte Gegenüber gestellt. Aber die Erfahrung der Wirklichkeit blieb bei Beckmann nicht punktuell auf diesen und jenen Aspekt gerichtet, sie drang bis in den Wirklichkeitsgrund im Maler selbst ein und veränderte diesen. Die Frage war: ›was‹ erscheint da als Wirklichkeit und ›vor was‹ stellt es sich? Die Antwort aus der existentiellen Erfahrung Beckmanns war: standhafte Dinge vor der drohenden Leere des Raumes. Sie folgte einer Faustregel, die Beckmann in seiner Sprache so formulierte: »Man muß das Gerümpel der Dinge vor die Leere des Raumes stellen, damit man seine schauerliche Tiefe nicht so sieht.« Vor diesem Fond aber gewann nun dies ›Ding-Gerümpel‹ jene geheimnisvolle, feierliche, einsame Größe, jene bedrohte, aber mächtige Solidität, deren wir schon innewurden, als wir die Bilder Rousseaus und der ›Pittura Metafisica‹ betrachteten. Im Dialog mit seinem dialektischen Partner, dem Raum, wurde das Ding als ein Wesentliches erkannt. Betrachten wir Beckmanns frühe Bilder (Abb. 672 und 679), so sehen wir diese harte Definitionskraft dem einzelnen Ding gegenüber am Werk, dies Herauslösen seines ausdrucksvollsten Gestaltkerns. Wir sehen aber auch, wie diese einzelnen Dinge tätig gegen den Raum anstehen, ihn durch ihre Standpunkte orten und durch ihr Volumen bewegen, wie dieses Raumwesen als dramatischer Partner überall anwesend ist. Kein naturalistischer Raum mehr mit naturalistischer Atmosphäre und naturalistischem Licht, ein reiner Bildraum von selbständigem, höchst dramatischem Wert, der nicht mehr den Kategorien des reproduzierenden Bildes zugehört, sondern eine Erscheinungsform der dramatisch bewegten Fläche ist. Ohne Zweifel hat der Kubismus Beckmann manche Hilfe gegeben, aber er verwandte dessen Mittel vor allem im Sinne ihrer stärksten Ausdrucksfunktion. Bei Beckmann zeigte sich, wie von der expressionistischen Ausgangsposition her durch Auftreffen auf die moderne Wirklichkeitserfahrung und durch die Hereinnahme der kubistischen Bildvorstellung der Expressionismus sich mit unmittelbaren Realitätserfahrungen wieder auffüllte. Heraufkommt ein neuer, noch ungewohnter Realismus, den Beckmann den ›transzendenten Realismus‹ nannte.

In dieser Richtung auf eine neue Bestimmung der sichtbaren Wirklichkeit schreitet nun die ganze gegenständliche Malerei im Deutschland unseres Zeitraumes voran. Wir erkennen sie in Hofers karger, desillusionierter Schilderungsweise (Seite 285) wie in Otto Muellers poetischen Berichten (Seite 293), wir sehen, wie die ›Brücke‹-Maler bemüht sind, ihre Bildform der sichtbaren Wirklichkeit anzugleichen (Seite 294) und wie E.L. Kirchner (Seite 291 f.) eine neue hieroglyphische Bilderschrift heraufzuführen trachtet, mit der er sein Wirklichkeitserlebnis beschreiben kann, wie Purrmann (Seite 295) die anfängliche Belehrung von Matisse auf eine nähere Wirklichkeitsdeutung anwendet und wie schließlich Kokoschka (Seite 296f.) seinen hektischen Expressionismus zu einem dramatischen Impressionismus mäßigt, mit dem er von seinen lyrischen Erlebnissen an Landschaften und Menschen berichten kann.

Dieser auf die Aneignung der sichtbaren Außenwelt bedachten Richtung entsprach nun – wie eine notwendige Komplementär-Erscheinung – eine andere, auf den bildnerischen Ausdruck der menschlichen Innenwelt bezogene Richtung. Setzte die eine beim Expressionismus an, so die andere beim romantischen Orphismus, der im ›Blauen Reiter‹ seine deutsche Ausprägung gefunden hatte. Sie fand ihr Aktionszentrum im ›Bauhaus‹.

Wir hatten bereits gesehen, wie im ›Bauhaus‹ schon gegen 1922/23 die Ideen des ›Stijl‹ eindrangen, sich mit denen des russischen Konstruktivismus verbanden und so, in Zusammenarbeit mit den Architekten und Formgestaltern und immer wieder angeregt durch die Persönlichkeit Kandinskys, um Moholy-Nagy und Albers eine Arbeitszelle entstand, die die Argumente der ›konkreten Malerei‹ vorantrieb. Doch betraf dies nur einen Randaspekt der Malerei am ›Bauhaus‹. Das Hauptanliegen ihrer Meister – Kandinsky, Klee, Schlemmer und Feininger – war die Erweiterung und Vertiefung der Gedanken um das romantische Ganzheitserlebnis, die im ›Blauen Reiter‹ entstanden waren. Kandinsky, Klee und in einem weiteren Verstande Feininger kamen unmittelbar aus dem Kreis des ›Blauen Reiter‹; Schlemmer war durch die Lehre bei Hoelzel, durch die Begegnung mit Meyer-Amden (Seite 301) und die Berührung mit dem Orphismus nah an das Gedankengut des ›Blauen Reiter‹ herangekommen.

Dieser Zusammenhang liegt bei *Lyonel Feininger* ganz offen zu Tage (Seite 298f.). Es ist die gleiche Bemühung, aus den Formdaten des gegenständlichen Motivs ein kristallisches Formprisma abzuheben, in dessen lichter Durchsichtigkeit und aperspektivischer Räumlichkeit der Widerschein des in den tieferen Erlebniszonen der menschlichen Vorstellung gespiegelten Wirklichkeitsbildes sich erkennen ließ. Das Projektionsfeld des Bildes diszipliniert sich genau in den Kategorien, die wir als konstituierend für das ›neue Bild‹ angesehen und im Kubismus entdeckt haben, wenngleich das Bild selbst aus einem ungleich romantischer gestimmten Erlebnisgrund auftaucht.

Bei *Oskar Schlemmer* nun kommt es innerhalb dieser romantischen Grundhaltung zu einer eigentümlichen Durchdringung einer streng konstruktiven Handhabung der Formen und der Planimetrie des Bildfeldes – die sowohl vom Kubismus als von Piet Mondrian Belehrungen aufnimmt – mit einer fast mystischen Überzeugtheit vom repräsentativen Wert des Figuralen (Seite 301 ff.). Schlemmer will die strenge Idealität der Geometrie bei aller Anerkenntnis ihrer unsinnlichen Schönheit humanisieren durch Herstellung des Einklangs mit den Formen des lebendig Organischen im Schnittpunkt einer gemeinsamen geistigen Ordnung. In dieser Mitte sieht er den Menschen als den Kreuzungspunkt der materiellen und geistigen, der rationalen und mystischen Bezüge. Zum bildnerischen Ausdruck dieser Überzeugtheit entwickelt er für das Menschenbild ein überindividuelles Typuszeichen, ein Formidol. Es ist das Statische – Ausgangspunkt und Zentrum der Ordnung. Ihm entgegen steht das Bewegte – der Raum. Er ist das Medium der ›inneren Bewegung‹. In ihn hinein ortet das figurale Idol eine strenge Quadratur, setzt sich selbst als konstituierend in das Spannungsfeld des Raumes und bringt dadurch einen Dialog in Gang, an dessen Ende eine Raumfigur als Widerschein der ›inneren Bewegung‹ erscheint. In ihr erheben sich die figuralen Idolzeichen zu bedeutungsvoller Figur. In der Bilderscheinung ergeben sich manche Berührungspunkte mit der ›Pittura Metafisica‹ und mit Léger. Doch stehen sie immer in Bezug zu jener letzten, hochromantischen Absicht des ›Blauen Reiter‹, der gefühlten und im Menschen reflektierten »mystisch-inneren Konstruktion der Welt« (Marc) anschaulichen Ausdruck zu geben. Dieser mystisch-romantische Klang gibt den Bildern Schlemmers ihren gewissen Ikonen-Charakter. Er durchklingt leise die Vorstellung aller Bauhaus-Maler und hat seine eindeutigste, nun wahrhaft ikonenhafte Ausprägung durch einen Maler erfahren, der in enger Freundschaft zu ihnen stand, durch *Alexej von Jawlensky*, der am Thema des menschlichen Antlitzes seine mystisch-religiöse Ergriffenheit wie an den Perlen eines Rosenkranzes in ewiger Wiederholung memorierte (Abb. 751/52).

Es war nun *Paul Klee*, der, ausgehend von der Idee einer großen, Mensch und Welt, Irdisches und Himmlisches verbindenden Ganzheit, dem neuen Bild seine größte inhaltliche Reichweite gab (Seite 304ff.). Klee fühlte sich allem zugehörig, dem Draußen und Drinnen, dem Bewußten und Unbewußten, dem Rationalen und Irrationalen – Fühlinstrument umfassender Erfahrungen aus allen Bereichen und als Maler gehalten, dieser Ganzheit Ausdruck zu geben. Um sie sichtbar zu machen, bereitet er sich sein Ausdrucksmaterial gedanklich und technisch genau zu, weil er wußte, daß nur in genauer Beherrschung der Mittel dies Ziel zu erreichen war. Er stellt also die Fläche her, die Schrifttafel, um dies Nicht-Sichtbare ins Sichtbare treten zu lassen. Sie bezeichnet er nun mit einem unendlich erzogenen, sensiblen und ganz unmonumentalen Strich, der in seinem Voranschreiten jede Regung aus der psychischen Region wie ein seismographisches Instrument aufzeichnet; sie gliedert er in ausgeglichene harmonikale Beziehungen; sie setzt er durch rhythmische Formabläufe in Schwingung und in räumliche Bewegung. So bereitet er sich die Fläche als ein vibrierendes Feld, das allein schon in seinen Schwingungen und Ordnungen ein unmittelbares Resonanzorgan für die psychischen Regungen im Maler bietet. Aber diese Regungen kommen aus einem Erlebnisgrund, in dem auch die sichtbare Wirklichkeit tief eingewoben ist. Und wieder sucht sich Klee in diesem Sichtbaren genau zu orientieren, durch genaue Beobachtung, durch eindringliches Schauen und hingegebenes Erleben die klarsten Gestaltbilder in seiner Vorstellung herzustellen und seinem Wirklichkeitsbesitz einzufügen. Aus diesem Vorstellungsinventar treten dann Wirklichkeitszeichen von einer verblüffenden Präzision, die nicht allein das Statische der Naturbilder wiedergeben, sondern auch die hinter ihnen liegenden genetischen Prozesse. Es ist eine tief begriffene und in sich versenkte Natur, die nun Teil des im Maler wirkenden Wirklichkeitsgrundes wird. Dann ereignet es sich, daß auf der Leiter der wohlzubereiteten und geführten Mittel die Meldungen aus diesem komplexen Wirklichkeitsgrund herauftreten – nichts reproduzierend Wiederzugebendes, sondern eben erst und nur auf diese Weise Sichtbar-Werdendes, das sowohl ein unmittelbar anschaulicher Reflex des Zuständlichen im Maler ist als auch Imago eines Erschauten, das durch den dichterischen Filter der Erinnerung aus dem wartenden Wirklichkeitsgrund heraufkommt. Klees Bild ist also ›abstrakt‹ und ›gegenständlich‹ zugleich. Es ist nach beiden Polen, zwischen denen sich Wirklichkeit spannt, nach Außen und Innen, gleichermaßen geöffnet. Es steht genau auf der Nahtstelle und hebt die Entfernung zwischen Natur und Mensch in einer höheren Ebene auf. Hier erleben wir, wie jene scheinbare Unvereinbarkeit zwischen dem ›Abstrakten‹ und dem ›Realen‹ sich aufzulösen beginnt und ein neues, weites Feld, das zwischen jenen extremen Polen lagert, sich unserem Blick öffnet.

Diese erstaunliche Weitung der ursprünglichen Ausgangsposition können wir nun auch in der Entwicklung *Wassily Kandinskys* erleben (Seite 312ff.). Auch Kandinsky diszipliniert jetzt seinen abstrakten Expressionismus und fügt seine mächtigen Formschwälle in ein zügelndes Gerüst. In der ›Komposition VIII‹ (Abb. 788), dem Leitbild der frühen Bauhaus-Jahre, finden wir anstelle der turbulenten Ströme farbiger Bewegungen klare, lichte Formen von mathematischer Präzision. Auch das Schachbrettmuster taucht wie ein Gruß an Mondrian auf. Es ist die Berührung mit den Gedanken um die konkrete Kunst, die Kandinsky nun befähigt, seinen abstrakten Expressionismus produktiv zu überschreiten. Mit den elementaren Formen findet er jetzt zu einer der Beschreibung der persönlichen Empfindungen entrückteren Bildform, in deren konkreter Realität die Vorstellung einer allgemeinen universalen Harmonie aufklingt. Von diesem sicheren allgemeinen Grund aus können nun auch Einstrahlungen optischer Erlebnisse an der Natur oder burleske Spiele einer heiteren Formphantasie in das harmonikale Feld des Bildes eintreten, ohne durch ihre lyrische oder dramatische Aussagekraft jene konkrete Harmonie zu stören. Durch die Arbeit Kandinskys ist das ganze Feld der gegenstandsfreien Malerei abgesteckt worden, von der konkreten Gestaltung bis zur freiesten Ausdrucksform. In ihrer großartigen schöpferischen, synthetischen Zusammenschau gab sie der ganzen gegenstandsfreien Gestaltung eine ungemeine Freiheit, die nun Künstler wie Baumeister (Seite 316) in ihrer persönlichen Weise zu nutzen verstanden.

Es sind erstaunlich reiche und vielseitige Vorgänge, die wir in der deutschen Malerei der beiden Jahrzehnte beobachten können. Wir sahen, wie von der Position des Expressionismus aus durch Intensivierung der Wirklichkeitserfahrung der Weg zu einer neuen Malerei der Realitätsbewältigung sich öffnete und wie auf diesem Wege Gedanken, die den Erfahrungen der ›Pittura Metafisica‹ und des analytischen Kubismus parallel liefen, eindrangen und in eine Wirklichkeitsmalerei mündeten, die wir mit Beckmann als ›transzendenten Realismus‹ bezeichnen können. Wir sahen auf der anderen Seite, wie aus dem abstrakten Expresssionismus durch Berührung mit den Gedankengängen der konkreten Malerei eine gegenstandsfreie Malerei entstand, die den ganzen Bereich zwischen der elementaren konkreten Form und der freien expressiven Form in sich einschloß. Wir bemerkten schließlich, wie zwischen diesen unvereinbar scheinenden Polen – der dingdefinierenden und der reinen abstrakten Form – sich eine Malerei etablierte, die sich gerade auf dieser Nahtstelle hielt und in das abstrakte wie gegenständliche Gebiet gleichermaßen hinüberwies. Ihren Ursprung hatte sie im romantischen Orphismus des ›Blauen Reiter‹, ihr Meister war Paul Klee.

Gelingt es uns, einmal das Ganze zu sehen, so erkennen wir, wie jenes große Feld, dessen Konturen vor dem ersten Kriege aufgetaucht waren, nun in aller Breite in Besitz genommen wird, wie die einzelnen isolierten Positionen, die in den einzelnen Grundargumenten der modernen Kunst bezogen wurden, zueinander in Beziehung treten und synthetisch zusammenwachsen zu einem einheitlichen Stilentwurf von ungemeiner Reichweite. Von der Analyse des Bildaufbaus und der bildnerischen Mittel her gesehen, wird diese inhaltliche und formale Reichweite getragen von bildnerischen Kategorien, die jenseits des reproduzierenden Bildes liegen und als Gegenäußerung zu ihm entstanden – von den Kategorien des ›neuen Bildes‹.

670 Beckmann, Trapez, 1923

671 Beckmann, Selbstbildnis mit rotem Schal, 1917

672 Beckmann, Die Nacht, 1918–9

673 Beckmann, Fastnacht, 1930 ▶

674 Beckmann, Friedel Battenberg mit Katze, 1920

675 Beckmann, Selbstbildnis mit Saxophon, 1930

676 Beckmann, Heinrich George beim Rollenstudium, 1935

677 Beckmann, Doppelbildnis Karneval, 1925

678 Beckmann, Pierrette und Clown, 1925

679 Beckmann, Vor dem Maskenball, 1922

680 Beckmann, Stilleben, 1927

681 Beckmann, Artist, 1944

682 Beckmann, Zirkuswagen, 1940

683 Beckmann, Messingstadt, 1944

684 Beckmann, Der verlorene Sohn, 1949

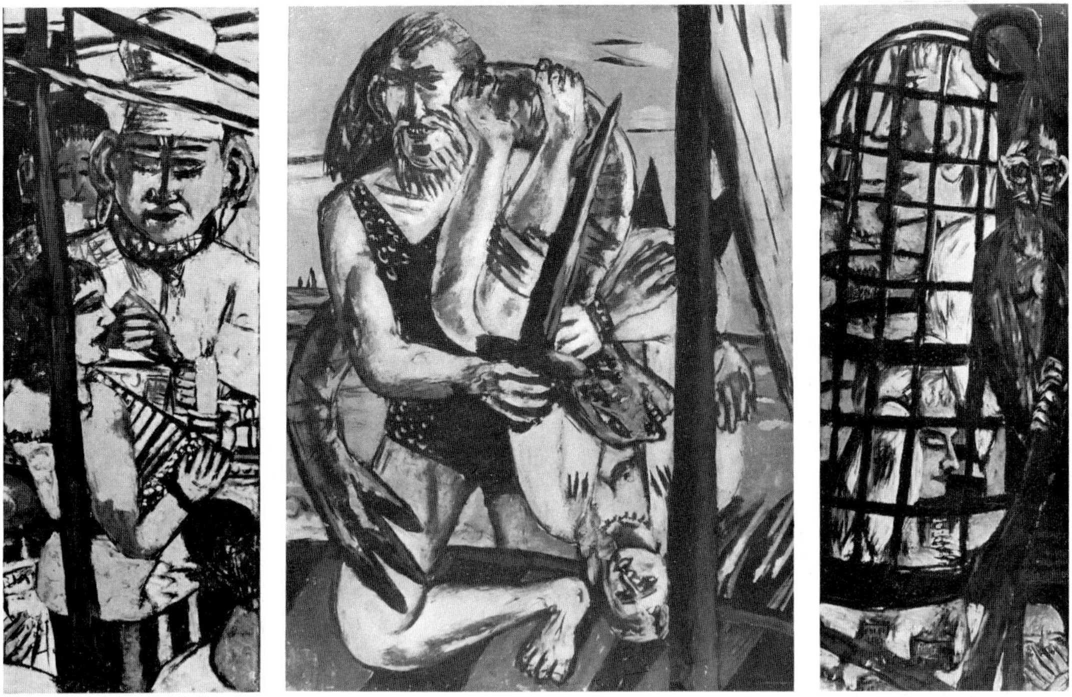

685 Beckmann, Perseus Triptychon, 1941

686 Beckmann, Odysseus und Kalypso, 1943

687 Beckmann, Vier Männer um einen Tisch, 1943

688 O. Dix, Schützengraben, 1922–3

689 O. Dix, Meine Eltern, 1924

690 O. Dix, Der Streichholzhändler, 1926

691 Grosz, Max Hermann-Neisse, 1925

692 Grosz, Stützen der Gesellschaft, 1926

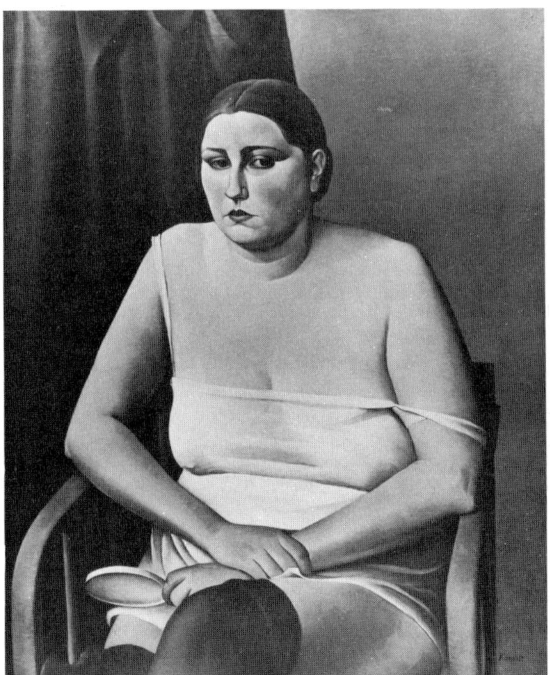

693 Kanoldt, Weiblicher Halbakt II, 1926

694 Schrimpf, Mutter mit Kind, 1923

695 Günther, Der Radiospießer, 1927

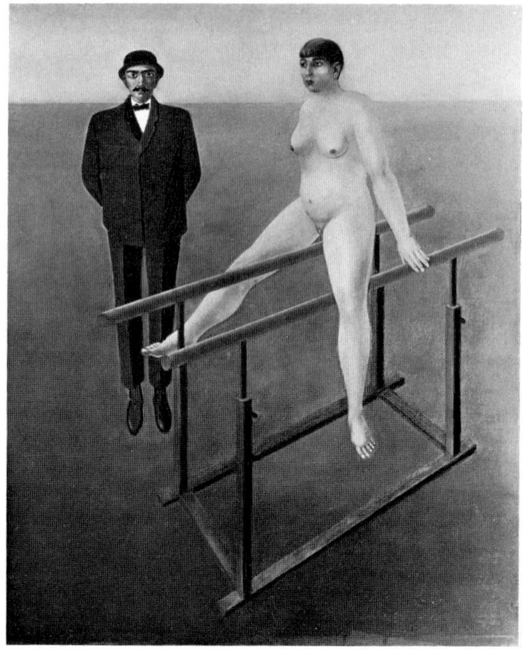

696 Räderscheidt, Akt am Barren, 1925

697 Fuhr, Hubbrücke, ca. 1930

698 Hofer, Tessin-Landschaft, 1925

699 Hofer, Kartenspielende Mädchen, 1937

700 Hofer, Die schwarzen Zimmer, 1928/1943

701 Hofer, Die Maskerade, 1922

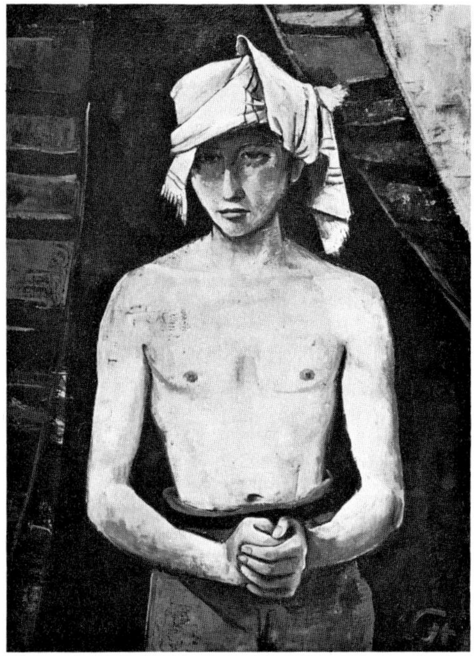

702 Hofer, Jüngling mit Kopftuch, ca. 1928

703 Rohlfs, Rotgelber Kopf, 1915 (?)

704 Rohlfs, Kirche in Soest, 1918

705 Nolde, Masken und Georginen, 1919 ▶

706 Nolde, Frauen und Pierrot, 1917

707 Nolde, Trio, 1929

708 Nolde, Badestrand, 1930

709 Nolde, Gaut, der Rote, 1938

710 Nolde, Die Mühle, 1924

711 Nolde, Schwüler Abend, 1930

712 Nolde, Fremde Menschen, 1946

714 Kirchner, Selbstbildnis mit Katze, 1918–9

715 Kirchner, Tannen im Gebirge, 1919

716 Kirchner, Alphütte, 1917

717 Kirchner, Schlittenfahrt, 1927

◀ 713 Kirchner, Bildnis Gräf, 1924

718 Kirchner, Die Brücke-Maler, 1925

719 Kirchner, Wohnzimmer, 1921

720 Kirchner, Akte im Walde, ca. 1933

721 Kirchner, Kaffeetisch, ca, 1924

722 Kirchner, Bergatelier, 1935

723 Mueller, Zigeuner vor Zelt, nach 1925

724 Mueller, Zigeunermadonna, 1927

725 Mueller, Lagerfeuer, nach 1925

726 Mueller, Liebespaar, ca. 1922

727 Mueller, Zigeunerkind mit Esel, 1927

728 Heckel, Bildnis E. L. Kirchner als ›Riquairol‹, 1917

729 Heckel, Gebirgslandschaft, 1924

730 Schmidt-Rottluff, Mädchen am Meer, 1919

731 Schmidt-Rottluff, Interieur mit Fenster und Mond, ca. 1930

732 Purrmann, Zimmer mit Balkon, 1937

733 Purrmann, Stilleben, 1955

734 Moll, Stilleben, 1928

735 Levy, Stilleben, 1942

736 Kokoschka, Selbstbildnis, 1917

737 Kokoschka, Selbstbildnis eines entarteten Künstlers, 1937

738 Kokoschka, Die Macht der Musik, 1919

739 Kokoschka, Elblandschaft bei Dresden, 1923

740 Kokoschka, Kloveniersburgwal in Amsterdam, 1925

741 Kokoschka, Lyon, 1927

742 Kokoschka, Der Montblanc bei Chamonix, 1927

743 Kokoschka, Salzburg, 1950

744 Kokoschka, Venedig, 1924

745 Feininger, Umpferstedt I, 1914

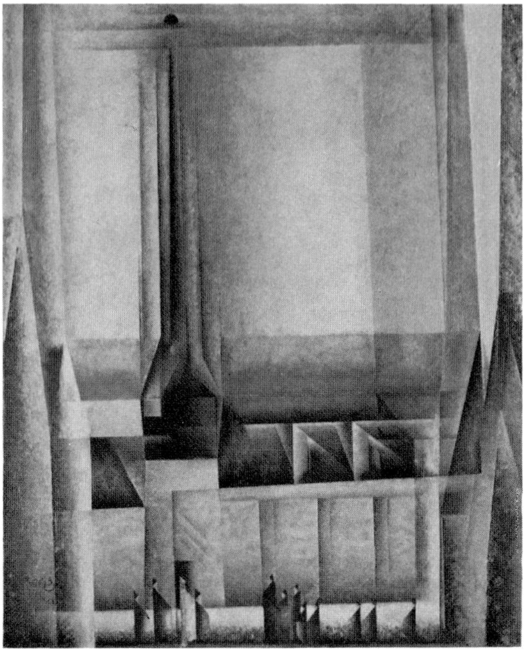

746 Feininger, Gelmeroda VIII, 1921

747 Feininger, Torturm II, 1925

748 Feininger, Marktkirche in Halle, 1930

749 Feininger, Barfüßerkirche in Erfurt, 1927 ▶

750 Feininger, Der Dampfer Odin II, 1927

751 Jawlensky, Inneres Schauen, 1928

752 Jawlensky, Nacht, 1933

753 Schlemmer, Figurengruppe, 1930

754 Meyer-Amden, Morgenandacht, ca. 1930

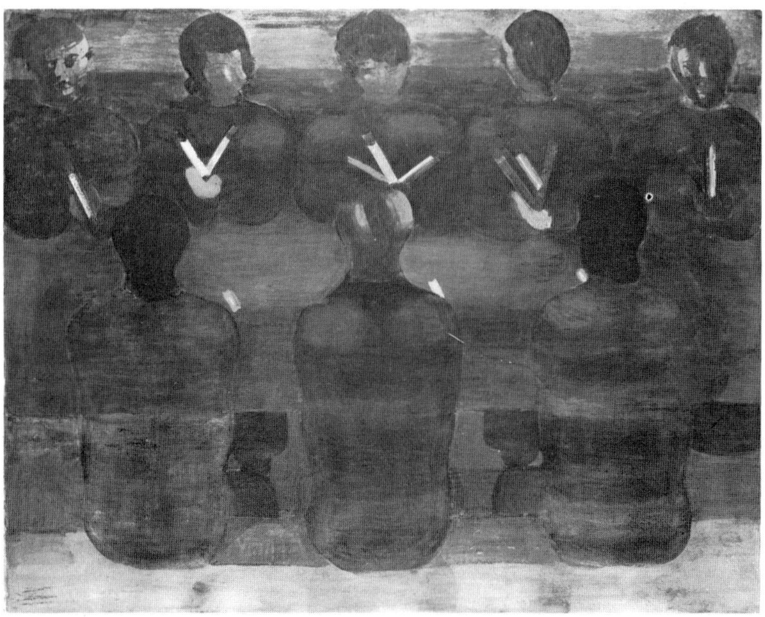

755 Meyer-Amden, Sitzende in der Kirche, ca. 1930

756 Schlemmer, Ruheraum, 1925

757 Schlemmer, Konzentrische Gruppe, 1925

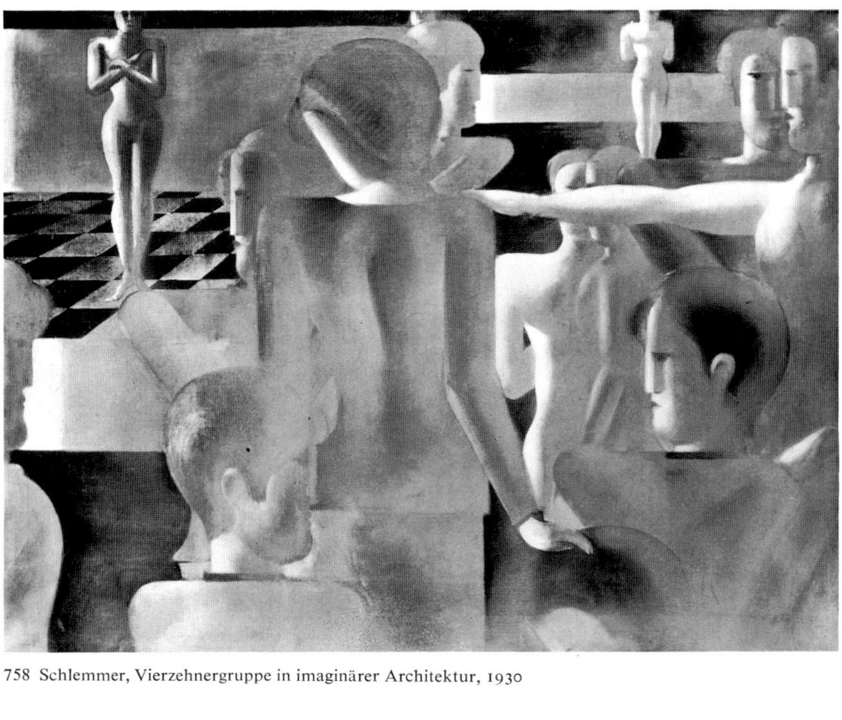

758 Schlemmer, Vierzehnergruppe in imaginärer Architektur, 1930

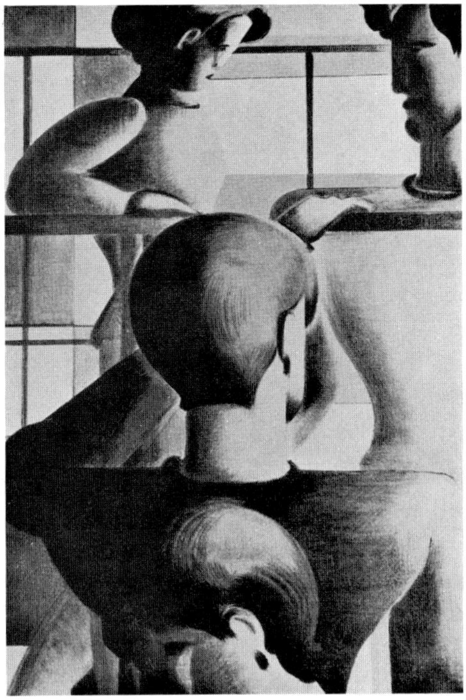

759 Schlemmer, Gruppe am Geländer, 1931

760 Schlemmer, Treppenszene, 1932

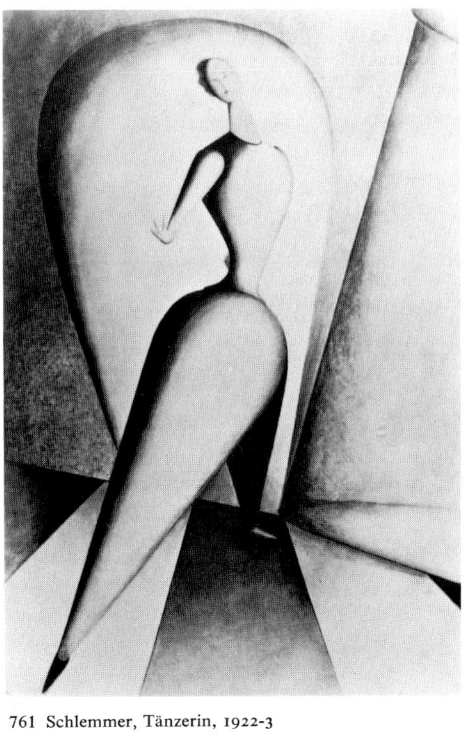

761 Schlemmer, Tänzerin, 1922-3

762 Schlemmer, Bauhaustreppe, 1932

763 Klee, Purpuraster, 1919

764 Klee, Vollmond, 1919

765 Klee, Fische, 1921

766 Klee, Herbstlicher Ort, 1921

767 Klee, Der goldene Fisch, 1925

768 Klee, Ozeanische Landschaft, 1929

769 Klee, Zwitschermaschine, 1922

770 Klee, Abenteuer eines Fräuleins, 1922

771 Klee, Vogelgarten, 1924

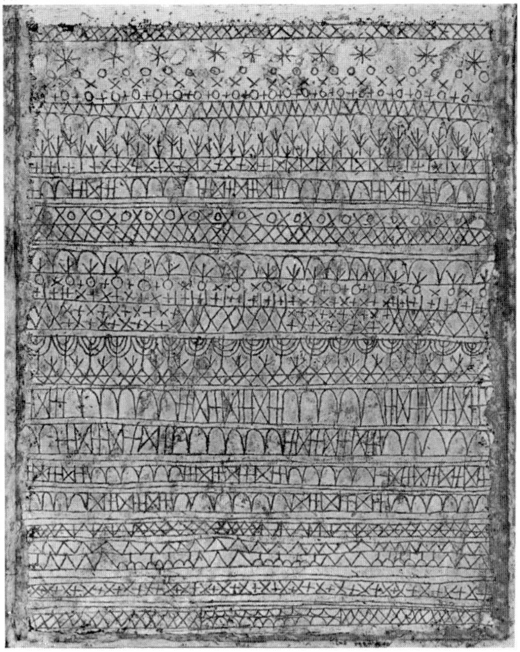

772 Klee, Pastorale, 1927

773 Klee, Blick in das Fruchtland, 1929

774 Klee, Auftrieb und Weg, 1932

775 Klee, Revolution des Viaduktes, 1937

776 Klee, Grenzen des Verstandes, 1927

777 Klee, Narr in Trance, um 1929

778 Klee, Lied des Spottvogels, 1924

779 Klee, Figur im Garten, 1937 ▶

Klee

780 Klee, Zum Jägerbaum, 1939

781 Klee, La belle jardinière (Ein Biedermeiergespenst), 1939

782 Klee, Dämmerblüten, 1940

783 Klee, Erdhexen, 1938

784 Klee, Tod und Feuer, 1940

785 Klee, Finstere Bootsfahrt, 1940

787 Kandinsky, In Grau, 1919

788 Kandinsky, Komposition VIII Nr. 260, 1923

◀ 786 Kandinsky, Himmelblau, 1940

789 Kandinsky, Auf Weiß, 1923

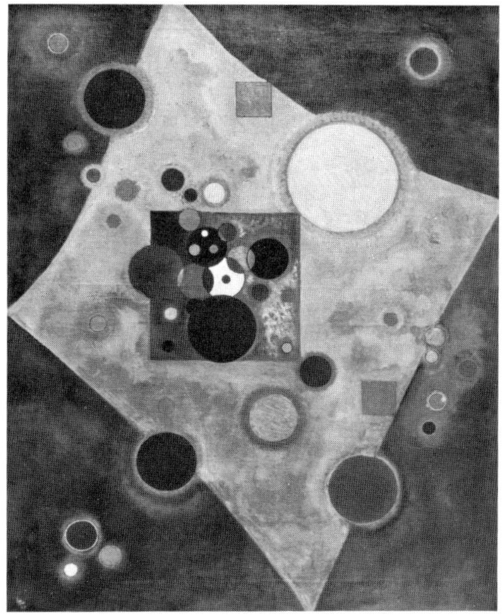

790 Kandinsky, Akzent in Rosa, 1926

791 Kandinsky, Winkelkonstruktion, 1930

792 Kandinsky, Doppeldeutig, 1939

793 Kandinsky, Parties diverses, 1940

794 Kandinsky, Kreis und Viereck, 1943

795 Kandinsky, Komposition X, 1939

796 Baumeister, Figuren mit schwarzem Oval, 1935

797 Baumeister, Eidos V, 1939

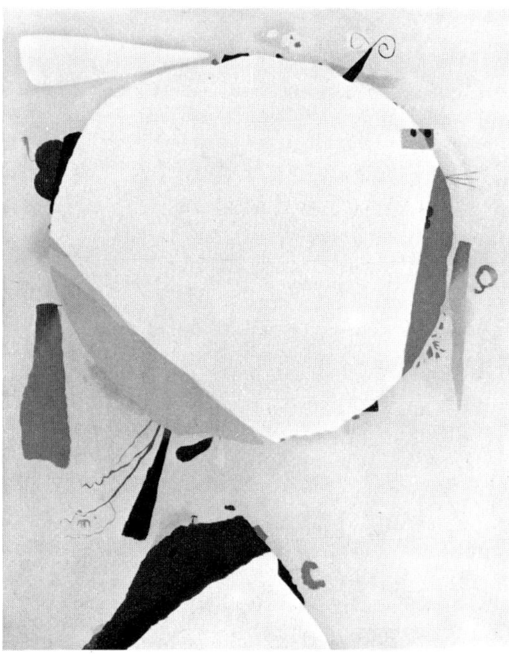

798 Baumeister, Monturi, weißer Diskus I B, 1954

799 Baumeister, Aru VIII, 1955

Belgische Aspekte

Einen besonderen Beitrag leistete Belgien. Durch die 1884 beginnende treffsichere Ausstellungstätigkeit der Brüsseler ›Les XX‹ und seit 1894 der ›Libre Esthetique‹ wurden die belgischen Künstler mit den revolutionären Ideen der Avantgarde schnell und aufs beste vertraut. Ensor hatte seinen eigenen, unverwechselbaren und wirksamen Akzent gesetzt. Durch Evenepoel, dem Mitschüler von Matisse bei Moreau, und durch Rik Wouters waren die Ideen der ›Nabis‹ und der ›Fauves‹ in sehr persönlicher Weise verarbeitet worden. In der Künstlerkolonie von Laethem ergab sich eine eigentümliche Synthese aus Naturlyrismus, Impressionismus und Symbolismus.

Aus diesen Voraussetzungen entstand gleich nach dem Kriege ein kraftvoll eigenständiger Expressionismus, der vorwiegend von flämischen Malern getragen wurde. De Smet, van den Berghe, Permeke sind die hauptsächlichen Vertreter, *Constant Permeke* die bedeutendste Persönlichkeit. Es ist ein dunkler, schwermütiger und schwerfälliger dramatischer Expressionismus von mächtigem Pathos und einer bäuerlichen Halluziniertheit, der auch thematisch unmittelbar der flämischen Folklore entsprungen zu sein scheint. Die spontane Ausdrucksgestik Permekes blieb ein wirksames Vorbild der modernen Ausdrucksmalerei bis heute.

Die wallonischen Maler hielten sich näher an Frankreich. Aus ihnen kamen die beiden Surrealisten *René Magritte* und *Paul Delvaux*, beides Künstler von eigenem Rang. Magritte war bereits gegen 1926 unter dem Eindruck von de Chirico zu einem veristischen Surrealismus gekommen. Seine Empfindung für das Hintergründige der Dingwelt lockte ihn zu Verwandlung, Vertauschung und Mutation der Dinge, die als etwas begannen, um etwas anderes zu werden, zu Verfremdungen durch Annäherung wesensverschiedener Dinge auf gleichem Plan, woraus eindrückliche, mit der täuschenden Insistenz des ›trompe l'œil‹ gemalte Metaphern für das Irrationale der Wirklichkeit entstanden. Unter seinem Einfluß fand 1936 Delvaux zu seinen figürlichen Szenarien, auf denen unter spektralem Licht somnambule Traumereignisse sich abspielen, deren alogischer Ablauf durch die protokollarische Genauigkeit der Darstellung quälend eindringlich wird. Beide haben dem internationalen Surrealismus ganz persönliche und wirksame Bildvorstellungen hinzugefügt.

800 Permeke, Der Fremdling, 1916

801 Permeke, Der Säer, 1933

802 Delvaux, Die rosa Schleifen, 1937

803 Magritte, La perspective amoureuse, 1935

804 Magritte, Das rote Modell, 1947

Die Malerei in Mexiko

Einen unerwarteten und sehr wirksamen Beitrag zur Malerei des dritten Jahrzehnts leistete Mexiko. Dort entstand aus dem Zusammentreffen bestimmter Umstände ein monumentaler expressiver Realismus von leidenschaftlichem sozialreformerischen Pathos. Aus den ständigen, gegen das Feudalsystem gerichteten revolutionären Umstürzen hatte sich endlich eine Art sozialistischer Volksdemokratie konsolidieren können, die zu ihrer Selbstdarstellung die Monumentalmalerei auf den Wänden der öffentlichen Bauten in einem bisher nicht gekannten Ausmaß förderte.

Das Haupt dieser neuen Schule war Rivera, dem bald Orozco und Siqueiros zur Seite traten. *Diego Rivera* hatte mehr als ein Jahrzehnt in Europa verbracht, wo er in enge, auch persönliche Verbindung zum Kubismus und Expressionismus gekommen war. 1921 nach Mexiko zurückgekehrt, entdeckte sein durch die moderne Sensibilität für alles Primitive und Archaische erzogenes Auge die Großartigkeit der mexikanischen Folklore, die bis zu den Azteken zurückreichte und in der Volkskunst der Indios noch lebendig war. Selbst ein begeisterter Sozialist, feierte er in riesigen Wandbildern, die ihm die Regierung in Auftrag gab, die heroischen Taten der arbeitenden Klasse und die Leiden der Indios, wobei er immer wieder den geschichtlichen Hintergrund Altmexikos mit seinen Göttern und Dämonen durchscheinen ließ. Daraus entstand ein derber großformiger Realismus von mächtigem, expressivem Pathos, der sich immer wieder an den ausdrucksvollen Archaismen der Folklore inspirierte und in der um die klassischen Regeln der Darstellung unbekümmerten Steigerung und Erhöhung der Wirklichkeit selbst etwas Magisch-Primitives erhielt.

Dieser epische Realismus erhielt durch *José Clemente Orozco* einen schärferen expressionistischen Akzent. Durch *David Alfaro Siqueiros* drang die Bildermythik des Surrealismus in ihn ein. *Rufino Tamayo*, jünger als beide, schuf daraus seine mythischen Figurenbilder, schwenkte aber bald in eine westliche, europäisch orientierte Malweise zurück. Tatsächlich überdauerte der mexikanische Sozialrealismus kaum das vierte Jahrzehnt. Er war und blieb dennoch ein sehr wirksames Vorbild für alle Spielarten der sozial engagierten Kunst. 1930 erhielt Orozco große Freskenaufträge in New York und 1933 malte Rivera im dortigen Rockefeller Center ein riesiges Wandbild. Einer seiner Gehilfen war Ben Shahn. Der sozialkritische Realismus Amerikas der dreißiger Jahre verdankt der mexikanischen Malerei entscheidende Anregungen.

805 Rivera, Die Fron der Landarbeiter, 1935

806 Rivera, Vermummter Azteke tötet Spanier, 1929

807 Tamayo, Tiere, 1941

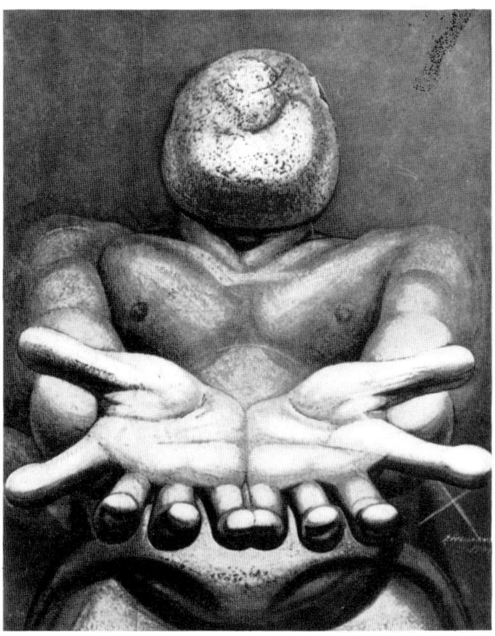

808 Siqueiros, Unser gegenwärtiges Antlitz, 1947

809 Orozco, Zapata, 1930

Die Malerei in den Vereinigten Staaten von Amerika

1913 war die amerikanische Kunstwelt durch die berühmte ›Armory-Show‹ mit einem Schlage mit der europäischen Avantgarde konfrontiert worden. Die Ausstellung sollte ursprünglich nur die amerikanische Moderne umfassen, das heißt vor allem den impressionistisch aufgelockerten Realismus mit sozialkritischer Tendenz des Malerkreises um Robert Henry – die sogenannte ›Ash Can School‹ – und die Gruppe junger, von den modernen europäischen Ideen beeinflußter Maler, die sich um Alfred Stieglitz und seine Galerie zusammengefunden hatte. Doch schließlich wurde auch die europäische Moderne mit einbezogen. Mit Ausnahme des Futurismus waren alle Richtungen vertreten. Die Wirkung war außerordentlich. Sie lenkte die Aufmerksamkeit nun auch auf die jungen amerikanischen Maler, die bereits jene europäischen Ideen in ihrer Weise aufgegriffen hatten: Maurer, Demuth, Max Weber, der bei Matisse gearbeitet hatte, Stella, Hartley. Anfänglich setzten sie alle bei einem expressionistischen Fauvismus an, aber bereits gegen 1911 drangen die Ideen des Kubismus ein. Marin (Abb. 263/4) brachte dann 1912 die orphistischen Ideen Delaunays ins Spiel, Stella (Abb. 265/6) 1913 den Futurismus, Hartley die Gedanken des ›Blauen Reiter‹. Die ›Synchromisten‹ Russell und MacDonald-Wright waren schon 1913 auf den Spuren Delaunays zu ganz abstrakten Farborchestrationen gekommen. Picabia und Duchamp waren nach New York übergesiedelt und befeuerten mit ihrem geistvollen Anarchismus die jungen unruhigen Geister. 1915 war die moderne Kunst in New York bereits etabliert und Picabia und Duchamp reizten das Milieu zu vergnügtester Rebellion auf: ›New York Dada‹!

Aus diesen Voraussetzungen und in Reaktion zu ihnen entwickelte sich die amerikanische Malerei zwischen den beiden Kriegen. Auch sie folgte der in Europa wirksamen Tendenz zu einer neuen Interpretation der Wirklichkeit im Sinne der ›Neuen Sachlichkeit‹ und stieß dabei als neues und zentrales Thema auf die Wirklichkeit Amerikas, seine Landschaft, seine Menschen, seine sozialen Probleme. *Edward Hopper* (Abb. 811/2), ein Schüler Henrys, wurde der führende Vertreter. Gegen 1923 fand er zu seinem ›magischen Realismus‹. Er malte einsame Straßen im Frühlicht, verlassene Tankstellen, nächtliche Bars mit einsamen Passanten davor. Aus dieser Beschäftigung mit der amerikanischen Wirklichkeit entstand gegen Ausgang des dritten Jahrzehnts ein betonter antieuropäischer Regionalismus, dessen Thema das unbekannte, hinterwäldlerische, provinzielle Amerika wurde. Seine Hauptvertreter waren Benton und *Grant Wood* (Abb. 810), der eine altmeisterliche Technik auf die minuziöse Beschreibung der ›american scene‹ wandte. Daneben arbeitete *Charles Sheeler* (Abb. 813), von Léger und dem Purismus ausgehend, einen scharfen Verismus von härtester Sachlichkeit aus, dessen Thema die Maschine und die Industrielandschaft war. Durch die Wahl des Ausschnitts und die Härte der Darstellung erhielt das Motivische eine eisige Phantastik. Auf dieser Spur fand dann *Peter Blume* (Abb. 819) zu seinem veristischen Traumsurrealismus.

Einen ganz eigenen Ausdruck fanden diese Strömungen im Werk *Ben Shahns* (Seite 323), das sich seit 1930 entwickelte. Auch Shahn wurde durch die amerikanische Wirklichkeit erregt, deren bittere soziale Aspekte in den bösen Jahren der wirtschaftlichen Depression seit 1929 ihn mehr zur Klage denn zur Anklage aufforderten. Aber sein Feststellungswille suchte nach einer ausdrucksstarken, naiv-direkten Weise der Wirklichkeitsdefinition und fand manche Anregung im mexikanischen Sozialrealismus Riveras und Orozcos, die beide Anfang der dreißiger Jahre in New York an riesigen Wandbildern arbeiteten. Doch im Gegensatz zu ihnen lag ihm jedes Pathos fern. Er hielt sich an die alltäglichen Szenen, die das Leben der arbeitenden Klasse bot und beschrieb die melancholische Poesie des Alltäglichen mit so starker menschlicher Anteilnahme, daß es ihm gelang, über die Genauigkeit der Details hinaus, mit seinem naiv zupackenden Strich und einer mürben Farbe eine leidvolle Fabel aus dem Motiv herauszuspinnen. In der Metaphorik dieser in der Wirklichkeit verborgenen dichterischen Fabel erhöhte sich das Wirkliche ins Legendäre.

Daneben wirkten abstraktere Ideen weiter. *Stuart Davis* (Abb. 820) arbeitete seit 1920, angeregt durch Léger, eine kräftige Bilderschrift heraus, mit deren Hieroglyphen sich das Motivische lapidar verdichten ließ. *Charles Demuth* (Abb. 817), ein Freund Duchamps, fand zu seinen unwirklichen Konstruktionen um Elemente und Chiffren der Wirklichkeit. Auch von der Westküste kamen neue Ideen. Dort hatte Tobey 1935, im Bann persischer Philosophie und des Zen-Buddhismus, eine feine, rhythmische, nahezu automatische Ausdrucksschrift für sich entdeckt, die meditative Bilder als Botschaften von Innen auftauchen ließ. *Morris Graves* griff (Abb. 818) 1937 dieses Verfahren auf.

Es waren diese Ideen unter der Oberfläche – Ideen um die Ausdruckskraft der abstrakten Farben und Formen und um das Bildgut im Unbewußten –, die gegen Ausgang des vierten Jahrzehnts die jungen Maler zu faszinieren begannen. Damals fanden sich im New Yorker Atelier von Hans Hoffmann, der von Matisse ausgehend sich schon 1937 in Richtung auf einen abstrakten Expressionismus bewegte, die jungen Kräfte – unter ihnen Gorky und Pollock – zusammen, die im Kontakt mit dem Surrealismus ein neues Kapitel amerikanischer Malerei eröffnen sollten.

810 Grant Wood, Amerikanische Gotik, 1930

811 Hopper, Haus am Bahndamm, 1925

812 Hopper, Früher Sonntagmorgen, 1930

813 Sheeler, Amerikanische Landschaft, 1930

814 Shahn, Station West Virginia, 1937

815 Shahn, Handballspieler, 1939

816 Shahn, Befreiung, 1945

817 Demuth, Ich sah die Zahl 5 in Gold, 1928

818 Graves, Blinder Vogel, 1940

819 Blume, »Parade«, 1930

820 Davis, Bericht aus Rockfort, 1940

Die Malerei der Gegenwart

Was sich in den einzelnen Ländern ereignete, war kein national umgrenztes Ereignis, es hatte europäischen Charakter und nahm fortschreitend die Richtung auf eine Weltkultur. In einem ständigen Austausch der Behauptungen und Erfahrungen unter Einsatz der einzelnen nationalen Begabungen waren über ganz Europa hin die einzelnen Argumente überprüft, erweitert und in Bezug zueinander gesetzt worden. Dieses Gewebe wurde immer dichter. Ein Stil von großer Vielfalt zeichnete sich ab. Er umfaßte sowohl die reinen Harmoniegefüge und freien Improvisationen aus der menschlichen Innenwelt als auch die Definition der Außenwelt, hatte sich aber auch bereits das weite, zwischen dem ›Gegenständlichen‹ und ›Abstrakten‹ sich öffnende Feld eingefügt. In diesem Stilentwurf konnte die schmerzliche Entfernung zwischen der Wirklichkeitsempfindung des modernen Menschen und der ihm aus der Geschichte überkommenen Ausdrucksverfahren als überwunden gelten. Materieller Träger dieser neuen Entwürfe war das neue ›evozierende Bild‹. Seine Inhalte waren Definitionen und Emanationen aus dem veränderten, in ständiger Verwandlung begriffenen Wirklichkeitsgrund. Wir stehen mitten in der Vervollständigung dieses Entwurfes. Erarbeitet in drei Generationen, ist er nicht mehr zu revidieren, sondern nur noch weiter zu entwickeln. Diese Aufgabe ist der Jahrhundertmitte und ihren Generationsreihen zugewiesen.

Was diese neuen Generationsreihen auszeichnet, ist die Beharrlichkeit, mit der sie den Menschen in seiner einzelnen, unveräußerlichen Individualität in die Mitte des künstlerischen Ausdrucks stellen. Je mehr in diesen letzten Jahrzehnten die Lebensführung des einzelnen durch die Erfordernisse der Lebenssicherung der Massen eingeengt wurde, desto unbeirrter bestand der schöpferische Mensch auf dem unveräußerlichen Wert des einzelnen isolierten Geistes. Es war das eine notwendige Antwort auf die ungemeine Bedrohung der geistigen Freiheit durch den politischen Totalitarismus und auf das Übergewicht des Sozialen, das sich aus den Zusammenbrüchen und Umgestaltungen der sozialen Gefüge nach dem großen Kriege notwendig ergab. Der schöpferische Mensch, um sich selbst behaupten zu können, sah sich gehalten, sich als einzelner in Übereinstimmung mit dem eigenen Existenzgefühl zu bringen und von diesem Grund aus sich zur Wirklichkeit kompromißlos zu verhalten.

So kann es eigentlich nicht verwundern, daß die beiden neuen Jahrzehnte ihren Stilausdruck vorwiegend in der ›abstrakten‹ Malerei suchten. In ihr waren die Sprachmöglichkeiten gegeben, um die spontanen Vorgänge innerhalb der existentiellen Schichten unmittelbar bildnerisch auszudrücken. Sie bot aber auch die Assoziationen und Suggestionen, mit denen sich ein inneres Erlebnis an der Wirklichkeit sichtbar machen ließ. Im Zuge dieser eindringlichen Beschäftigung mit den Möglichkeiten des abstrakten Bildes kam es zu einer erneuten spekulativen Durchforschung der bildnerischen Mittel und der Formprozesse, die von jedem einzelnen Maler neu vollzogen wurde. Meditation und Spekulation wurden für den zeitgenössischen Maler eng aufeinander bezogene Impulse, die die formende Arbeit in Spannung halten.

Dabei konnte es nicht ausbleiben, daß dieses Durchdenken nun auch viel unmittelbarer die überraschenden Übereinstimmungen zwischen den intuitiven und den wissenschaftlichen zeitgenössischen Erfahrungen an Welt und Natur wahrnahm. Die Fein-Strukturen der Materie, die Vorstellung von Masse als bewegter Energie, die Feldbegriffe, die Verschränkungen von Raum und Zeit, Endlichkeit und Unendlichkeit wurden nun als das vom Künstler wahrgenommen, was sie wirklich waren, nämlich parallele Erkenntnisweisen einer abstrakter gewordenen Wirklichkeitserfahrung, die in ihm selbst voll wirksam war. Nicht daß aus der wissenschaftlichen Sphäre irgend etwas punktuell zu übernehmen oder zu illustrieren war: was sich zeigte, war ein immer deutlicher zutage tretender Einklang in den Denk- und Formweisen der Epoche. Das war eine sehr stimulierende Erfahrung. Sie gab der neuen abstrakten Malerei einen erstaunlichen Elan. In kürzester Zeit und über die Welt hin setzte sie sich als der bestimmende Stilausdruck durch.

In diesem Vorgang erhielten drei bisher weniger im Vordergrund stehende Meister der älteren Generation neue Bedeutung: Kandinsky, Mondrian und Klee. Jeder von ihnen wurde stellvertretend für eine Gesinnung. Kandinsky stand für den freien undogmatischen Ausdruck innerer Erlebnisse; er wurde im Verein mit dem surrealistischen Automatismus zum Kronzeugen für den ›abstrakten Expressionismus‹ (Pollock), der schon in den Kriegsjahren in den USA einsetzte, das ganze folgende Jahrzehnt der amerikanischen Malerei bestimmte und kräftig nach Europa zurückwirkte. Mondrian stand für die in Maß und Zahl gefügte harmonikale Gestaltung, die gleich nach dem Kriege von einer Gruppe junger Pariser Maler (Vasarély) aufgegriffen wurde und dann schnell auf die ganze westliche Welt übergriff. Klee stand für die Mitteilungsweise der verborgenen lyrischen und hermetischen Erfahrungen im Naturerleben; er wurde zur bedeutsamsten Entdekkung der Jahre nach 1945, wirkte auf die sehr einflußreiche französische Malergruppe um Bissière, Bazaine, Manessier, die sich gleich nach dem Krieg zusammenfand, beeinflußte aber als verschwiegener Anreger die gesamte zeitgenössische Malerei. Es sind diese drei Grundhaltungen, die in mannigfachen Verschränkungen die Malerei des Jahrzehnts nach dem Kriege in Bewegung brachten.

Bevor wir uns ihnen zuwenden, fragen wir zuerst nach dem Schicksal der gegenständlichen Malerei, die in den beiden Jahrzehnten vor dem Kriege im Vordergrund gestanden hatte. Angesichts der Situation ist nicht zu leugnen, daß die ideelle und formale Tragkraft der gegenständlichen Bilder sich ganz fühlbar abschwächte. Trotz ständiger, aus den außerkünstlerischen Bereichen des Politischen und Humanistischen an den Künstler herangetragener Restaurationsvorschläge gelang es nicht, diese Tragkraft zu verstärken. Selbst dort, wo eine starke soziale Gläubigkeit und politische Überzeugtheit moderne Künstler – wie den hochbegabten Sizilianer Guttuso oder den Franzosen Fougeron – veranlaßten, der linkssozialistischen Parole eines sozialistischen Realismus nachzukommen, gelang es nicht, die Gegenstandsbilder so zu verdichten, daß sie das Pathos der Überzeugung trugen. Der soziale Enthusiasmus endete in diesem illusionistischen ›sozialen Realismus‹ in pathetischer Deklamation. Die Weise der modernen Wirklichkeitsbestimmung hatte aber bereits ihren präzisen Ausdruck gefunden bei Picasso, bei Beckmann, bei Léger. Hier ließ sich wirklich und legitim anknüpfen.

Ließ sich das Wirklichkeitserlebnis offenbar mit den Dingbildern nicht mehr illustrieren, so ließ es sich doch metaphorisch umschreiben in einer aus dem Sichtbaren entwickelten Bilderschrift. Das war der Weg, den Picasso mit ›Guernica‹ gewiesen hatte. Tatsächlich wurde ›Guernica‹ das Leitbild der sozial engagierten zeitgenössischen Wirklichkeitsmaler. In dieser Richtung bot sich für viele der jüngeren Künstler die Möglichkeit, Erlebnisse an der Natur ihrer inneren Bildvorstellung anzugleichen. So sehen wir in den Bildern *Edouard Pignons* oder *Renato Guttusos*, wenn er sich vom Parteidiktat freihielt, oder *Giuseppe Zigainas* (Seite 393ff.), die hier nur stellvertretend für eine ganze Malrichtung stehen sollen, wie das Figürliche in typische Zeichen umgesetzt wird, wie diese eine rhythmische Ordnung der Fläche einzeichnen und aus den Gegenstandszeichen auf dieser Fläche sich nun ein Schriftsatz zusammenfügt, der aus dem zufälligen Motiv die visuelle Begründung für das Erlebnis herauslöst.

Innerhalb dieser die sichtbare Wirklichkeit interpretierenden Malrichtungen wurden mit den Dingen sehr eindrucksvolle Metaphern gefunden. Gleich nach dem Kriege wurde viel Wesens gemacht um eine von François Gruber ausgehende Gruppe jüngerer Pariser Maler, unter denen *Bernard Buffet* (Abb. 989) als der bedeutendste galt: als käme da bei den jungen Malergenerationen der Wunsch zutage, sich wieder einer realistischen Formsprache zuzuwenden. Das war freilich eine Illusion. Aber der Wirklichkeitsbericht, der uns aus diesen Bildern entgegentritt, weist doch auf einen sehr eigentümlichen Aspekt, der freilich erst durch das Genie eines malenden Bildhauers, *Alberto Giacometti*, uns recht eigentlich vor Augen gerückt wurde (Seite 392). Ihn kennzeichnet eine sonderbare Betroffenheit vor der Ungreifbarkeit der Dinge, die sich in sich selbst einspinnen. Brüchige, vom Raumwesen ausgezehrte und in ihrer verlassenen Zusammenhanglosigkeit gedemütigte Dinge stehen da unsicher vor einem unsicheren Prospekt, als seien sie selbst die hermetischen Mitteilungsworte für eine Realitätserfahrung, die nicht mehr auf der schaubaren Fülle und dem Daseinswert der sichtbaren Dinge besteht, sondern das Ausgesetzte und Unstabile als existentielle Erfahrung aus ihnen entnimmt und lyrisch exaltiert. Die Erfahrung ist stets die gleiche: die schmerzhafte Entferntheit von der Wirklichkeitsfülle, deren sichtbar ausgeprägte Bilder sich einem direkten Zugriff immer wieder entziehen und in ihrem Abbild nur jene Entfernung zwischen Natur und Ich markieren, die dann die lyrische Metapher beklagt. Diesem melancholischen Dinglyrismus läßt sich häufig begegnen: bei Ben Shahn, Marino Marini, Mafai zum Beispiel.

Diese besondere Erlebnisweise der natürlichen Dinge rief aber auch antwortende Bilder herbei, die das Naturbild weit hinter sich ließen. Da verursachte die Betroffenheit vor den sichtbaren Dingen in der Seltsamkeit ihrer Erscheinung eine schockartige produktive Berührung der unbewußten Region. Sie legte den Wunsch nahe, ihr in mythisch gestimmten Bildern Ausdruck zu geben, die nun nicht mehr dieses und jenes Ding meinten, sondern die diese die Fremdwelt der natürlichen Dinge allgemein durchwaltende Mythik in freieren Formgebilden erfassen wollten: als Naturidole, die die Naturempfindung in einer Art von Mythologie der Dinge verfestigten. Von dieser Mythologie der Dinge hatte der Surrealismus einiges gewußt. Hier gerade zeigt sich die noch immer wirksame Kraft des Surrealismus, der selbst in seiner Substanz durch die gedanklichen und formalen Entnahmen von seiten der abstrakten und hermetischen Malerei langsam ausgezehrt wurde. Diese Erhöhung der Naturempfindung zu mythischer Figur läßt sich bei *Wilfredo Lam* (Seite 380) oder *Roberto Matta* (Seite 378) deutlich erkennen. Sie fand insbesondere in England einen so breiten Ausdruck, daß sie geradezu als der Beitrag Englands zum Stilausdruck der Gegenwart gelten könnte. Mit großer Kraft tritt sie in den Skulpturen und Zeichnungen Henry Moores in Erscheinung. Sie äußert sich da figurativ, in Gestaltwesen, die aus dem Vegetativen und Amorphen ins Antropomorphe heraufwachsen und, in die freie Landschaft gestellt, ihren Charakter als panische Naturidole mit Eindrücklichkeit ausweisen. Dieses Statuarische und Figurative, das in der Bildhauerei sich ganz legitim ergab, dringt nun auch in die Malerei ein und gibt ihr als notwendige Folge einen gewissen illusionistischen Akzent, der leicht dazu führt, einen Zusammenhang mit dem veristischen Surrealismus über Gebühr zu betonen. *Graham Sutherland* (Seite 380) kann als Beispiel für die bildnerische Umsetzung von Naturempfindungen ins Idolhaft-Figurative gelten. Seine ›Dornenbilder‹ sind antwortende Reflexe auf einen unmittelbaren Schock vor der Natur. Da rief ein spitziges, bösartiges, aggressiv sich aufrichtendes Dornengebilde ein erschrecktes Betroffensein in der psychischen Region hervor. Es sammelte sich in einer komplexen ›Figur‹, die die einzelnen Komponenten der aufgeschreckten Empfindung – die verletzende Aggressivität, das spitzig Unberührbare, das Verknäuelte der stachligen Dornenbrut – in sich einbindet. Vor die Leere des Farbgrundes gestellt, erhalten diese ›objets désagréables‹ die magische Kraft von Naturidolen, die den ursprünglichen Schock in die mythische Ebene hinüberspielen. Antropomorphe Garten- und Dschungelfiguren stehen als figurale Monumente für die phallisch schwellende Triebkraft der Natur. Das Unheimliche und Fremde dieser Zwischenwesen erscheint wie ein zugeschärfter Ausdruck jener im modernen Menschen tief angelegten Naturangst, die wohl ein Teilaspekt des gefährlichen Bezuges zwischen dem heutigen Menschen und der von ihm provozierten unheimlichen Kräfte der Natur ist. – Diese unheimliche Metaphorik wandte *Francis Bacon* auf den Menschen an. Er exaltierte sich an der zeitgenössischen Szenerie der großen Städte und ihrer Bildreflexe in Filmen, Magazinen und Illustrierten – mit ihren zähnebleckenden Filmschönheiten und schreienden Politikern auf den Titelblättern und den phantastischen Katastrophen unserer technischen Welt auf den Innenseiten. Diese schockartig in die Sensibilität des modernen Menschen einbrechenden isolierten Wirklichkeitsfetzen halluzinierten die Optik Bacons. Überall in der Betriebsamkeit der zeitgenössischen Szenerie entdeckte sein halluzinierter Blick im Menschenbild selbst das ›Imago‹ seiner Angst. Daraus formte er die Metaphern seines Entsetzens: die schreiende Figur zu einer Kreuzigung (Abb. 948) als die alte, durch die Geschichte heulende Klagefigur um die Schändung des Menschen durch den Menschen oder das Grinsen des ewigen Metzgers an seiner Fleischbank (Abb. 949). Jedes Bild ist die Entblößung eines Schreckbildes in der Seele des einzelnen in der einsamen Masse. In der gespenstischen Schemenhaftigkeit des zeitgenössischen Existierens vor einem solchen Fond erhält die Wirklichkeit selbst den Charakter der Mystifikation. Das Grauen vor dieser Mystifikation gerinnt in Bacons Bildern zu mythischer Figur.

Die Bestände unserer inneren Wirklichkeitsvorstellung haben aber einen außerordentlichen Zuwachs erhalten durch die Erkenntnisse der Naturwissenschaft. Teleskop und Mikroskop liefern ganz neue visuelle Tatsächlichkeiten; die Folgerungen der theoretischen Physik entwarfen ein neues Weltbild – als neues Objekt des Staunens und der Kontemplation der bildenden Phantasie vor diesen phantastischen Aspekten einer Wirklichkeit, die weit jenseits der direkten menschlichen Wahrnehmung sich erstreckt. 1943 meinte *Roberto Matta*, daß eine neue Malerei aus der modernen Physik entstehen müßte, wie ehemals der Surrealismus aus der modernen Psychologie. Sie könnte die phantastisch unanschaulichen Perspektiven der wissenschaftlichen Erkenntnis auf der dichterisch-künstlerischen Ebene ergänzen durch anschauliche Bilder, die unsere durch diese Perspektiven gereizte Phantasie entwirft. Mattas Bild ›Here Sir Fire, eat!‹ (Abb. 939), das er 1942 in New York malte, ist ein solch antwortendes Gegenbild auf die beunruhigenden Entwürfe der modernen Kosmologie. Es ist gemalt im Umkreis der nach New York emigrierten Surrealisten Breton, Duchamp, Max Ernst und Tanguy und zeigt auch deutliche Einflüsse von seiten der kosmischen Unendlichkeitslandschaften Tanguys und der animistischen Apparaturen Duchamps. Bretons Ideen vom Automatismus des Bilder-Findens und der daraus sich ergebenden persönlichen Mythologie liegen zweifellos dem bildnerischen Denken von Matta zugrunde. Im Ergebnis ist das Bild eine geheimnisvolle Landschaft einer astralen Welt: Hitze und Strahlungsfelder scheinen kosmische Partikel zu bewegen, die in ihrem Kreisen und Stürzen eine sonderbare Astronomie fester Dinge in einen ungreifbaren bewegten Raum zeichnen. Doch ist das Bild ein reines Ergebnis einer auf das Mythische gerichteten halluzinatorischen Energie, es hat mit einem absichtlichen Versuch zur Illustrierung wissenschaftlicher Erkenntnisse gar nichts zu tun. Es entstand aus einem Schock im Unterbewußtsein, der durch eine derartige Erkenntnis ausgelöst wurde und sich von ihm durch ein mythisches Bild befreien wollte. Es ist also unrichtig, es als Landschaft (landscape) anzusprechen, es ist ein Innenbild einer beunruhigten Welterfahrung. Matta nannte diese Bilder treffend ›inscapes‹. Sie können sich von solchen Assoziationen zum wissenschaftlichen Weltbild auch ganz frei halten. 1944 malte Matta eine ganze Reihe von Bildern unter dem Schock der Feststellung Freuds, daß alle Existenz sich zwischen Eros und Tod vollzieht. In diesen ›inscapes‹ verfestigt sich ein dunkler unbestimmter Raum da und dort durch feine geometrische Strukturen und wird an anderen Stellen wieder durch kreisende Körper und Lichtfiguren in Drehung und saugende Wirbel versetzt. Aus dem Dunkel blüht da und dort eine Form auf, die Assoziationen zu Vorstellungen der Libido aufruft. Das dunkle schwindelerregende Feld zwischen Eros und Tod findet einen faszinierenden Ausdruck in der Metaphorik des Raumes und seiner Astronomie. Im Zuge solcher automatisch ins Sichtbare geholter Gleichnisse hat dann Matta seit 1945 eine lange Bilderreihe mit phantastischen Kreaturen zwischen Insekt und Maschine geschaffen, die aus der schrecklichen Krise im Bewußtsein der menschlichen Gesellschaft, die der politische Mißbrauch der naturwissenschaftlichen Erkenntnisse anfachte, eine ganze mythische Dämonologie entwirft (Seite 378).

Mattas Beispiel wurde für *Arshile Gorky*, einem Amerikaner armenischer Herkunft, der im gleichen Surrealistenkreis um Breton in New York arbeitete, sehr wichtig (Seite 379). Aber weniger erfaßt und erschüttert von den Veränderungen in der intellektuellen Welterkenntnis, naiver in seinem Verhältnis zur großen Natur, suchte er für seine Naturerlebnisse Ausdruck in Figurationen naturmythischen Charakters. So ließ er sich auch für eine Weile von der heiteren Naturmythologie Mirós anregen. Dargestellt sind scheinbar abstrakte Gebilde, aber sie sind so verbunden mit Knospen- und Keimformen, mit den schwellenden, wachsenden und blühenden Bildungen der Natur, daß sie als evokative Zeichen für ein hermetisches Naturgedicht dienen können. 1943 wurde Gorky mit der mythologischen Gestaltenwelt Mattas vertraut und

schließt sich ihm eng an. Doch bleiben seine durch ein halluziniertes automatisches Weiterspinnen aus einer dinglichen Form heraufwachsenden mythologischen Gestalten stets bezogen auf Natur und Erde – Protagonisten einer animistischen Naturmythik.
Diese reicht aber über diese dunkle Symbolhaltigkeit noch hinaus in ein einfacheres Gebiet dichterischer Naturdurchdringung, in dem die optischen Erlebnisse an der Schönheit, dem Geheimnis oder der Spielfreude der Natur in der Erinnerung zu einem umfassenderen bildnerischen Gleichnis zusammentreten. Ein Bild wie ›Sedimentation‹ des deutschen Malers *Heinz Trökes* (Abb. 957) ist keine Schilderung eines bestimmten Eindruckes vor Sediment-Bildungen an Erdformationen oder marinen Ablagerungen. Es ist selbst eine Art von Aussinterung von vielfältigen Erlebnissen an den Hervorbringungen von Wasser und Erde und ihrer Strukturen. Im Bild sind ganze Erlebnisketten eingebunden: der Glanz des Meeres, die Einbettung der Eilande in diesen Glanz, die schiefrige Fugung ihrer geologischen Formationen, Querschnitte, Grundrisse und die dunkelnden Ornamente im Schlick des Meeres. Vielfältige Erlebnisse also, die im Filter der Erinnerung und während der schöpferischen Arbeit zu einem dichterisch umfassenden Bild zusammentreten. Auf dieser evokativen Bildfläche kann, wie in dem Bild des Amerikaners *William Baziotes* (Abb. 958), auch eine ganz unbewußte Erinnerung aufklingen. Da fügen sich im meditativen Spiel vegetative Formen zusammen, grundrißhafte Strukturen, Embleme von Dingen, die in der Natur möglich wären. Das Bild selbst wird zu einer Fundstätte. Derartige dichterische Gegenbilder sind nicht einfach abzubilden, da sie so in der Natur nicht vorhanden sind, sie können nur in der meditativen Führung der bildnerischen Mittel auf der Fläche langsam und fast überraschend Anschaubarkeit gewinnen.

Durch *Jean Dubuffet* (Seite 373) erhielt diese Weise, aus dem unbewußten Bestand unserer Wahrnehmungen durch eine spontane und fast mediale Bearbeitung der Fläche Bilder auftauchen zu lassen, einen neuen eigentümlichen Aspekt, der für die ganzen neuen Malrichtungen des ›Informel‹, des ›Tachismus‹ und ›abstrakten Expressionismus‹ wichtig wurde. Das nicht auf praktische Wahrnehmungszwecke gerichtete, interessefreie Spiel des Auges trägt unermüdlich unter der Schwelle des praktisch tätigen Bewußtseins die sonderbarsten Sensationen und Entdeckungen in unseren Vorstellungsbestand ein: figurenähnliche Flecken auf einer schimmligen Mauer, ein gekritzeltes Männchen auf einer Wand, das diese in eine Landschaft verwandelt, ein schimmernder Ölfleck auf der Straße, die Struktur einer Erdscholle, die wie ein Querschnitt durch Tellurisches aussieht, Risse im Schlamm, die wie das Altwerden der Erde erscheinen, Kiesel auf dem Weg, die einer Sternenwiese gleichen. Dem Bewußtsein scheinen sie unverwendbar und höchst banal; es weist sie ab. In Wirklichkeit aber sind diese beiläufig aufgelesenen und in unserer Vorstellung gestapelten Materialien Zeichen einer inneren Zuneigung und des Staunens, die sich in unserem Einbildungsvermögen zu einer irrationalen poetischen Erkenntnis ordnen: Schimmelmauer mit Kritzelmann = irrationales Gelände der Kindheit; trockener Schlamm = Runzeln im Gesicht eines alternden Gestirns; Kieselweg = Sternenwiese... Der klassischen Malerei war das alles nicht erreichbar. Es kann auch nicht am einzelnen Fall (Mauer, Schlamm, Kiesel) reproduziert werden; es ist als bewußtes Bild sichtbar gar nicht vorhanden. Der Maler kann aber bildnerische Bedingungen herstellen, die für die Phantasie eine analoge Situation schaffen, aus der der poetische Funke zu jenem abgesunkenen Bildervorrat herüberspringt. Also läßt Dubuffet alle klassischen Verfahren. Er beginnt umgekehrt: er reproduziert nicht, er produziert. Er verwendet die Farbe wie Schlamm, schmiert und knetet sie durch, in halluzinierter gespannter Erwartung, was sich daraus ergeben will, bis endlich die Situation eintritt, in der aus dem Schlamm das alte Gesicht der Erde ausschlemmt. Er macht mit Sand und Kitt aus der Malfläche eine schimmlige Mauer, bekritzelt sie versuchsweise mit einem Strichmännchen und plötzlich öffnet sich wieder das Gelände der Kindheit mit seinen Ängsten, Träumen und Begierden. Er klebt Kitt und Farbe in schweren Schollen auf die Fläche und durchgräbt und bearbeitet diese mit Spachteln, Stempeln und allerlei Abdrücken, bis sie wie Erde erscheinen – Landschaft und tellurische Schichtung in einem wachsen daraus hervor. Dabei entdeckte Dubuffet ein ganzes Rohmaterial für seine Absichten dort, wo sich der bildnerische Äußerungswille ohne Voraussetzungen elementar und zwanghaft ausdrückt: in der Bildnerei der Irren, der Medien, der Laien, der Kinder. Er nennt das ›art brut‹, schließt daran an und findet dabei willkommene Bestätigungen bei so subtilen Geistern wie Paul Klee und Max Ernst. Aus den durch reine provokatorische Manipulationen mit den Mitteln evokativ gemachten Bildgründen treten dann die Bilder hervor: ein gutmütiges Geschöpf der Erde, halb Mauerbild, halb Erdabdruck, in der ›Vache tachetée‹ (Abb. 923); das aus kleinen bemalten Leinwandstücken zusammengeklebte Mosaik einer Sternenwiese aus Kiesel und Gras (Abb. 925) – Bilder, die die vom Bewußtsein unbeachteten Funde des Sehens aktivieren und daraus die reinste Naturpoesie machen.

Es handelte sich hierbei um Kristallisationen und Funde aus dem Bilderschatz der Vorstellung. Die zeitgenössische Malerei hat aber auch für die direkten und bewußten Sensationen des Auges an Motiven der Natur, an ihren Form-, Licht- und Farbspielen einen Ausdruck gefunden, der gerade das Warum des ästhetischen Betroffenseins vor dem Naturmotiv deutlich machen will. Sie konnte sich dabei auf die Erfahrungen des Kubismus stützen und auf Paul Klees meisterhafte Übersetzungen optischer Erlebnisse. Eine Gruppe französischer Maler aus dem Freundeskreis um Bissière hat diese Optik während und nach dem Kriege ausgebildet. Ihr bedeutendster Vertreter ist Jean Bazaine. Sie hatte große Wirkung auf die einzelnen nationalen Schulen. Besonders in Italien griff eine ganze Gruppe jüngerer Maler um die ›Fronte Nuovo delle Arti‹ gegen 1948 diesen Hinweis auf. Der starke sinnliche Realitätsbezug der Italiener reagierte stark auf diese neue Möglichkeit der Naturdeutung und hielt sie relativ nahe am Motiv. Aus diesem Grunde kann man sich gerade an den Bildern dieser italienischen Maler die Methode am besten klarmachen, obwohl sie sie von Bazaine und seinen Freunden übernahmen.

Wir würden die Bilder dieser Italiener – *Birolli, Santomaso, Corpora* (Seite 348f.) – im flüchtigen Vorbeigehen als ›abstrakt‹ ansehen. Aber bei näherem Verweilen strahlen sie eine eigentümliche Wärme aus, jene Vertraulichkeit eines Wiedererkennens von Situationen und inneren Erlebnissen vor Landschaften und Umwelten, die, einmal assoziativ erkannt, diese scheinbar abstrakten Kompositionen auch gegenständlich lesbar machen. So evoziert bei dem Venezianer *Giuseppe Santomaso* häufig das weiche Blau Himmel und Meer, das über Rot und Grau modulierte Braun Schwemm- und Wattenland, ein zartes Grün den jungen Bewuchs auftauchenden Landes oder das Weiß eine Mauer. Im Schauen tritt in unserer Vorstellung ein Bild herauf, nicht punktuell auf diesen oder jenen Ort zu deuten, aber doch in einer bestimmten Umwelt unverkennbar angesiedelt. Es ist bei Santomaso gern das Bild der venezianischen Lagune im Glanz ihres Leuchtens, im Auf und Ab ihres bewegten Spiegels, der ab und an das Braun des Schlicks, das Grün einer Bank über die Oberfläche treten läßt. Kein Abbild, ein ›Bild‹ im umfassenderen Wortverstand, das aus den vielfältigen optischen Erlebnissen dieses venezianischen Malers in der schöpferischen Arbeit sich ausformte als eine aus Erinnerung und Meditation in der Vorstellung ausgereifte Antwort vollständigerer Natur. Die natürliche Ansicht liefert nur Materialien, Hinweise, Erregungen. Das Bild selbst ist ein von der Natur abgelöstes Farb- und Formgefüge, in dessen Anordnung die Daten der Natur, die die visuelle Ergriffenheit verursachten, hermetisch eingelagert sind und im Schauen zurückleuchten.

Im Hermetismus der Italiener ist der Bezug zur Natur noch relativ eng. Bei den französischen Malern, die diese Malweise erfanden, bleibt das Bildgefüge viel selbständiger – harmonikaler Klang, der das Motiv ganz zurückläßt und einzig das in ihm erkannte Farb-Form-Thema entwickelt. In dem kraftvollen, von einer tiefen Empfindung durchwärmten Werk *Jean Bazaines* (Seite 336ff.) wird das unmittelbar anschaulich. Bazaine bewegt sich eigentlich schon nicht mehr im Felde der Umsetzungen und Verwandlungen. Sein Anliegen ist die von den bildnerischen Rapporten bewegte, farbig akkordierte Fläche. Aber in diesem bildnerischen An- und Zuordnen ruft plötzlich ein Farbklang eine Assoziation herauf: Erinnerung an Sommer und Nächte, an Felsen und Bäume, an die Erträgnisse eines ergriffenen Schauens, dem aus der Natur Formen und Farbklänge zufallen, die schon im Moment des Sehens sich zu Bildklängen instrumentierten. Diese Erinnerung beeinflußt die Anordnung, modifiziert die Formlagerungen und findet ein in sich abgeschlossenes Klanggebilde, das auf jene schauend erlebten Bildklänge antwortet und die Erregungen, Empfindungen und das Glück jenes Schauens nachklingen läßt. Taucht dann abschließend ein gegenständlicher Titel auf, so ist dieser vollkommen legitim, nur meint er nicht ein örtlich gebundenes und sichtbar in der Natur ausgeformtes Motiv, sondern das in Vorstellung und Empfindung angeschlagene Farbform-Thema, das das eigentliche Motiv des Bildes ist. – Es kann auch ein rhythmisches Motiv sein. *Vieira da Silva* (Seite 344f.) instrumentiert die Fläche in kleinen Taktgefügen, kristallinische Stufungen bewegen sie räumlich, feine hängende Gespinste zeichnen ein rhythmisches Motiv über diese Stufungen hinweg. Ein zartes Filigran von schwebendem Gleichgewicht entsteht, in das viele Träume und visuelle Entdeckungen eingewebt sind, ohne daß sie materielle und dinglich beschreibbare Gestalt annehmen. Doch kann sich auch in diesem Filigran eine Erinnerung an ein gegenständliches Motiv verfangen. Klees Kunst steht im Hintergrund, deren dichterische Reichweite in Frankreich als einer der ersten *Roger Bissière* erkannt hatte, der die Klee'sche meditative Weise des Bilderfindens zum Ausdruck seiner eigenen lyrischen Empfindungen nutzte (S. 338f.). – Aus dem Freundeskreis Bissières kommt auch der Maler, der es unternahm, das Religiöse seiner Meditation zugrundezulegen: *Alfred Manessier* (Seite 340). Es sind große Tafeln von dunkelleuchtender Farbigkeit und einem ernsten flächigen Formenbau, aus dem auch die alten christlichen Zeichen – das Kreuz, der Kelch, die Dornenkrone – auftauchen können. Aber diese heraufkommenden Zeichen bestimmen nicht eigentlich den Inhalt, sie sind Anrufungen, wie das ganze Bild. Da können auch die eigentümlichen, ganze Sinnketten wachrufenden Wortbilder der lauretanischen Litanei – ›turris davidica‹ (Abb. 830) – in den Kern der Meditation treten. Da gibt das Ausgangssymbol der Litanei nur eben die Richtung der Meditation. In dieser Richtung findet das bildnerische Handeln eine architektonische Spur und errichtet nun auf dem Erscheinungsfeld der Fläche eine Formarchitektur, die durch die ernsten Farbklänge erhellt, durchleuchtet und räumlich gegliedert wird. Aus der frommen Empfindung und im formenden Tun entsteht ein Bild, das zum Wortanruf der Litanei auf der bildnerischen Ebene ein anschauliches Äquivalent schafft. Nichts Abbildliches, auch nichts Sinnbildliches mehr, sondern in unmittelbarer bildnerischer Handlung in Form eingegangene Meditation. Da lassen sich nun vielfältige Bilder evozieren, die sich auch wieder auf die Naturempfindung richten können. *Gustave Singier*, der Freund Manessiers, ließ aus dem Erlebnis einer Hollandreise das Bild eines Hafens herauftreten; in der Weiterarbeit entstand daraus eine formale Paraphrase über schwebende Formen, die den Namen ›Schiffbarer Raum‹ annimmt (Abb. 832). Wir erkennen hier, wie gerade der Einfluß Klees, den man doch immer gern als persönlichen und unwiederholbaren Einzelfall abtun möchte, in ein weites Gebiet vielfältiger Bilderdichtung führt.

Diese kann, wie oft bei Klee auch, ganz von den sichtbaren Bildern der Natur absehen. *Serge Poliakoff*, ein seit 1923 in Paris lebender Russe, baut aus einfachen Formen und Plänen ganz abstrakten Charakters ein sehr suggestives Feld farbiger Beziehungen auf (Seite 346). In das Grau und die monochromen Tönungen des Grundes betten sich einzelne starkfarbige Hauptformen von stiller Monumentalität ein und durchleuchten die Fläche mit einem geheimnisvollen Licht. Gegenständlich gesehen, läßt sich eine bestimmte Richtung der Suggestionen nicht erkennen. Im meditativen Schauen aber entsteht aus den Beziehungen der farbigen Formen und aus dem emanierenden Farblicht ein Stimmungsraum von stiller Feierlichkeit, der an die entrückte Monumentalität russischer Ikonen und ihre ewige Wiederholbarkeit gemahnt. – Auf der anderen Seite kann gerade diese selbstvergessene meditative Beseelung der evokativen Fläche durch die Suggestionen der farbigen Formen eine unerwartete Brücke schlagen zu Erlebnissen im großen Raum der Natur. Das Bild *Nicolas de Staëls* (Abb. 834) ist wie das Poliakoffs aus einfachen Farbformen vor monochromem Grund aufgebaut. Aber die Modulation des roten Grundes und das aus den Farbakkorden auftauchende Licht werden raumhaltiger und schaffen eine atmosphärische Tiefe, vor der die formalen Figurationen sich wie Gestalten oder Dinge konturieren. Aus den Suggestionen der farbigen Beziehungen dringt ein landschaftliches und figurales Element in das ganz abstrakte Ensemble ein. Ein einmal erlebter Schock vor einer erkannten Schönheit wird unversehens während der anordnenden Arbeit wieder lebendig und setzt sich beharrlich im abstrakten Ensemble durch. Schon sehr bald nach der Entstehung dieses Bildes läßt de Staël Landschaftliches und Figürliches immer stärker in seine abstrakten Ordnungen einwachsen. Aber schon dieses Bild läßt in seinen Suggestionen die Betroffenheit vor einer in der Natur sich öffnenden verhaltenen Schönheit durchscheinen und bestätigt einen Ausspruch de Staëls: »On ne peint jamais ce que l'on voit ou croit voir. On peint à mille vibration le coup reçu.«

Die Richtung der poetischen Erlebniskraft kann sich aber auch auf optisch nicht ohne weiteres sichtbare Vorgänge in der Natur, auf das Werden und Wachsen ihrer Formen, auf ihre Triebkräfte richten. Paul Klee und die Maler des ›Blauen Reiter‹ hatten den Weg schon gewiesen. Ihm folgt der deutsche Maler *Fritz Winter*, ein direkter Schüler Klees (Seite 350). Auch er sucht in sich die Wege des Wachsens und Werdens zu wiederholen, die in der bildenden Natur sich vollziehen. Die Formkräfte der Natur, die in Wurzel, Keim, Blatt und Gezweig und den tausendfältigen Gebilden der Natur Gestalt annehmen, locken den Maler, sich in ähnlicher Richtung zu bewegen und diese Angebote im Sinne neuer Bildungen zu variieren. Daraus entstehen bildnerische Metaphern abstrakten Charakters, die dennoch natürliche Wärme und Wahrscheinlichkeit haben. Das Bild ist die Veranschaulichung der wirkenden und bildenden Kraft in der Natur in einem dichterischen Gegenbild, für das die deutsche klassische Romantik das Wort ›Weltlebenbild‹ erfand. In dieser neuen Freiheit kann der Maler alle Bereiche unserer Vorstellung in seine Kontemplation einbeziehen. Er kann also auch universaleren Ordnungen nachsinnen und daraus eine Figuration der Form anstreben, die für unser neues Verhältnis zum Universum und unsere veränderten Begriffe vom Raum und den Energie- und Spannungsgefügen der Materie ein bildnerisches Äquivalent schafft. All diese bisher beschriebenen darstellerischen Ziele sind in ständiger Bewegung und gehen auch bei den einzelnen Malern ineinander über. Die Unvereinbarkeit, die ursprünglich zwischen dem ›Gegenständlichen‹ und dem ›Abstrakten‹ zu klaffen schien, ist längst durch den Sprachreichtum des neuen evokativen Bildes überbrückt.

Wir sprechen hier bereits von sogenannten ›abstrakten‹ Bildern. Indem wir sie aber betrachten, verflüchtigt sich dieser Begriff mehr und mehr. Gelingt es uns, in Übereinstimmung mit dem Bild zu gelangen, so wird die Mitteilung des Bildes sehr konkret; sie reicht unmittelbar in das Welterlebnis hinein. Natur als ein ›Gegenüber‹ hat sich nur im erweiterten Erfahrungsbereich des modernen Menschen verändert. Natur ist nicht mehr das, was sich als Naturgegenstand dem Auge des Menschen entgegenstellt, sondern was sie existentiell im Menschen ist und was sie in ihm anruft. Das allein macht sie bildwürdig, aber damit endet auch ihre Funktion.

Jedes dieser Bilder trägt nun nicht allein den Bezug auf die Wirklichkeit in sich, es ist auch abseits davon eine Äußerung aus der Existenz und trägt das Gewicht ihrer Spannungen und Erregungen unmittelbar in sich. Leichthin also konnte die Malerei auch jenen noch gehaltenen Bezug zur Außenwelt aufgeben. Betrachten wir ein Bild *Hans Hartungs* (Abb. 873), so sehen wir, wie eine kraftvolle motorische Energie das evokative Feld des Bildes begeht. Auf dem dunkelnden Grund sind schwarze erregte Linien eingezeichnet, schnelle und langsame, behauptende und zögernde, gradlinige und verknäuelte. Wir erleben das zuckende Hin und Her, das suchende In-Sich-Zurückbiegen, den rhythmischen Vorwärtsdrang, die wilde Negation durchstreichender Linien, erleben aber auch, wie diese einzelnen psychischen Energien auf dem Feld des Bildes sich in einem gespannten Gleichgewicht lagern und in diesem Feld sich gegeneinander simultan behaupten. Das Bild ist ein ausgeformtes Kraftfeld einer menschlichen Seinsbehauptung. Es berichtet von einer ungemein gespannten Energie, die sich selbst im Ordnungsfeld des Bildes ins Gleichgewicht bringt. Es ist ein Moment menschlicher Existenz, der in die Dauer trat und als ein abgeschlossenes, anschaubares Bild sich uns entgegenhält, Selbstdarstellung also. – In den Bildern von *Pierre Soulages* (Seite 358) stoßen wir auf eine ganz andere Menschlichkeit – etwas Festes, Gebautes, In-Sich-Bestehendes, eine kraftvolle Männlichkeit, die ihre rhythmisch einfachen Male von schwermütigem Ernst setzt.

Und dazu als Gegenwurf wieder *Wols* (Seite 362). Da dringt ein spontaner Äußerungswille in einer ungehemmten, psychographischen Ausdrucksschrift und in unmittelbarer Geste auf die Fläche ein: wo sie versehrt und zerkratzt wird, ist es die Schmerzempfindung des

Malers selber; wo die Form ins Gestikulieren gerät, deklamiert sein Pathos; wo das unruhige Strichwerk über den Grund sucht, zuckt sein Herzschlag. In einem alle Sicherungen durchbrechenden Verlangen, auf den letzten Erlebnisgrund der Existenz zu stoßen – was durch das Fallenlassen aller Sicherungen ein kaum faßbarer Akt der Selbstzerstörung ist –, fand Wols zu dieser letzten Spontaneität, in der Malen selbst der leidenschaftlichste Akt des Lebensvollzuges ist und nur kurz währen kann, da die Intensität der Handlung den Handelnden selbst vernichtet. Wols' Bilder sind mit Lebenssubstanz gemalt und wurden von ihm auch wissentlich mit dieser bezahlt. Denn jede dieser Aufzeichnungen ist Ausbruch der gereizten und verwundeten Vitalität und zehrte einen Teil der physischen Lebenskraft auf. Und doch entstanden Bilder, abgelöste anschaubare Zeichen auch sie, weil Wols ein großer Maler war und jede seiner bildnerischen Spuren einer echten inneren Erregung entsprach, einer Station seines Dramas.

Dies Handeln aus der Existenz kann auch ganz außerkünstlerische Materialien aufgreifen und zum Sprechen bringen. Da formt der Italiener *Alberto Burri* aus zerrissenen Fetzen, Säcken oder splitternden Hölzern, die Fäulnis und Brand versehrten, bildähnliche Arrangements, deren tragischer Ausdruck gerade aus der Versehrtheit der Materie kommt (Seite 376). Dünnes Fadenwerk sucht die unheilbaren Risse über düsteren Gründen zusammenzuhalten, Schnüre binden Unzusammengehöriges zusammen, da und dort sickert eine tragische Farbe aus dem verletzten Gewebe, wie Blut aus verwundetem Fleisch. Auf den Verbandplätzen des Krieges in Afrika hat der ehemalige Militärarzt Burri solch bildnerischen Ausdruck gelernt; damals kam er zum Malen. Das da gesehene, eintönig-grausame Bild zerrissener Verbände, die die Wunden verdeckten, hielt seine Phantasie fest; es wuchs ihm ins Allgemeine und wurde Bild für die Verwundung der Welt. Es ist eine bittere Dichtung mit den Materialien, die die Wirklichkeit bot, tragische Montage, die immer neue Arrangements mit verworfenem und versengtem Abfall sucht. Denn das Wunder der Malerei, so sagt der spanische Maler *Antoni Tàpies* (Seite 377), ereignet sich dann, »wenn die stumpfe und träge Materie beginnt, mit einer unvergleichlichen Ausdruckskraft zu sprechen«. Wie die Natur mit ihren Materialien und mit ihren kryptischen Zeichen in Erde und Gestein, auf Felswänden und Mauern Geschichte erzählt, so soll auch der Maler seine Materialien selbst zum Sprechen bringen und mit ihnen und auf der Mauer seines Bildes die Spuren seines Lebens aufzeichnen. Darin möge er Natur nachahmen und Belehrungen über das Sprachvermögen der beseelten Materie aus ihrer Runenschrift ziehen.

Die Auffassung von Malerei als spontaner, psychographischer Veranschaulichung unmittelbarer Lebensimpulse hat im letzten Jahrzehnt die Malerei des ganzen westlichen Kulturkreises erfaßt. Man hat ihr heute bereits geläufige Stilbezeichnungen gegeben: ›Art informel‹, ›Art Autre‹, ›Tachisme‹, ›Action Painting‹, ›Abstrakter Expressionismus‹. In Europa war es das tragische Werk von Wols, das sehr vielen jüngeren Malern zum Vorbild wurde. Die Grundidee aber reicht weit zurück: zum abstrakten Expressionismus Kandinskys der Jahre 1911–14, zu Paul Klees psychischer Improvisation und zu den ›automatischen‹ Experimenten Dadas und der frühen Surrealisten.

Diese automatischen Verfahren gewannen einen außerordentlichen Zuwachs an Kraft, als das Werk des Amerikaners *Jackson Pollock* etwa seit 1950 bekannt zu werden begann (Seite 364f.). Denn in den gleichen Jahren – es waren die Kriegsjahre –, als Wols in einer unvergleichlichen Reihe von kleinen Zeichnungen und Aquarellen seine automatische Schrift entwickelte, mit der er tagebuchartig seine Träume und inneren Regungen aufzeichnete, war auch Pollock, ganz unabhängig, daran, für seine dramatische Lebensempfindung eine ihm gemäße Ausdrucksschrift auszuarbeiten. Ungleich ungestümer als Wols griff er gleich zu den aggressivsten Zeichen und zu großen Formaten. Auch Pollock ging von der Idee des Automatismus aus. Über den dramatischen Stil Picassos der späten dreißiger Jahre, über Miró und den pathetischen Expressionismus der Mexikaner entwickelt er sich sehr folgerichtig zu ihr hin. Im Kontakt mit Breton und den nach New York emigrierten Surrealisten und im Freundeskreis von Matta, Motherwell und Gorky nahm die Idee vom Automatismus als einem Verfahren zur Befreiung des unbewußten Bildgutes in ihm gegen 1943 auch intellektuelle Klarheit an. Fortab verstand Pollock die Bildfläche als Spannungsfeld bildnerischer Kräfte. Die Vitalität der Linie schuf dieses Spannungsfeld; sie zeichnete seismographisch die Energien und Zustände dessen auf, der sie zog. Die Bildfläche wurde der unmittelbare Abdruck der Spannungen im Menschen. Das Bild wurde nicht eigentlich ›gemalt‹, sondern es ereignete sich. In dem Bild von 1945 ›Totem II‹ (Abb. 897) hat die Form noch einen gewissen figuralen, mythischen Charakter, der den Titel rechtfertigt, doch spiegelt die lineare Bewegung schon automatische Abläufe. 1947 im völligen Freilassen dieser automatischen Energien findet nun Pollock zu einer Schrift von größter Spontaneität und psychologischer Direktheit. ›Shadowed‹ von 1948 (Abb. 898) zeigt ein erregtes Liniengewebe, das in seinen kurvigen Bewegungen, Verknotungen und Ballungen eine dramatische tänzerische Bewegung wie in einem choreographischen Grundriß festhält. Die träufelnde Farbe zeichnet die Spur der automatischen Gesten des Malers nach und formt ein psychographisches Feld, in das nun im Zuge dieser automatischen Aktionen plötzlich Schatten einfallen. Dunkle Flecken formen sich und bilden abbrevierte Schattenrisse dreier tanzender Figurinen. Sie weisen das Bild aus als Figuration einer ekstatischen tänzerischen Ausdrucksbewegung. In seinen Hauptwerken seit 1950 vertraut die Ausdrucksgestik gänzlich ihrer eigenen Spur. Die oft riesige Fläche wird ein reines Bewegungsfeld. In der Technik des ›drip-painting‹, die Pollock wahrscheinlich von Hans Hofmann übernahm, zeichnet die träufelnde Farbe die weitausgreifenden Körperbewegungen des Malers nach. Das Bild ist eine Art Choreographie innerer Bewegungen. Das Geflecht wird ganz dicht. Vielfältige Wege kreuzen sich. Auf ihrer Spur blüht eine gedämpfte Farbe in silbrigen Tönen auf. Ein tänzerischer Rhythmus greift über das ganze Bild und zieht nun auch den Beschauer in den Raum des Bildes hinein, wie er im Akt seines Entstehens den Maler hineinzog. Die Fläche ist gerade deshalb so riesig, damit Maler und Betrachter sich hineinbegeben können und im Begehen dieses meditativen Feldes mit dem Bild und seiner psychischen Choreographie in Einklang geraten. Mit Pollock greift die Idee Klees von der ›psychischen Improvisation‹ nun über auf die große Malerei und nimmt in den riesigen Formaten deklamatorische Gewalt an. Diese monumentale Weise der ›psychischen Improvisation‹ wurde ein bevorzugtes Ausdrucksverfahren der im letzten Jahrzehnt heraufkommenden Generation von Malern.

Gerade in den USA hat sie durch das Werk einiger kraftvoller Persönlichkeiten ihren unbedingtesten Ausdruck gefunden. Da war es *Robert Motherwell* (Abb. 881), der in den gleichen Jahren und im gleichen Kreis wie Pollock mit Hilfe der befreienden Techniken Dadas und der Idee des Automatismus die Malfläche als reines Registrierfeld der spontanen Reaktionen und Impulse im Menschen nahm. – *Franz Kline* (Seite 361) hat diese monumentale Art der ›psychischen Improvisation‹ in sehr persönlicher Weise aufgegriffen. In der Aktion der stoßenden und ziehenden, stützenden und stürzenden Bildkräfte, die er im Gerüst seiner schweren Balkenformen definiert, drückt sich die psychische Spannung in der Gebärde des Bildes selbst aus. Vergleichbare, wenn auch unabhängig von der amerikanischen ›action-painting‹ entstandene Verfahren finden sich im letzten Jahrzehnt auch allenthalben in Europa. Der Deutsche *K. R. H. Sonderborg* (Seite 361) hat eine jagende Zeichenschrift von äußerster Spontaneität entwickelt, in deren heftigem Duktus Sensationen der Geschwindigkeit und Vorstellungen von Umlauf und Rhythmus durch die Gestik des Linienwerkes unmittelbar anschaulich werden. Der Spanier *Antonio Saura* (Abb. 882) wieder schlüsselt in eine wilde, verzweifelte Ausdrucksschrift seinen Protest gegen die tragische Verwundung des Menschen durch den Menschen ein. Dieser spontane Konstatierungswille steht im innigen Zusammenhang mit den Affekten, die psychische Erlebnisse im eigenen Leben oder an der Natur im Maler hervorrufen. Die Bilder des Italieners *Emilio Vedova* sind so entstanden zu denken (Seite 360). Eine aufwühlende Erfahrung, die der Protest gegen die Unzulänglichkeiten im Dasein des Menschen auslösen kann, provoziert einen auf diese realen Erlebnisse bezogenen Erregunszustand, der auf der Fläche zur bildnerischen Gegenäußerung kommt. Da die dramatische Persönlichkeit des Malers auf alles Apokalyptische und Kathartische mit Leidenschaft antwortet, ist auch Schrift und Choreographie seiner Bilder auf dramatische Kontraste gestellt und findet ihre Grundsymbole im Kontrast des Schwarzen und Weißen und im spitzen Winkel.

In diesen ›abstrakten Expressionismus‹ konnten aber auch wieder Bilder der Außenwelt einwachsen. Denn Malerei wird nie ganz von den Eindrücken des Auges absehen können. Sie drangen in die spontane Schrift wie von selbst ein und formten mit ihr das im Unbewußten aufbewahrte gegenständliche ›Imago‹, das der Schock vor etwas Gesehenem einmal ausgelöst hatte. Der Amerikaner holländischer Herkunft, *Willem de Kooning*, zeigt diese Möglichkeit am augenfälligsten. Sein Stil entwickelte sich durchaus auf der Grundlage der ›psychischen Improvisation‹. Aber schon gegen 1950 traten aus dem Geflecht der Linien und Farbbahnen gegenständliche Hinweise hervor und verdichteten sich in einer zwanghaften Abfolge von Assoziationen schließlich zu einem Frauenbild: quälendes ›Imago‹ einer überall auftauchenden Erscheinung – halb Weib, halb Dämon, angesiedelt sowohl in der erotischen wie in der mythischen Sphäre –, das sich nun auch in die abstrakte Formbewegung des Bildes eindrängte und auch da dem Maler wieder erschien (Abb. 901). Diese Art des Wiedererkennens eines ins Unbewußte abgesunkenen Erlebnisses kennzeichnet auch die Landschaften de Koonings (Abb. 900). Weder Figur noch Landschaft schildern ein vorhandenes Motiv; sie entstehen im Akt des Malens. Wieder also wird das Bild zum Erscheinungsfeld, das trächtig von Gestalten ist. Hier hat sich der ›psychischen Improvisation‹ ein weites Feld neuer Entdeckungen geöffnet. Es wurde von einer kleinen Gruppe dänischer und niederländischer Maler, die sich um 1950 in Paris unter dem Namen COBRA zusammenfanden, gründlich exploriert (Seite 370f.). Einer ihrer Wortführer war und blieb der Däne *Asger Jorn*. Jorn sucht in seinen unruhigen, zerklüfteten, von heftigen Farbbahnen und Farbstrudeln durchpflügten Leinwänden beharrlich nach auftauchenden Signalen, die ihm die Anwesenheit von Gegenständen oder Figuren anzeigen: ein Gesicht, ein vorbeihuschendes Wesen, ein Fragment von Landschaft. Sie sind nur so weit erkennbar und vorhanden, als sie Inhalt und Stimmung des Bildes gegenständlich qualifizieren, sinken aber sofort in die Farbmaterie zurück, wenn sie der Blick deutlich zu fixieren und zu isolieren sucht. Folgt man diesen Signalen, so erschließen sich Halluzinationen, Erscheinungen und spukhafte Fabeln, die eine zwingende Verbindung zur nordischen Folklore haben, zu ihrer undeutlichen, mysteriösen Sagen- und Spukwelt. Ähnliches gilt von dem Engländer *Alan Davie* (Abb. 950/51). Auch ihm ist das Bild Erscheinungsort einer Gestaltenwelt, die aus der unermüdlichen Assoziationskraft der halluzinatorischen Energie spontan sich bildet. Aus einem wirren Knäuel assoziativer Formen wuchern pflanzliche Bildungen, bilden sich Totemzeichen, jenseitige Wesen, unheimliche Vegetationen, bis eine zerstörerische negative Energie im Maler ihn zwingt, diese Wucherungen wieder zuzustreichen – um mit den Schatten, die durch die zudeckende Farbschicht hindurchscheinen, das assoziative Spiel wieder zu beginnen. Am Ende dieses halluzinierten, die ganzen Leidenschaften und Energien des Malers einbeziehenden Dialogs stehen gefundene und erfundene, beunruhigende, gestalthafte Gebilde von merkwürdiger Prägnanz. Sie haben alle die ferne Unheimlichkeit mythologischer Wesen, die in unser Dasein hineinreichen. Auch hier scheint die ornamentale Phantastik unmittelbar aus den primordialen Quellen der Folklore, aus alter keltischer Formphantasie zu wachsen.

Diese hochexpressive Weise der ›psychischen Improvisation‹ hat ihr meditatives Gegengewicht. Gerade in den USA hat sich im ergänzenden Gegensatz zu der dramatischen ›action-painting‹ im Gefolge Pollocks eine meditativ gesammelte, auf wenige Ausdrucksmittel konzentrierte Malerei von bemerkenswerter Kraft ausgebildet. Sie steht zwar in Zusammenhang mit der Entwicklung der modernen Malerei im westlichen Kulturkreis, hat aber doch wesentliche Bestände fernöstlicher Gedanken in diese hineingetragen. Ihr hervorragender Vertreter ist *Mark Tobey*. Tobey kam durch die Beschäftigung mit persischer Philosophie und dem Zen-Buddhismus und durch das Studium der chinesischen Kalligraphie und der östlichen Pinsel- und Schreibtechniken, die er in Japan erlernte, schon 1935 zu einer Ausdruckstechnik, die er ›white writing‹ nannte. Auf leise modulierten, dunklen Farbgründen zeichnet die tastende Hand ein spinnwebfeines Gewebe aus kleinen weißen Strichen. Im Fortschreiten beginnt dieses Gewebe räumlich zu vibrieren, ein immaterielles Licht verfängt sich in dem feinen Gitter, eine kleinteilige rhythmische Bewegung läuft über die Fläche und gibt ihr den Charakter einer Resonanzmembrane, in der ein Klang von innen schwingt (Abb. 933). In diesem, aus rein meditativen Impulsen sich herstellenden kristallischen Netz können sich auch gegenständliche Erlebnisse verfangen: der Widerschein des elektrischen Lichtes über einer modernen, nächtlichen Stadt, der bewegte Rhythmus einer Großstadtstraße, der Wechsel der Jahreszeiten, Landschaftliches, Figürliches, das die kleinen weißen Schriftzeichen gegenständlich qualifizieren als Materialisationen der Meditation. Doch entwickelte sich Tobey immer mehr zum Abstrakten hin. Modulation und Ausbreitung des immateriellen Farblichts und die rhythmischen Strukturen des Strichgewebes genügen ihm zumeist als Äquivalente des inneren Klanges. Diese Art der meditativen Versenkung bewirkt eine fühlbare innere Nähe zu den Franzosen Bissière (Seite 338f.) und Vieira da Silva (Seite 344f.), aber auch zu den kleinformatigen meditativen Improvisationen des Deutschen *Julius Bissier* (Seite 374).

Sie hat im Werk der beiden Amerikaner Rothko und Gottlieb eine eindrucksvolle Wendung ins Allgemeine, ja Mythische erfahren. *Adolph Gottlieb* näherte sich auf den Spuren von Klee, Torres-García und der Kunst der Indianer dem mythischen Bereich zuerst mit Bildtafeln, auf denen in einzelnen Feldern Symbolzeichen wie in einer alten Bilderschrift aufgezeichnet waren. In immer weitergehender Reduktion der formalen Elemente kam er gegen 1956 zu zwei elementaren Grundformen – dem Kreis und dem Fleck –, die er als Symbolformen verstand und seiner Meditation zugrundelegte (Abb. 965). Im Dialog dieser beiden isolierten Formen – der formal bestimmten, in sich ruhenden runden Scheibe und der unruhigen, ungeformten Klecksographie – gelang es ihm tatsächlich, die großen Spannungen auszudrücken, die das menschliche Dasein bestimmen: Form und Unform, Licht und Finsternis, Ruhe und Leidenschaft, Apollinisches und Dionysisches, Kosmos und Chaos. Eine unerschöpfliche Fülle formaler und inhaltlicher Beziehungen kann allein durch den Kontrast der beiden symbolischen Formen im meditierenden Geist wachgerufen werden. – Diese Reduktionen führte *Mark Rothko* bis zu einer äußersten Grenze, wo der klassische Begriff des in sich abgeschlossenen Bildes nicht mehr recht gilt und das ›Imago‹ ins Unbegrenzte wächst. Es sind oft riesige, monotone Leinen-Wände, die durch große, monochrome Rechtecke ein finsteres Licht ausstrahlen (Abb. 963). Allein die Farbe bestimmt das Bild; Linie und Form sind in ihr versunken. Die Farborchestrierung meidet die Kontraste. Sie entfaltet sich seriell in einfacher Reihe: Rot zu Orange, Rot zu Braun, Blau zu Grün. Das bewirkt, daß die einzelnen sparsamen Farbkompartimente einen schwebenden, immateriellen Generalton erzeugen, aus dem die einzelnen Farbindividualitäten mehr heraufdämmern, als sich wirklich akzentuieren. Die Licht-Wand, die das Bild ist, gerät dadurch in ein eigentümliches Schwingen, als würde sie kaum merklich von einem Wind, der dahinterweht, bewegt. Räume wollen sich öffnen, ein Tor, ein Gang, ein Durchblick, aber die Fläche schließt sich sogleich wieder. Die Fläche ist unerbittlich, ein unzerreißbarer Vorhang vor etwas Verdecktem. Läßt man sich vor diesen Meditationswänden in ihren Stimmungsraum hineinziehen, so evozieren diese wehenden, durchwehten und verstellenden Kulissen eindrücklich alte jüdische Metaphern vom verborgenen Gott, Vorstellungen von Tüchern in der biblischen Stiftshütte, vom Tempelvorhang, Wände vom mosaischen Zelt. Es sind nicht eigentlich ›Bilder‹, es sind Licht-Wände, Zeltwände, die das Numinose abschirmen, aber von dieser außen befindlichen Macht bewegt werden. Mit diesen Bildern Rothkos, die im zeitgenössischen Kunstbetrieb eigentlich noch keinen Ort haben, ist ein Paradigma des Meditationsbildes geschaffen worden, das in seinem mythisch-religiösen Raum Gegenstück der ästhetischen Ikone Mondrians ist.

All diese Verfahren der psychischen Improvisation, des Automatismus, des abstrakten Expressionismus, der bildnerischen Meditation erreichten die Aussage des Bildes unmittelbar und allein mit dem Material reiner bildnerischer Mittel. Diese Weise der konkreten Expression reicht aber bis in ein Gebiet, in dem alle Gebundenheiten außerbildnerischer Natur – das Metaphorische, Humanistische, Mythische, Psychologische – ausgeschaltet bleiben. Denn die Anordnung der Mittel und ihr simultanes Zusammenwirken haben durchaus einen selbständigen Wert in sich. Sie sind ein wohlgeordnetes Instrumentar von außerordentlicher Klang- und Modulationsfülle. Ihre Beherrschung erfordert eine feine, immer neu zu erfindende, persönliche Methode, die die chaotische Assoziationsfülle der einzelnen Elemente in Zucht nimmt, ohne ihnen die Freiheit zur spontanen Entfaltung zu rauben. Dies gilt besonders für den Koloristen. Eine solche selbsterfundene Methode, die über die spontane Expression hinaus eine höhere Ordnung vorschlägt, zeigt das Werk des deutschen Malers *Ernst Wilhelm Nay* (Seite 352). Sein Leitsatz ist: »Malen heißt aus der Farbe das Bild formen.« Daraus ergab sich die Notwendigkeit, das proteushafte Wesen der Farbe und ihre Assoziationsfülle durch eine methodische Ordnung in Zucht zu nehmen, um nicht der Gefahr eines konturlosen Expressionismus zu erliegen. In Nays frühen Bildern erkennen wir noch etwas von jenen Evokationen lyrischer oder dramatischer Erlebnisse, jene Offenheit auch für Anrufe aus dem mythischen Bereich, die aus dem Glanz der Farbe und den formalen Emblemen aufleuchten können. Aber schon ist die räumliche Bewegung der Farbe fest an die Fläche gebunden und ihre Entfaltung durch ein System von bewegten Melodiebögen und festen Haltepunkten gegliedert. Bei der weiteren Durcharbeitung dieser Methode des Farbformsatzes führte der Weg wieder vom Komplizierten zum Einfachen. 1956 fand Nay zur bildnerischen Grundform der runden Scheibe, in der sich alle Bewegungsrichtungen des Bildfeldes – Horizontale, Vertikale, Diagonale und ihre Derivate – in einer einzigen Form versammeln. Die Scheibe wird jetzt der Takt- und Melodieträger des Farbsatzes. Nays Bild von 1959 (Abb. 864) läßt alles Assoziative zurück. Es ist leuchtend, klangvoll und schön und trägt die Lasten des Psychologischen und Interpretativen nicht mehr auf sich. Es ist eine reine Farbentwicklung, ein geführter Farbsatz, der durch einen volltönenden zentralen Blauklang scharfe Gelbstimmen führt, diesem Kontrastmotiv eine dunkel klingende Purpurreihe hinterlegt, deren Modulationen nach Orange und Rosa den Kontrast auflösen und mit Hilfe kleiner Grünakzente in einen vielstimmigen Akkord verwandeln. Das Bild ist wie ein vielstimmiges Lied, eine konzertante Kantilene, die unmittelbar aus der geordneten Empfindung aufklingt. In ihr überformt sich das Dunkel und die Leidenschaft. Jedes Bild ist eine in sich abgeschlossene konkrete Tatsache, die wie jede andere Erscheinung eine Oberfläche und eine Tiefe hat. Ordnung, Form und Konstruktion liegen an der Oberfläche – was ihre Lagerung verursacht, steigt aus der Tiefe des Menschen auf. – Alle großen Koloristen unserer Zeit – *Sam Francis* (Abb. 869), *Jean Paul Riopelle* (Abb. 872) oder Bazaine – zeigen diese konzertante methodische Führung des Farbsatzes, die der Farbe ihren selbständigen konkreten Gestaltwert zuerkennt.

Nun findet sich im Zuge der Gedankengänge, die die russischen Konstruktivisten, die ›Stijl‹-Gruppe, das ›Bauhaus‹ und bestimmte Tendenzen in der ›Abstraction-Création‹ ausgearbeitet haben, eine besonders im fünften Jahrzehnt weitverbreitete und heute noch sehr wirksame und fruchtbare Malrichtung, die die Konkretheit der abstrakten Bildordnung noch dadurch akzentuieren möchte, daß sie sie an Meßbares, an Proportionen, geometrische Formen und die Zahl bindet. Es ist die Richtung, die heute für sich die Bezeichnung ›konkret‹ betont in Anspruch nimmt. Die Abfolge unserer Abbildungen zeigt ihre große innere Spannweite (Seite 388ff.). In all diesen Bildern kommt die eigentümliche Bezauberung des modernen Geistes durch die Zahl zum Ausdruck, die ja tatsächlich durch ihre Fähigkeit zur abstrakten Definition das eigentliche und einzige Mittel zur Bestimmung unseres so vielfältig umgestalteten modernen Weltbildes wurde. Das Bild sucht dafür die ästhetische Entsprechung. Es entsteht aus dem Wunsch nach klar geformten, vom Individuellen abgelösten, harmonikalen Ordnungen, die die ungetrübte, in sich selbst bestehende, konkrete Schönheit aufnehmen und reflektieren sollen, die schon Platon an den unsinnlichen Konstruktionen im Zahlenreich bewunderte. Es ist ein antwortendes Gegenbild des die Zahlenfiligrane, in denen unsere Welt hängt, ästhetisch kontemplierenden modernen Geistes.

Daß aber auch auf diesem Boden konkreter Gestaltung der Brückenschlag zur sichtbaren Gegenstandswelt sich ereignen kann, zeigt das bei aller Strenge so freie Werk von *Ben Nicholson* (Seite 388f.). Auch sein zentrales Anliegen ist, durch Anordnung klar bestimmter elementarer Formen ein gleichgewichtiges Spannungsfeld auf der Fläche zu erzeugen, in dessen Ordnung eine bestimmte Vorstellung von Harmonie ihre Befriedigung findet. Dieses rein abstrakte Anordnen kann nun – und hier kommt die alte Idee von Juan Gris wieder ins Spiel – in so reiche, vielfältige Ordnungen hineinwachsen, daß diese sich an einem bestimmten Punkt gegenständlich qualifizieren. Dann treten aus der abstrakten Anordnung emblematische Gegenstandszeichen hervor, in denen sich eine in den Bildern der Natur angelegte übergeordnete Harmonie konkretisiert. Der Künstler ist frei zu allem: er kann die ihn befriedigende Harmonie aus den Dingen der Außenwelt ablösen; er kann sie als reine Formanordnung paradigmatisch setzen; er kann aber auch diese von ihm gesetzte Harmonie durch Auffindung formaler Analogien zu der in den Bildern der sichtbaren Natur verborgenen Harmonie in Beziehung setzen. Stets ist das Bild selbständiges Äquivalent zu einer universalen Harmonie, die der Künstler in sich fühlt oder in der Außenwelt entdeckt. Dieser unerwartete Gruß herüber zu der uns umgebenden Sichtbarkeit sollte uns als ein willkommenes Zeichen einer erreichten Freiheit gelten, die es unter allen Umständen zu bewahren gilt.

Diese hat gerade in den letzten Jahren einen aufsässigen, hemmungslosen, von Sarkasmus und schwarzem Humor besessenen Griff in die Wirklichkeit ausgelöst in den Malrichtungen, die sich heute mit Bezeichnungen wie ›Neo-Dada‹, ›Nouveau Realisme‹, ›Pop-Art‹ etc. etikettieren (Seite 396ff.). Sie bildeten sich im ausgehenden fünften Jahrzehnt in England und Amerika, griffen aber schnell auf Europa und die Welt über, als sei da ein Nerv berührt worden, der auf die Zustände unserer zeitgenössischen Wirklichkeit gereizt reagierte. Aus dieser gereizten Stimmung stellten diese Malrichtungen gerade die Banalität dieser Wirklichkeit gegen die Esoterik der abstrakten Malerei und gegen ihre nervliche Feinfühligkeit und malerische Gepflegtheit einen massiven, grotesken, ironisierten ›schlechten Geschmack‹, der gern und höhnisch mit dem wüstesten ›haut gout‹ des Jugendstils paradiert. Unterhalb dieses spottlustigen Protestes aber wirkte eine sonderbare Magie des Banalen, eine gespannte Aufmerksamkeit auf die visuellen Tatsachen, die außerhalb jedes Anspruches auf ›Kunst‹ in den Massenmedien als den wahren Ausdrucksformen der zeitgenössischen Massengesellschaft sich bildeten. Hand in Hand mit dieser Sensibilität für die Magie des Banalen ging die Wiederentdeckung von Dada und einiger besonderer Persönlichkeiten: Schwitters, Duchamp, Picabia. Schwitters' Montagen aus allerlei zivilisatorischem Abfall, Duchamps ›Ready-Mades‹, Picabias ironische antropomorphe Maschinchen gaben die wichtigsten Hinweise für die technischen Verfahren und die Richtung der Beobachtung. Freilich war das Beobachtungsfeld im Leben der Großstädte seit den Zeiten Dadas ungeheuer erweitert. Da waren es zum Beispiel die ganze Reklame- und Plakatwelt, der Simultanlärm der Plakatwände und darunter die zerfetzten Reste der gestrigen und schon verrotteten Publicity, die die Sensibilität reizten und bei denen es oft genügen konnte, einfach ein evokatives Stück dieser künstlichen Wirklichkeit abzulösen und als Bild zu isolieren, um ein anschaulich-repräsentatives Muster dieser visuellen Ausschlemmungen des großstädtischen Lebens in Händen zu haben oder mit diesen Stücken ein neues Muster zu arrangieren. Dann die scharfen Signale des Verkehrs, die Montageeffekte der Zeitungsstände, die Katastrophen und Sexreklame gleichzeitig herausschreien, die Überblendungen der kommerziellen oder politischen Fotomontagen, die groteske Fabelwelt der ›comic-strips‹ als sentimentales Märchen darunter, und zwischen allem die Vielzahl der alltäglichen mechanisch bewegten Dinge, die sehr wohl dazu reizen konnten, auch das Kunstwerk als mechanisch bewegtes Ding zu versuchen, als Kunstmaschine, als Maschinerie eines visuellen ›Happenings‹. Diese tausendfältige absurde Realität in ihren banalsten Aspekten will diese bildnerische Deutung der Wirklichkeit erreichen. Ist ein Urteil auch noch nicht möglich, ja, ist es oft schwierig, zwischen Künstler, Arrangeur und Designer zu unterscheiden, weil ›Kunst‹ im herkömmlichen Sinn nicht recht in Rede steht, so ist doch nicht zu verkennen, daß hier neben dem bisher so im Vordergrund stehenden Gebiet des Abstrakten eine neue Veranschaulichung unserer zeitgenössischen Wirklichkeit sich durchzusetzen wünscht – und zwar in dem Sinne, den Kandinsky mit seinem Wort vom ›Großen Realen‹ meinte.

Was wir beschrieben haben, sind die hauptsächlichsten Wege und Anschauungen, die sich in der Malerei der Gegenwart akzentuiert haben. Wir hätten manchen Namen, manches Bild durch andere ersetzen, eine ganze Fülle von Namen und Bildern hinzufügen können. Trotzdem, denke ich, sind die Antriebe und Verfahren der zeitgenössischen Kunst aus unserer Bilderfolge in gehöriger Vollständigkeit abzulesen.

Es ergibt sich im Hinblick auf Inhalt und Bedeutung des Bildes, daß die alte reproduktive Funktion der Malerei weiterhin an Bedeutung verlor. Natur erscheint in einer anderen Ordnung, eingefügt in das Bezugssystem, das dem modernen Geiste zugewiesen ist und in dem der Begriff ›Natur‹ selbst sich weitgehend mit abstrakten Vorstellungen auflud. Die vorwiegenden Bedeutungsinhalte der zeitgenössischen Malerei reichen demzufolge von der Verwandlung des Sichtbaren in evokative Zeichen über die simultane Verdichtung der visuellen Erlebnisse zu größerer Vollständigkeit bis zu den von der Natur ganz abgelösten, aber auf ihren Reflex in der Empfindungswelt des Menschen antwortenden Gegenbildern. Stets ist es nicht das Bild der Natur, sondern der Bezug, der sich zu ihr herstellt, der dieses Gegenbild hervorruft. Dann reichen ihre Inhalte weiter zur Veranschaulichung der Erregungen der menschlichen Existenz in einer spontanen Ausdrucksschrift, überhöhen diese zu reiner Farbordnung und deren Melodik, holen das Meditative herbei und stoßen auch auf die unsinnliche, aber sehr konkrete Schönheit von Zahl und Proportion. Stets ist das Bild eine konkrete Tatsächlichkeit, ein dem Bestand der Welt hinzugefügtes Sichtbares mit eigener Oberfläche und Tiefe. All diese Inhalte können naturgemäß nicht reproduziert, sondern nur evoziert werden. So halten sich all diese Bilder in den Kategorien des evokativen Bildes, dessen Ausarbeitung seit Cézanne im Zentrum der Bemühungen unseres Jahrhunderts stand. Das ist ihre Struktur, ihr Stil. Er legt sich jetzt mit Selbstverständlichkeit dem Maler in die Hand. Was da aber evoziert wird, ist die Erlebnis- und Seinsweise des modernen Menschen, dort wo er sich als Maler – das heißt als schöpferischer Verwalter der optischen Welterfahrung – zu seiner Umwelt und zu sich selbst verhält. An dieser Malerei erfahren wir im Gebiet der reinen Anschauung, wie der moderne Mensch Welt erlebt und was er existentiell ist.

821 Bazaine, Der Maler und sein Modell, 1944

822 Bazaine,
Mond und Nachtvogel, 1947

823 Bazaine, Die Lichtung, 1951 ▶

BAZAINE
51

824 Bazaine, Midi, Bäume und Felsen, 1952

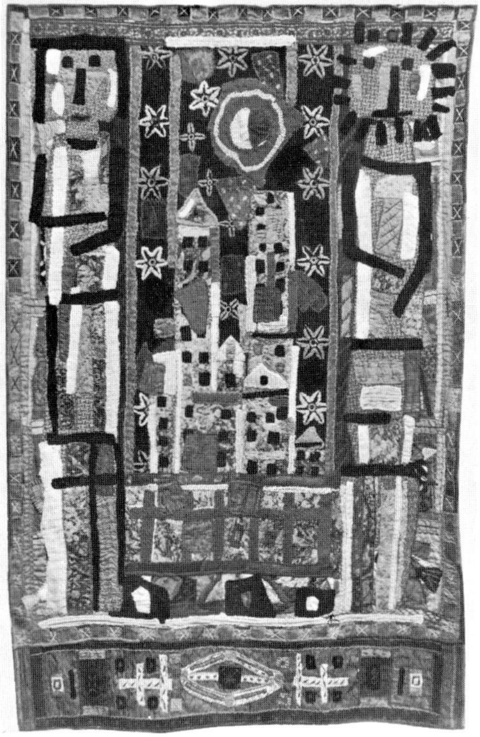

825 Bissière, Die Kathedrale, 1946

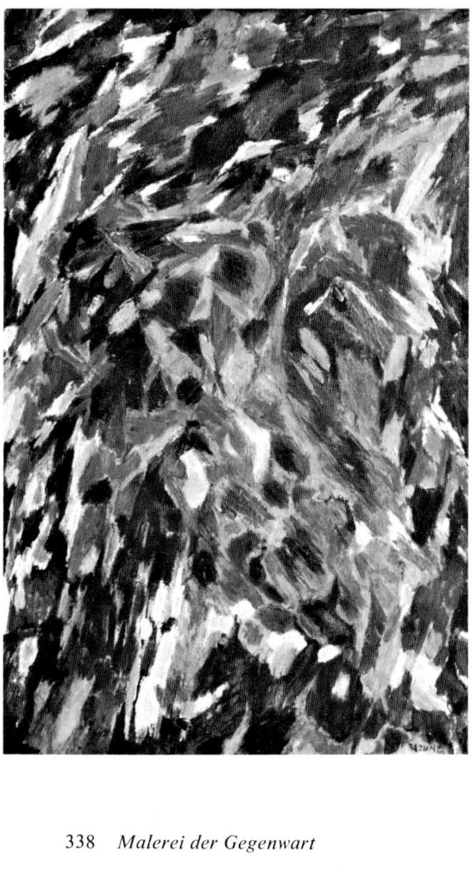

826 Bazaine, Winterabend, 1959

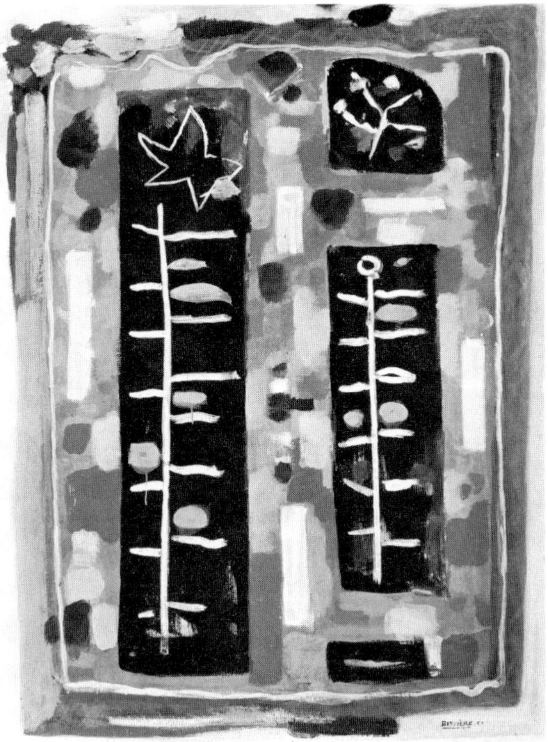

827 Bissière, Rot, Schwarz und weißer Stern, 1953

828 Bissière, Der Vogel, 1953

829 Bissière, Frühling, 1962

831 Manessier, Kalvarienberg im Schnee, 1944

832 Singier, Schiffbarer Raum, 1954

833 Manessier, Zum Christkönigsfest, 1952

◀ 830 Manessier, Turris Davidica, 1952

835 de Staël, Komposition 45, 1945

836 de Staël, Festtag, 1949

837 de Staël, Landschaft, Himmel, Blau und Grau, 1953

838 de Staël, Blaues Atelier, 1955

◀ 834 de Staël, Figur am Meeresstrand, 1952

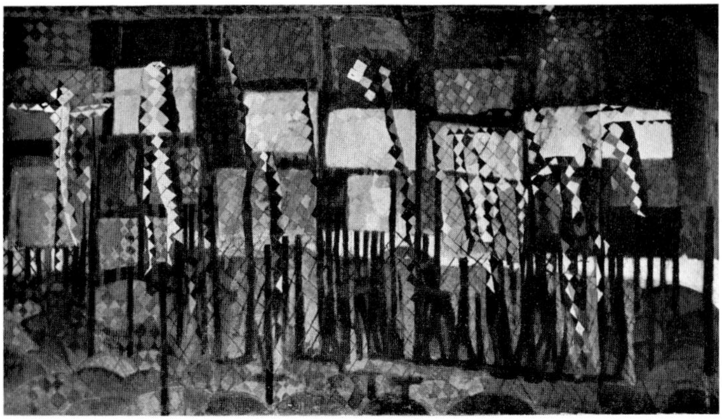
839 Vieira da Silva, Die Fahnen, 1939

840 Vieira da Silva, Stern, 1949

841 Vieira da Silva, Peinture, 1952

842 Vieira da Silva, Eisenbrücken, 1954

843 Vieira da Silva, Die Hochbahn, 1955

844 Tal Coat, Rote Flecken auf Felsen, 1953

845 Poliakoff, Gelb, Schwarz, Blau und Braun, 1949

846 Poliakoff, Rot, Gelb, Grau auf schwarzem Grund, 1956

847 Poliakoff, Komposition, 1956

848 Lanskoy, Autour d'une tragédie, 1963

849 Birolli, Grün und Blau über Ligurien, 1952

850 Bram van Velde, Gouache, 1940

851 Birolli, Schwarzer Kanal, 1953

852 Corpora, Mittelmeerisches, 1953

853 Afro, Silver Dollar Club, 1956

854 Santomaso, Zaumzeug, 1955

855 Santomaso, Nächtliches Lied III, 1960

856 Afro, Erinnerung an einen Tag, 1955

857 Winter, Komposition, 1933

858 Winter, Triebkräfte der Erde, 1944

859 Winter, März, 1951

860 Werner, Ursprung, 1951

861 Faßbender, Verwandlung III, 1964

862 Meistermann, Der goldene Baum, 1952

863 Meistermann, Grundriß, 1955

865 Nay, Salome, 1946

866 Nay, Der Hirte, 1948

867 Nay, Echo in Blau, 1957

868 Nay, Orbit, 1963

◀ 864 Nay, Gelb und Purpur, 1959

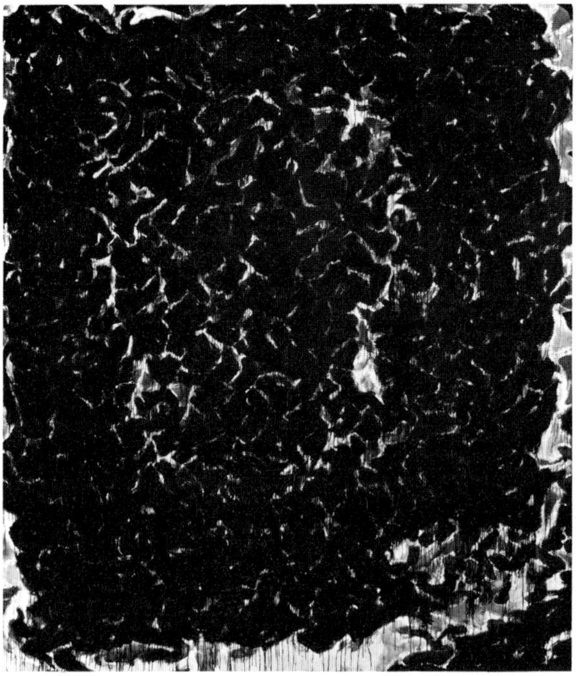

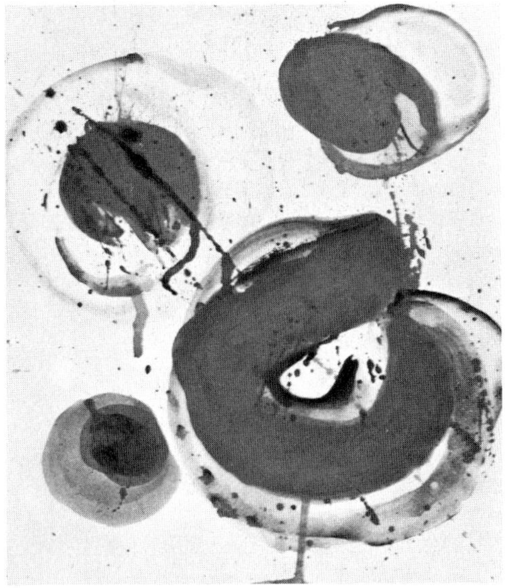

871 Sam Francis, Blaue Bälle, 1961

870 Sam Francis, Tiefes Orange auf Schwarz, 1955

872 Riopelle, Begegnung, 1956

◀ 869 Sam Francis, The Over Yellow, 1957-8

873 Hartung, Peinture, 51-12, 1951

874 Hartung, T - 1949 - 9

875 Hartung, T - 1963 - R 28

876 Hartung, T - 1955 - 10

877 Soulages, Peinture, 1951

878 Soulages, Peinture, 1955

879 Soulages, Peinture, 1959

880 Schneider, Peinture, 1954

881 Motherwell, Elegie für die Spanische Republik, 1958

882 Saura, Kreuzigung VII, 1959

883 Vedova, Invasion, 1952

884 Vedova, Weiß, Schwarz, Grau, 1959

885 Saura, Brigitte Bardot, 1959

886 Moreni, Schrei der Sonne, 1954

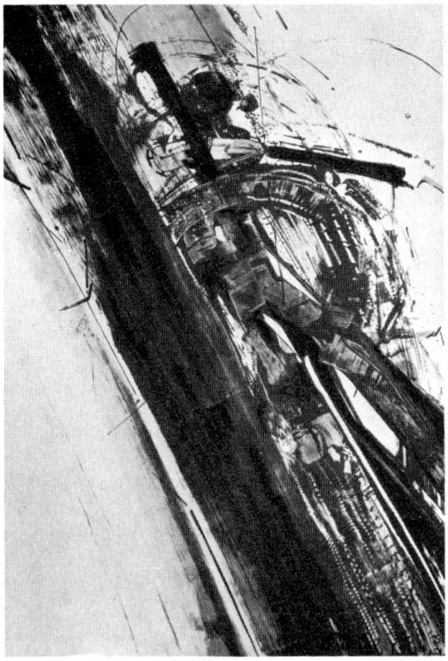

887 Sonderborg, Flying Thought, 1958

888 Sonderborg, Nautisch, 1953

889 Kline, Komposition in Schwarz-Weiß, 1955

890 Kline, Painting, 1957

891 Wols, Komposition, 1947

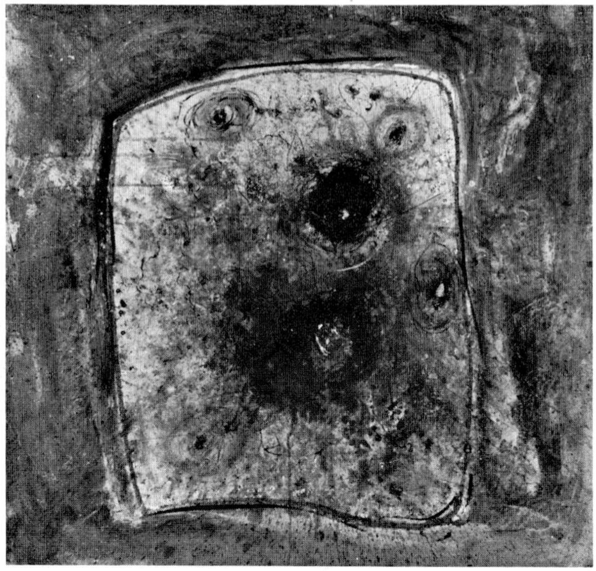

892 Wols, Komposition, 1947

893 Wols, Komposition, 1947

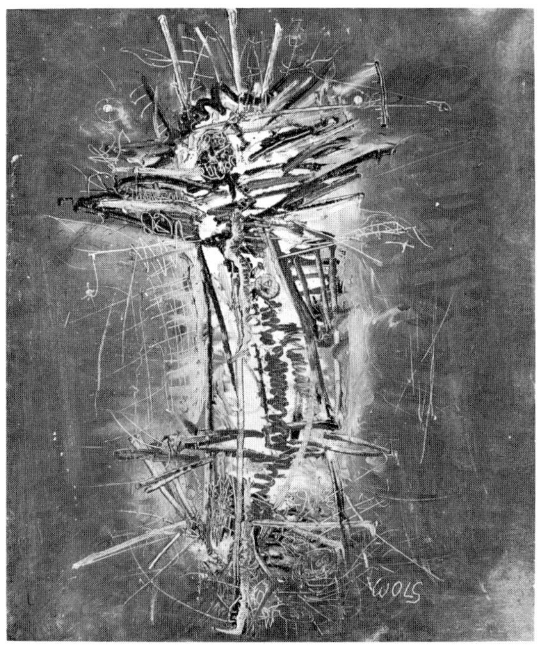

894 Wols, Komposition, 1951

895 Wols, Das blaue Phantom, 1951 ▶

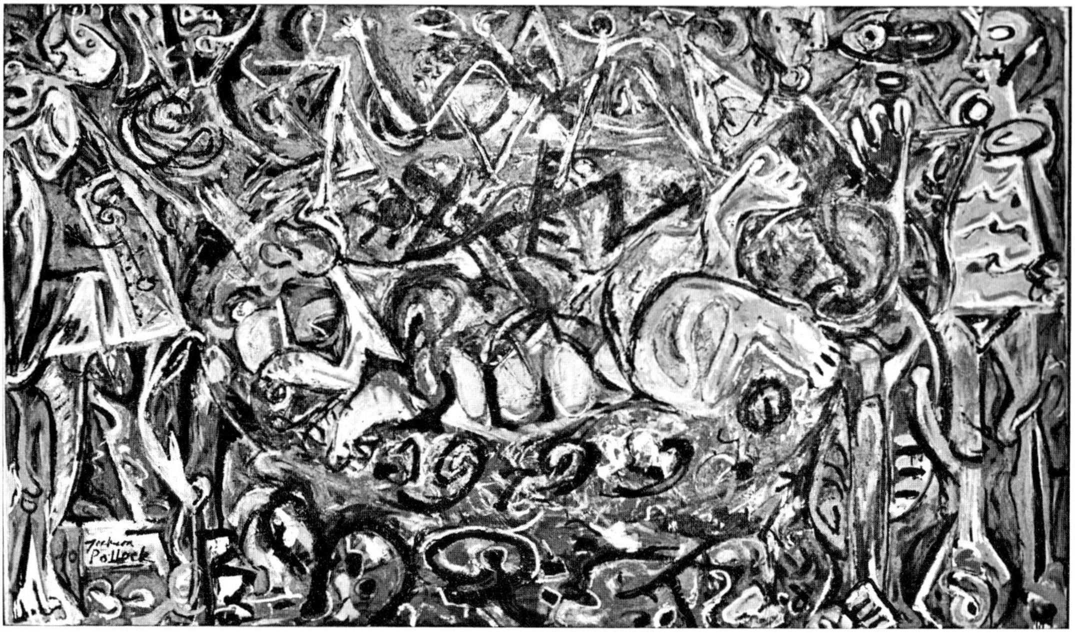

896 Pollock, Pasiphaë, 1943

897 Pollock, Totem II, 1945

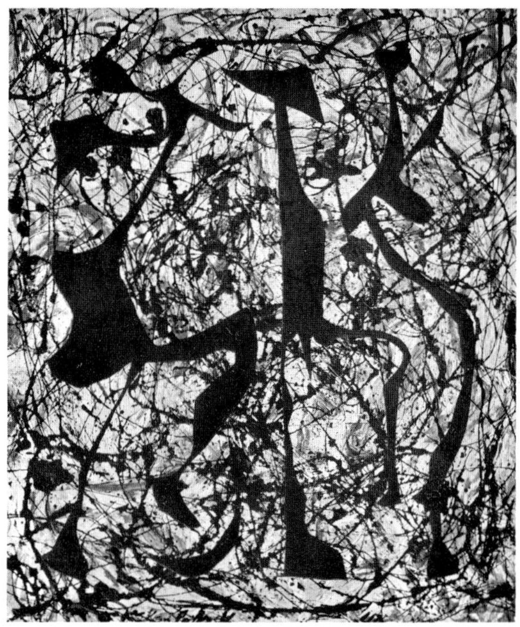

898 Pollock, Schattend, 1948

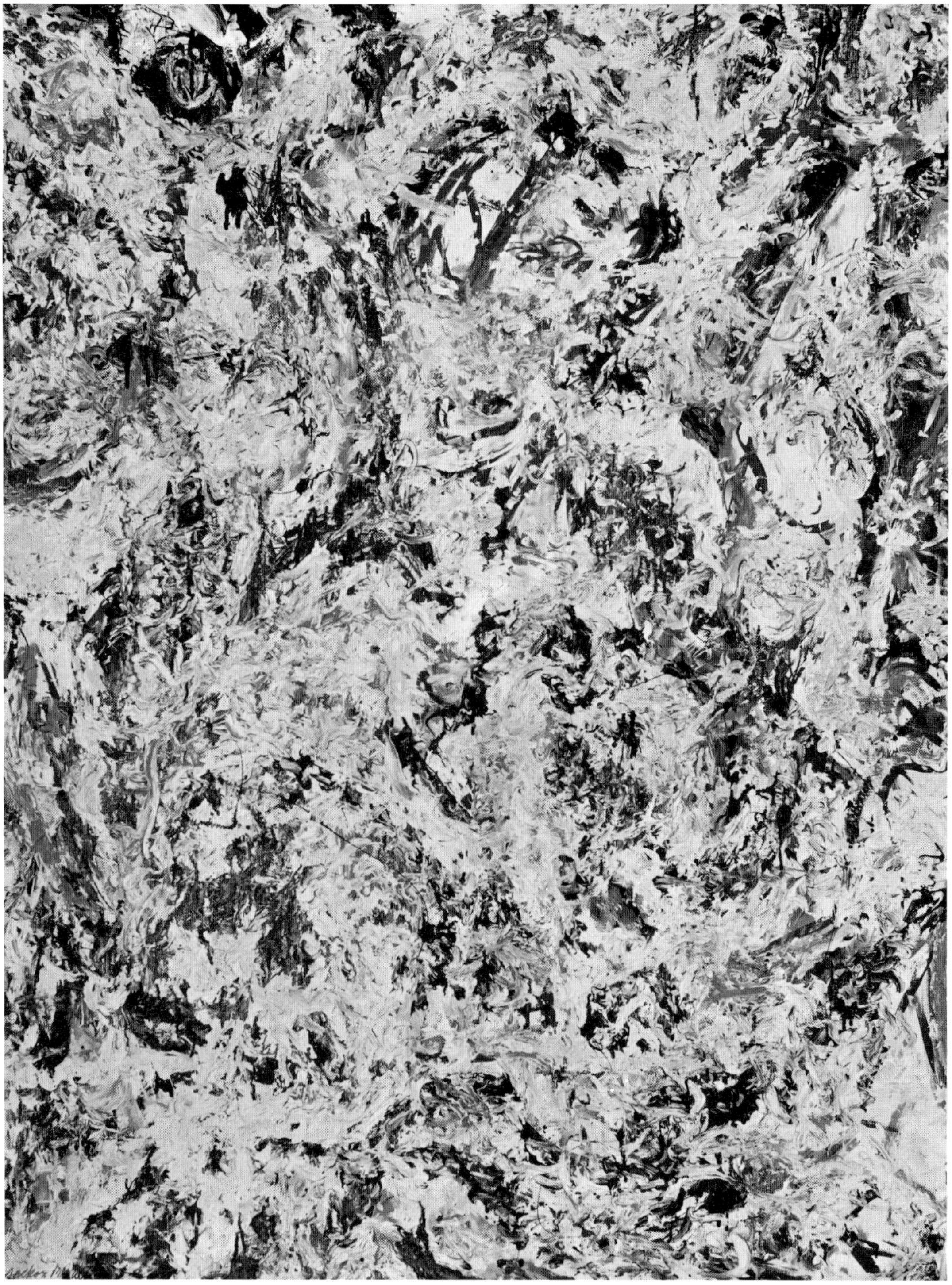

899 Pollock, Duftspur, 1955

901 de Kooning, Frau II, 1952

902 Golub, Kopf VII, 1963

903 Lanyon, Stille Küste, 1957

904 Guston, Schlag der Uhr, 1951

◀ 900 de Kooning, Vorort in Havanna, 1958

905 Hofmann, Die Beute, 1956

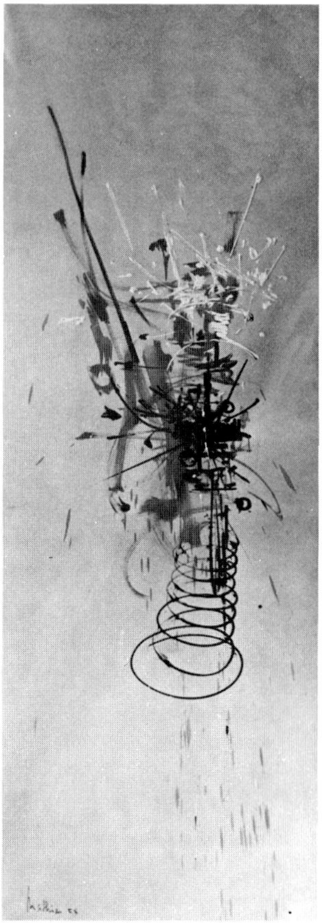

906 Mathieu, Komposition, ca. 1958

907 Tworkov, Duo, I, 1956

908 C. Still, Painting, 1947

909 Jenkins, Phänomena, 1963

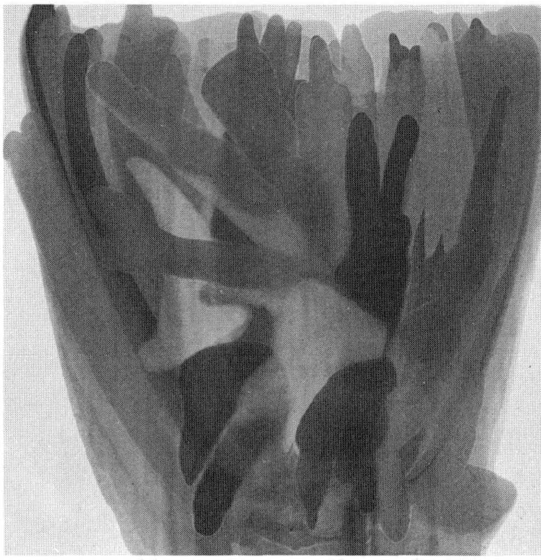

910 Louis, Beth, 1960

911 Trier, Krebs, 1963

912 Mitchell, Auguste Daguerre, 1957

913 Jorn, Retour d'âge, 1961

914 Jorn, Spanisches Drama, 1952-3

915 Jorn, Im Flügelschlag der Schwäne, 1963

916 Alechinsky, Auf der anderen Seite des Prismas, 1964

917 Appel, Roter Akt, 1960

918 Corneille, Nacht in Antibes, 1964

919 Hartigan, Stilleben (Schweden), 1959

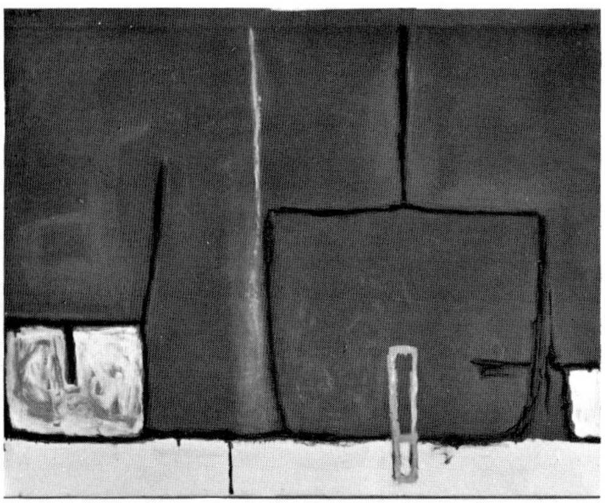

920 Scott, Komposition III, 1955

921 Scott, Braunes Stilleben, 1957

922 Hilton, Graue Figur, 1957

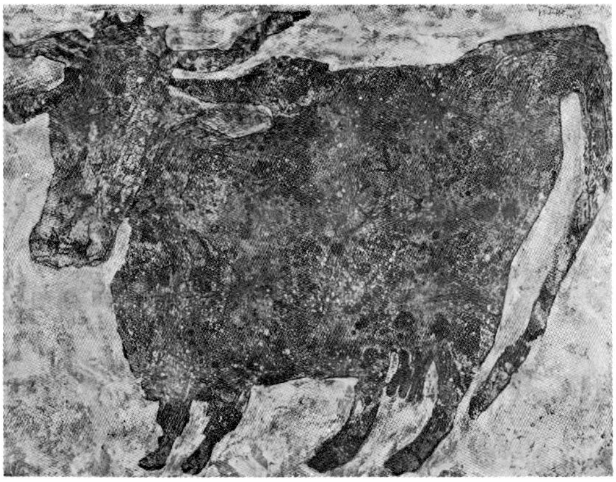

923 Dubuffet, Fleckige Kuh, 1954

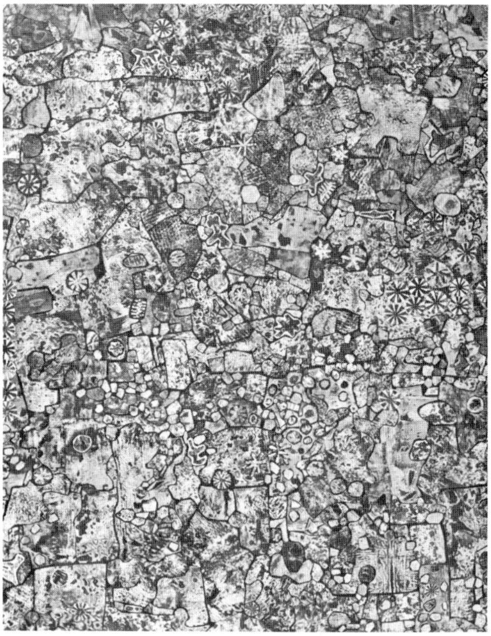

925 Dubuffet, Kurzes Gras wuchert aus Kieseln, 1956

924 Dubuffet, Tisch mit unbestimmter Form, 1951

926 Fautrier, Laterna magica, 1957

927 Licini, Amalassunta III, ca. 1940

928 Licini, Aufbegehrender Engel mit rotem Herzen, 1953

929 Gilles, Eurydike mit dem Haupt des toten Orpheus, 1950

930 Gilles, Tristans Abschied, 1949

931 Bissier, Komposition, 1963

932 Bissier, Komposition, 1962

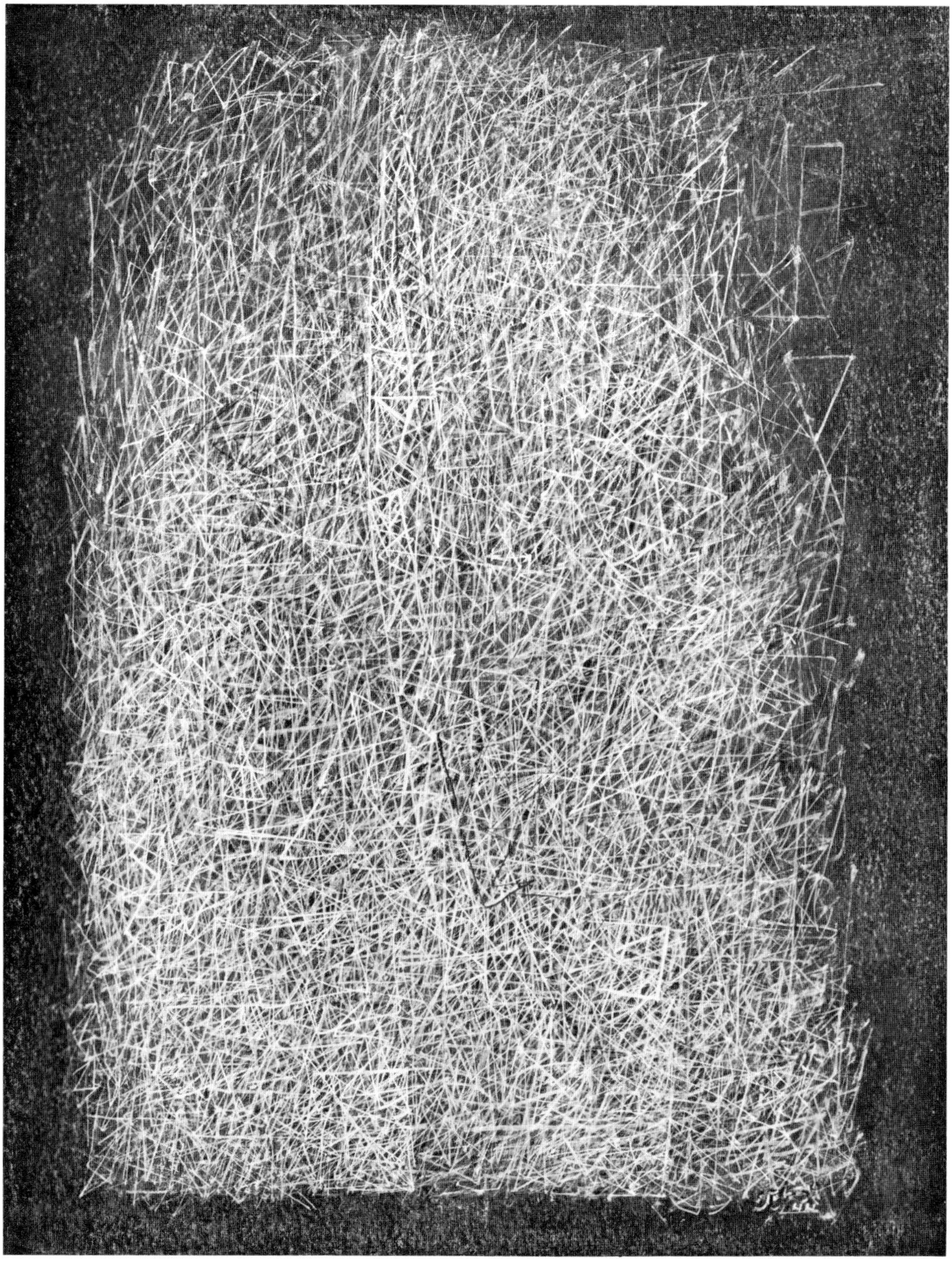

933 Tobey, Glanz der Stadt, 1944

935 Burri, Verbranntes Holz und Schwarz, 1956

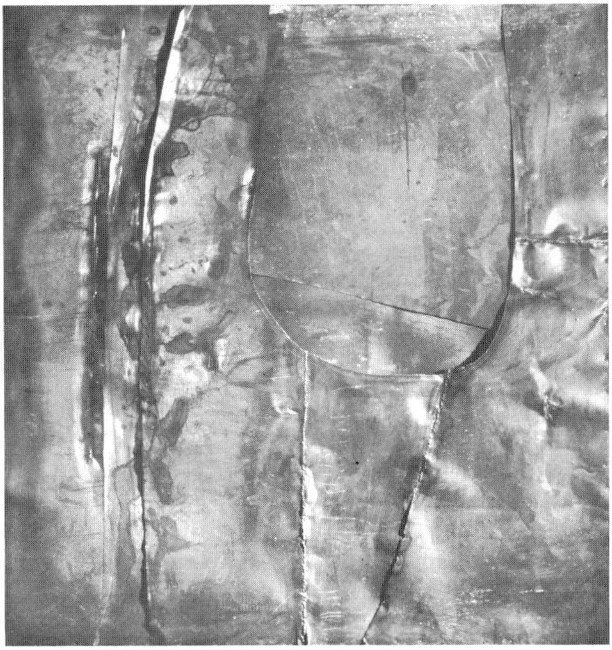

936 Burri, Großes Eisenbild E, 1959

937 Tàpies, Hieroglyphen, 1958

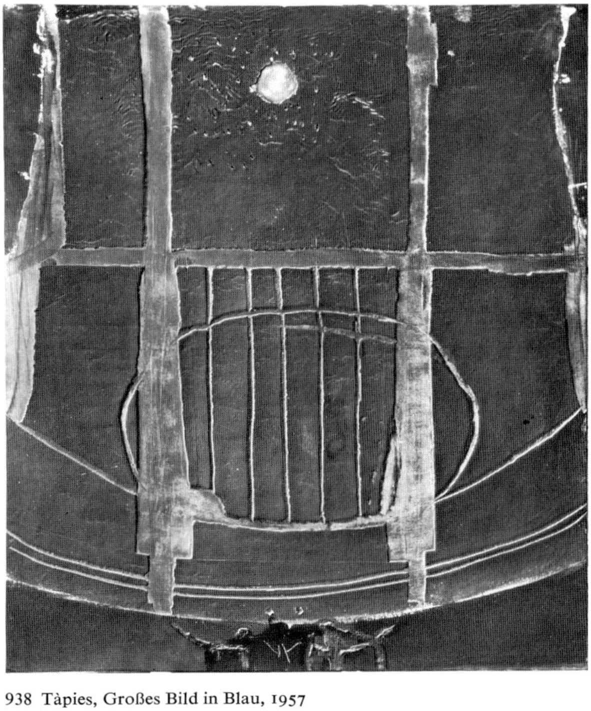

938 Tàpies, Großes Bild in Blau, 1957

◀ 934 Burri, Sack B, 1953

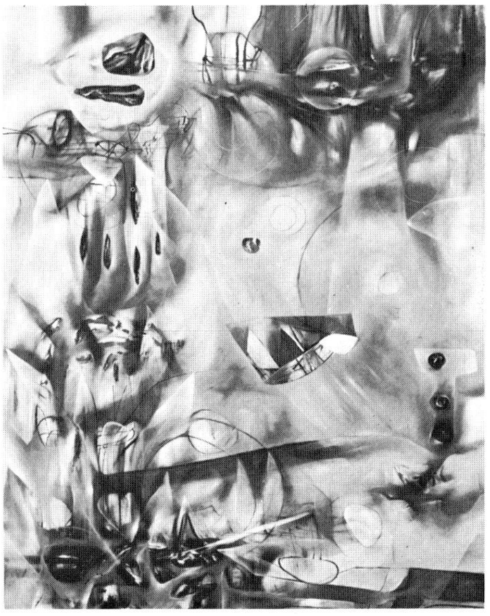
939 Matta, Here Sir Fire, Eat!, 1942

940 Matta, Zeugen des Lichts, 1963

941 Matta, Die Folterung der Djamila

942 Gorky, Garten in Sochi, 1940

943 Gorky, The Liver is the Cock's Comb, 1944

944 Lam, Kopf, 1947

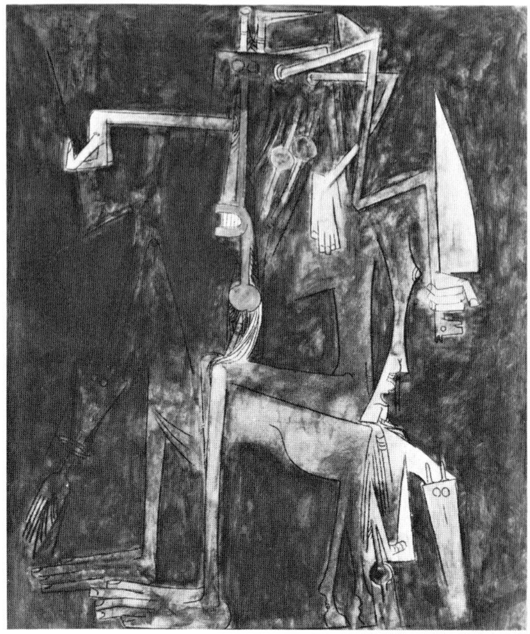

945 Lam, Hund mit zwei Köpfen, 1964

946 Sutherland, Dornenbaum, 1945

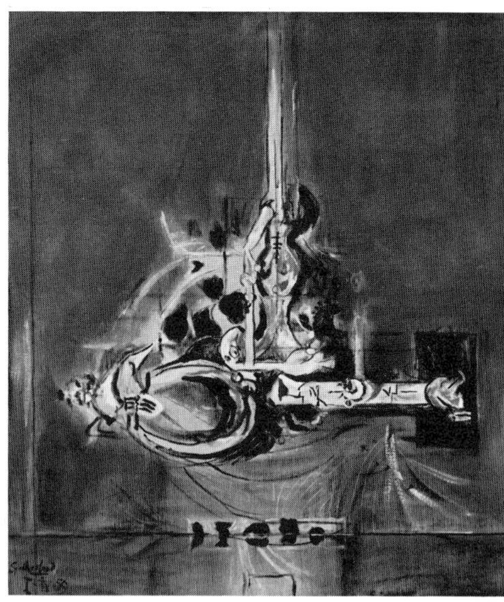

947 Sutherland, Hängende Form, 1959-60

948 Bacon, Magdalena, 1945

949 Bacon, Der Schlächter, 1946

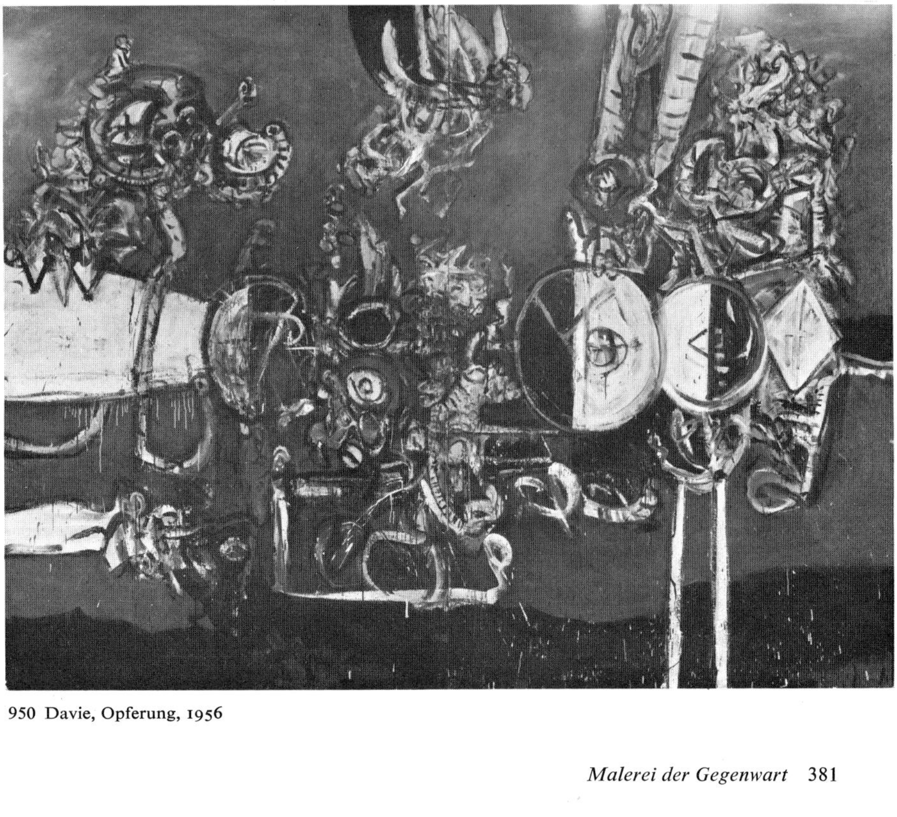

950 Davie, Opferung, 1956

951 Davie, Imago des Fischgottes, 1956

952 Minassian, Erwachen, 1955

953 Oelze, Statt Blumen und Blut, 1963

954 J. Ernst, Eine Zeit der Furcht, 1949

955 Ardon, Die Fallen, 1956

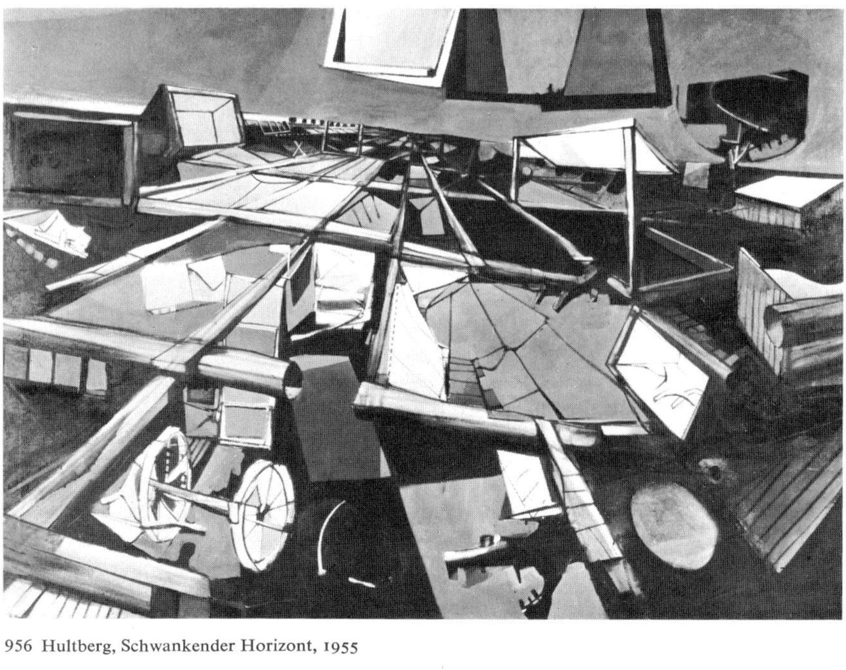

956 Hultberg, Schwankender Horizont, 1955

957 Trökes, Sedimentation, 1948

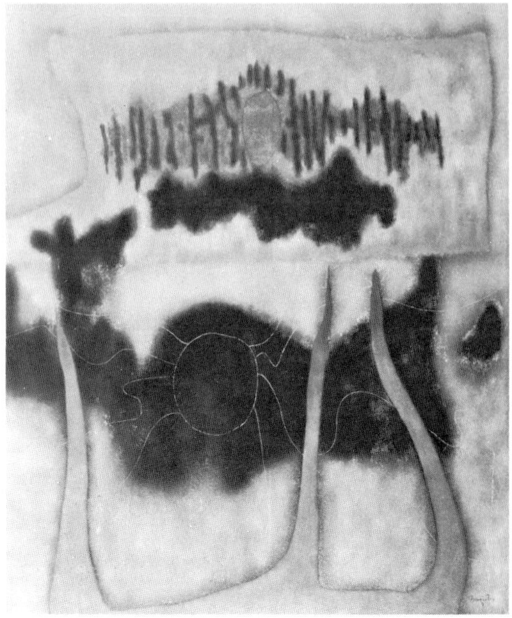

958 Baziotes, Pompeji, 1955

959 Trökes, Vogelinsel II, 1952

960 Musič, Landschaft, 1955

961 Grieshaber, Achalm, 1951

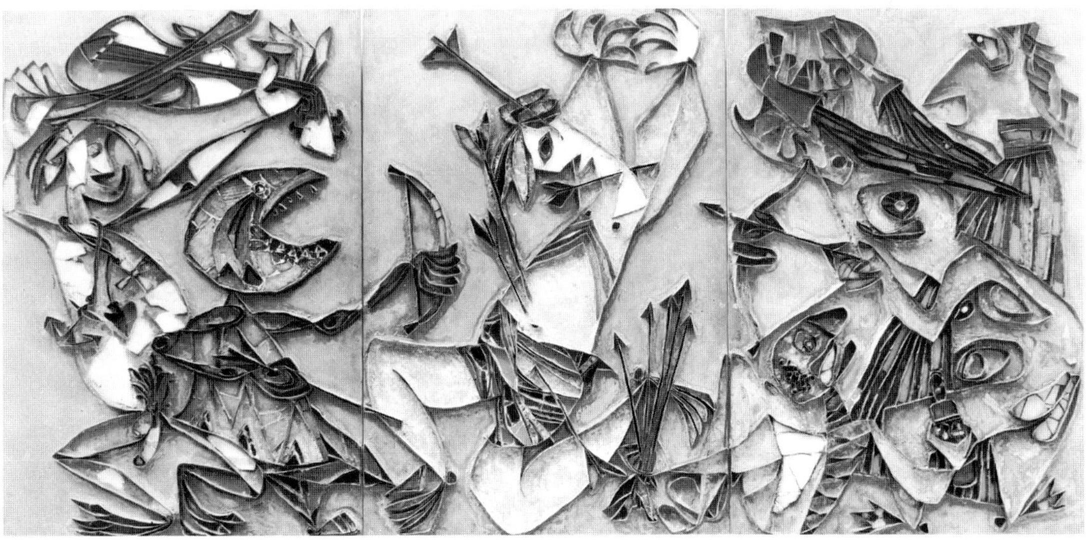

962 Nesch, Der Hl. Sebastian, 1941-3

964 Sugai, Der Samurai, 1960

965 Gottlieb, Sturm I, 1957

966 Sugai, Teufelskette, 1963

◀ 963 Rothko, Rot, Weiß und Braun, 1957

968 Nicholson, Stilleben, März 13-47

969 Nicholson, Kontrapunkt, Feb. 25-53

970 Capogrossi, Oberfläche R, 1950

971 Glarner, Rhythmus von New York, 1951

◀ 967 Nicholson, Blue Trevose, 1957

972 Vasarely, Zombor, 1949-53

973 Vasarely, Mindoro, 1954-8

974 Mortensen, Lora, 1962

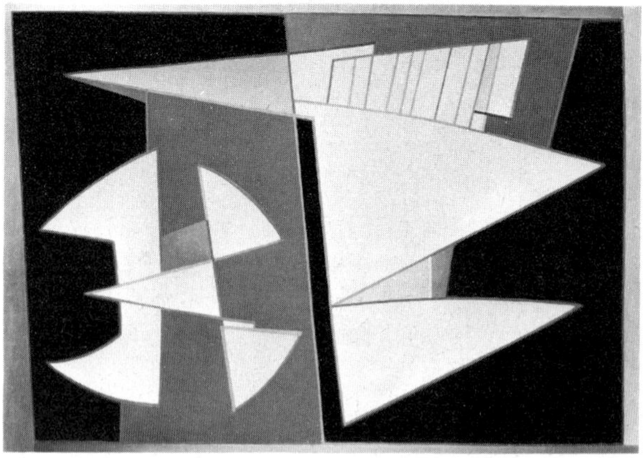

975 Magnelli, Konfrontation, 1952

976 Bill, Unbegrenzt und Begrenzt, 1947

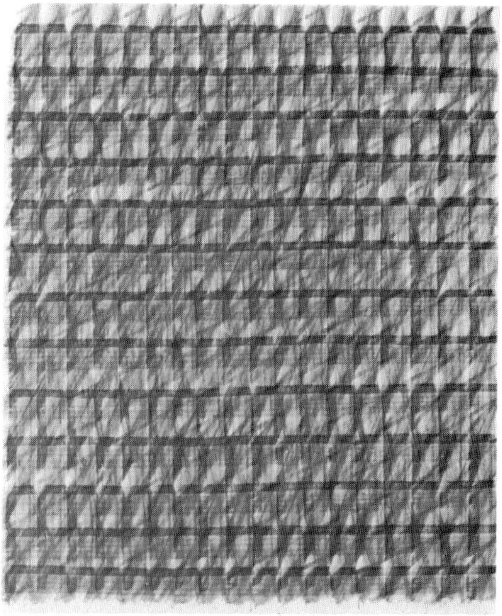

977 Dorazio, Mano della Clemenza, 1963

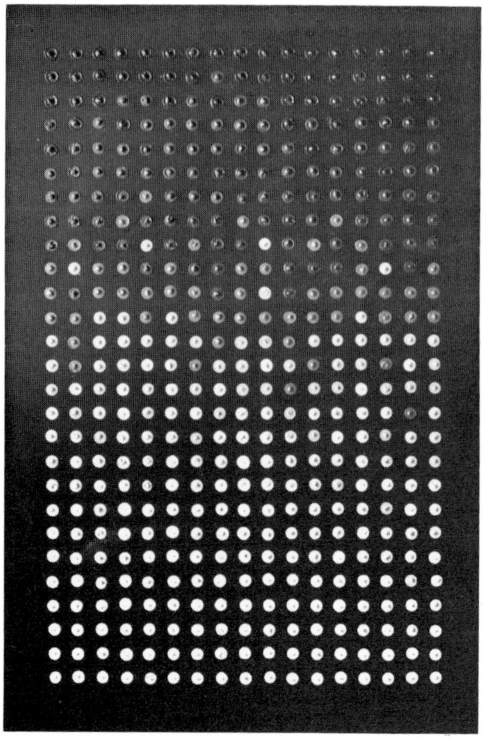

978 Mavignier, Blau über Rot bis Weiß, 1963

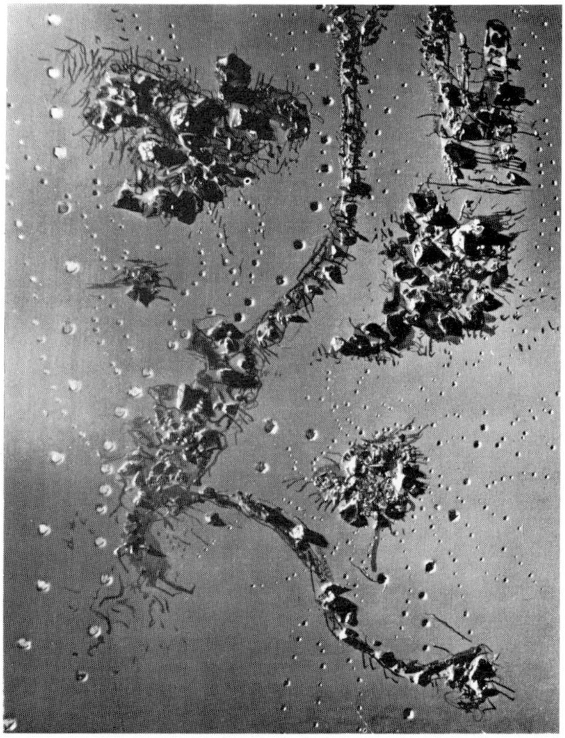

979 Fontana, Raumvorstellung, ca. 1956

980 Giacometti, Figur auf einem Sockel, 1953

981 Giacometti, Sitzende Frau, 1960

982
Giacometti,
Stehende Figur im Atelier,
1954

983
Giacometti,
Stehender Akt,
1962

984 Marini, Rotes Pferd, 1952

985 Marini, Pferd mit Gauklern, 1956

986 Pignon, Der tote Arbeiter, 1952

987 Pignon, Die Hügel, 1955

988 Pignon, Kampfhahn, 1960

989 Buffet, Frau mit Huhn, 1947

990 Zigaina, Gras für die Kaninchen, 1949

991 Guttuso, Kreuzigung, 1942

992 Guttuso, Maffia, 1948

993 Rauschenberg, ›Zapfenstreich‹, 1958

994 Rauschenberg, Tracer, 1964

995 J. Johns, Die schwarze Zahl 5, 1960

996 J. Johns, Flagge auf Orangegrund, 1957

997 Noël, Großes Palimpsest Vertical Nr. II, 1963

998 Forrester, Ereignis in Parlton Magna, 1963

999 Biasi, Sanctuaire végétale, 1963

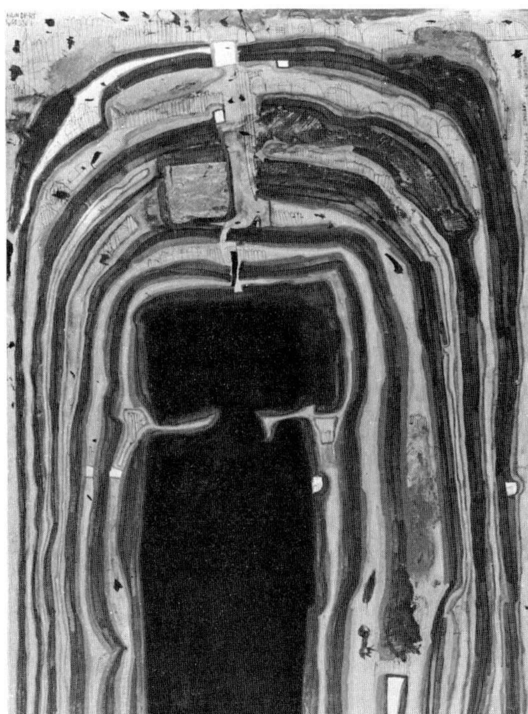

1000 Hundertwasser, Kaaba Penis, 1959

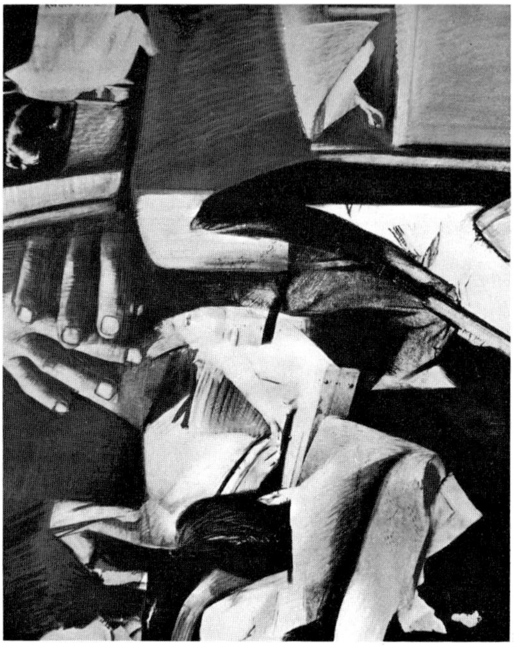

1001 Romagnoni, Erzählung, 1963

1002 Antes, Figur mit schwarzer Kappe, 1964

1003 Adami, Crash, 1963

1004 Ferrò, Stalingrad, 1964

1005 Kitaj, Randolph Bourne in Irving Place, 1963-4

1006 A. Jones, Bikini Baby, 1962

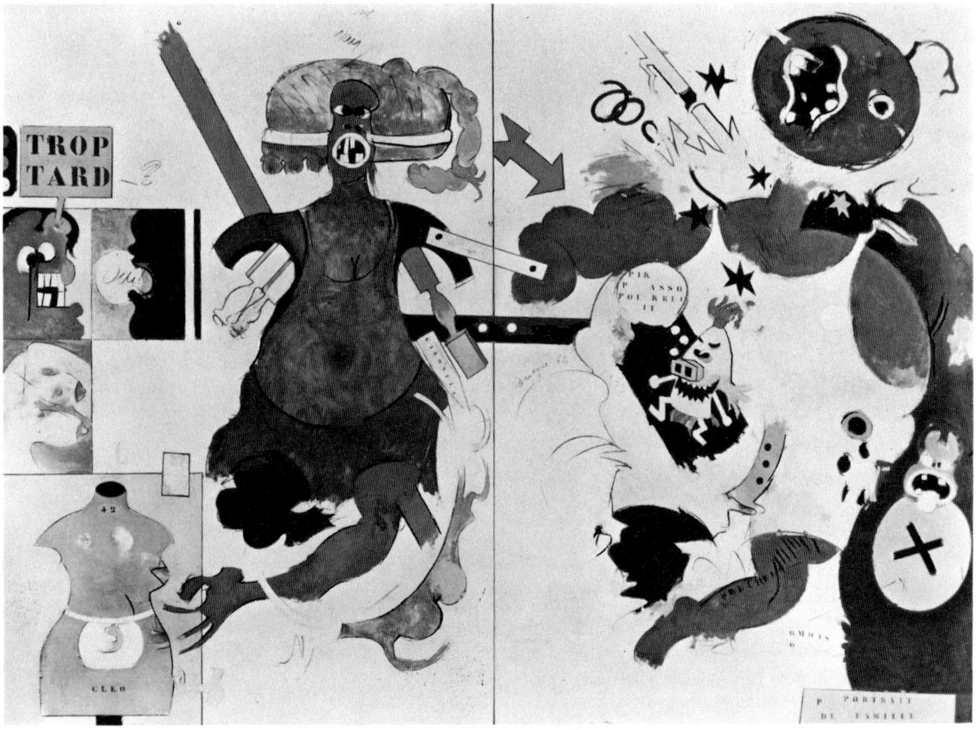

1007 Telemaque, Familienbildnis, 1962

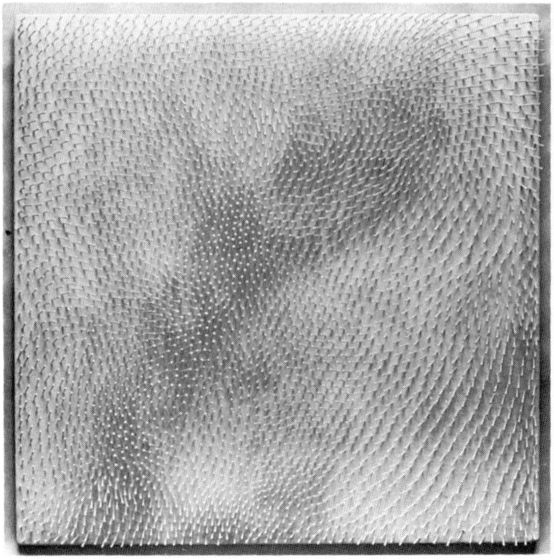

1008 Uecker, Bewegtes Feld III, 1964

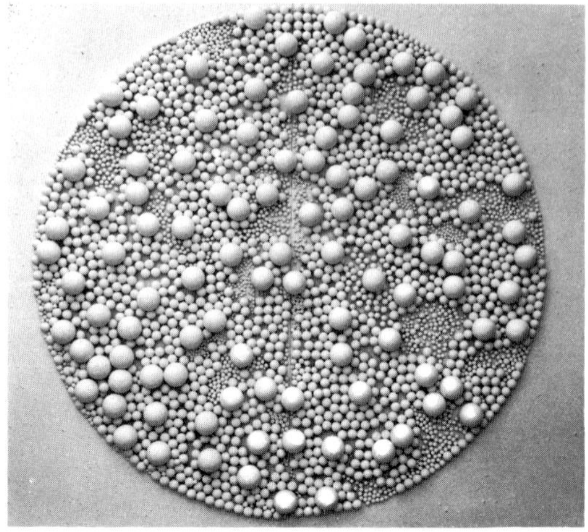

1009 van Hoeydonk, Spacecape, 1963

1010 Gentils, Berlin-Leipzig, 1963

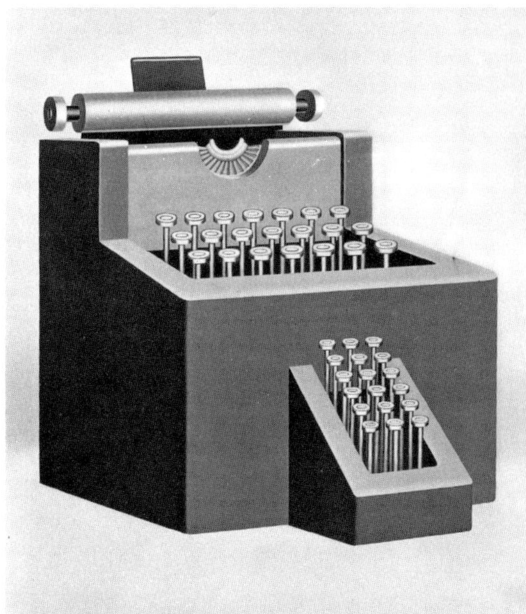

1011 Klapheck, Patriarchat, 1963

Bildverzeichnis

Das Bildverzeichnis ist alphabetisch nach Künstlern geordnet. Die Ziffern bezeichnen die Bildnummern, die Farbtafeln sind durch *Kursivschrift* hervorgehoben. ›Öl‹ bedeutet immer ›Öl auf Leinwand‹, wenn kein anderes Material genannt, die Maße sind in Zentimetern angegeben.

KIRCHNER, ERNST LUDWIG. Mädchen unter Japanschirm, um 1908, Öl, 92,5x80,5. Kunstsammlung Nordrhein-Westfalen, Düsseldorf . 120
Varietétänzerin, 1907, Öl, 90x80,5. Staatliche Kunsthalle, Karlsruhe . 121
Akt mit Hut, ca. 1910, Öl, 195,5x64,5. Städtische Galerie Frankfurt a. M. . 122
Schlafende Milli (Liegendes Negermädchen), 1909-10, Öl, 64x92. Kunsthalle Bremen . 123
Dresden-Friedrichstadt, 1909, Öl, 54,8x68,7. Kunstmuseum Hannover mit Sammlung Sprengel . 124
Gutshof auf Fehmarn (Gut Staberhof), 1913, Öl, 120x150. Hamburger Kunsthalle . 125
Berlin, Belle-Alliance-Platz, 1914, Leimfarbe, 96x85. Staatl. Museen Preußischer Kulturbesitz, Nationalgalerie, Berlin . 126
Burg auf Fehmarn, 1912, Öl, 122x91. Westfälisches Landesmuseum für Kunst und Kulturgeschichte, Münster . 127
Der Rote Turm in Halle, 1915, Öl, 120x90. Museum Folkwang, Essen . 128
Selbstbildnis mit Modell, 1909-10 (aber datiert 1907), Öl, 150x100. Hamburger Kunsthalle . 129
Frau vor Spiegel, 1913/20, Öl, 100x75. Privatbesitz, Düsseldorf . 130
Sich kämmender Akt, 1913, Öl, 125x90. Brücke-Museum, Berlin . 131
Fünf Frauen auf der Straße, 1913, Öl, 120,5x91. Wallraf-Richartz-Museum/Museum Ludwig, Köln . 132
Frauen auf der Straße, 1914, Öl, 126x90. Von der Heydt-Museum der Stadt Wuppertal . 133
Bildnis Gräf, 1924, Öl, 90x80. Kunstmuseum der Stadt Düsseldorf . 713
Selbstbildnis mit Katze, 1918-9, Öl, 120x85. Busch-Reisinger-Museum, Harvard University, Cambridge, Mass. . 714
Tannen im Gebirge, 1919, Öl, 119,5x90,5. Saarland Museum, Saarbrücken . 715
Alphütte, 1917, Öl, 120,5x151. Staatliche Kunsthalle, Karlsruhe . 716
Schlittenfahrt, 1927, Öl, 100x75. Privatbesitz . 717
Die Maler der Künstlervereinigung ›Brücke‹, 1925, Öl, 167x125. Wallraf-Richartz-Museum/Museum Ludwig, Köln . 718
Wohnzimmer, 1921, Öl, 90x150. Hamburger Kunsthalle . 719
Akte im Walde, um 1933, Öl, 149x195. Slg. Wilhelm Hack, Köln . 720
Kaffeetisch, ca. 1924, Öl, 120,5x121. Museum Folkwang, Essen . 721
Bergatelier, 1935, Öl, 90x120. Nachlaß Kirchner . 722
KITAJ, R. B. Randolph Bourne in Irving Place, 1963-4, Öl und Collage auf Leinwand, 152,5x152,5. Marlborough Fine Art Ltd., London . 1005
KLAPHECK, KONRAD. Patriarchat, 1963, Öl, 140x120. Im Besitz des Künstlers . 1011
KLEE, PAUL. Straße mit Fuhrwerk, 1907, Hinterglasbild, 35x23. Frank Laurens, Cincinnati, Ohio . 290
Föhn im Marc'schen Garten, 1915, Aquarell, 20x15. Städtische Galerie, München . 291
Der Niesen, 1915, farbiges Blatt und Aquarell, 18x25. Hermann Rupf, Bern . 292
Mildtropische Landschaft, 1918, Tempera, 24x19. Frau Margarete Baumeister, Stuttgart . 293
Purpuraster, 1919, Öl auf Pappe, 29x34. Kunstmuseum der Stadt Düsseldorf . 763
Vollmond, 1919, Öl auf Karton, 49x37. Moderne Galerie Otto Stangl, München . 764
Fische, 1921 Aquarell, Privatbesitz. Zürich . 765
Herbstlicher Ort, 1921, Aquarell. Privatbesitz . 766
Der goldene Fisch, 1925, Öl und Aquarell/Papier auf Karton, 48,5x68,5. Hamburger Kunsthalle . 767
Ozeanische Landschaft, 1929, Aquarell. Privatbesitz, Köln . 768
Zwitschermaschine, 1922, Farbblatt, Aquarell und Öl farbe, 40,5x30. The Museum of Modern Art, New York, Purchase Fund . 769
Abenteuer eines Fräuleins, 1922, Aquarell, 43,5x32. The Tate Gallery, London . 770
Vogelgarten, 1924, Gouache, 26x39. Moderne Galerie Otto Stangl, München . 771
Pastorale, 1927, Tempera auf Leinwand und Holz, 69x52. The Museum of Modern Art, New York, Purchase Fund and Gift of Cary Ross . 772
Blick in das Fruchtland, 1929, Öl, 48,5x34,5. Städtische Galerie, Frankfurt a. M. . 773
Auftrieb und Weg (Segelflug), 1932, Öl, 91x90. W. Allenbach, Bern . 774
Revolution des Viaduktes, 1937, Öl, 60x50. Hamburger Kunsthalle . 775
Grenzen des Verstandes, 1927, Öl, 56x41. Privatbesitz, Köln . 776
Narr in Trance, um 1929, Öl, 50x35,5. Wallraf-Richartz-Museum, Köln, Slg. Strecker . 777
Lied des Spottvogels, 1924, Aquarell und Öl/Papier auf Karton, 29x39,1. Klee-Stiftung im Berner Kunstmuseum . 778
Figur im Garten, 1937, Pastell, 50x42. Felix Klee, Bern . 779
Zum Jägerbaum, 1939, Öl, 100x80. Kunsthaus Zürich . 780
La belle jardinière (Ein Biedermeiergespenst), 1939, Öl und Tempera auf Jute, 96x71. Paul Klee-Stiftung im Berner Kunstmuseum . 781
Dämmerblüten, 1940, Wachsfarbe auf Jute, 35x80. Felix Klee, Bern . 782
Erdhexen, 1938, Öl auf papierüberklebter Jute, 100x74. Fritz Gygi, Bern . 783
Tod und Feuer, 1940, Öl und Kleisterfarbe, 46x44. Klee-Stiftung im Berner Kunstmuseum . 784
Finstere Bootsfahrt, 1940, Kleisterfarbe auf Papier. Klee-Stiftung im Berner Kunstmuseum . 785
KLIMT, GUSTAV. Danaë, um 1910 (?), Öl und Gold auf Leinwand, 75x85. Privatbesitz . 47
KLINE, FRANZ. Komposition in Schwarz-Weiß, 1955, Öl, 93,3x78,1. The Sidney Janis Gallery, New York . 889
Painting, 1957, Öl, 81,3x61. The Sidney Janis Gallery, New York . 890
KOKOSCHKA, OSKAR. Bildnis Professor Forel, 1910, Öl, 70x58. Städtische Kunsthalle, Mannheim . 145
Bildnis Etlinger, 1912, Öl, 69x56. Staatliche Kunsthalle, Karlsruhe . 146
Bildnis Dr. Tietze und seine Frau, 1909, Öl, 76x136. The Museum of Modern Art, New York, Mrs. John D. Rockefeller Jr. Purchase Fund . 147
Bildnis Frau Kann, 1909, Öl, 70x50. Frau Eva Roeder, Zürich . 148
Stilleben mit totem Hammel, 1908, Öl, 87x114. Österreichische Galerie, Wien . 149
Dent du Midi, 1908, Öl, 79x116. Frau Marianne Feilchenfeldt, Zürich . 150
Die Windsbraut, 1914, Öl, 181x221. Kunstmuseum Basel . 151
Selbstbildnis, 1917, Öl, 79x63. Von der Heydt-Museum der Stadt Wuppertal . 736
Selbstbildnis eines entarteten Künstlers, 1937, Öl, 110x85. Emil Korner, Port William, Ohio . 737
Die Macht der Musik, 1919, Öl, 101x151. Stedelijk van Abbe Museum, Eindhoven . 738
Elblandschaft bei Dresden, 1923, Öl, 65x90. Museum Folkwang, Essen . 739
Kloveniersburgwal in Amsterdam, 1925, Öl, 61x85. Städtische Kunsthalle, Mannheim . 740
Lyon, 1927, Öl, 97x130. The Philips Memorial Collection, Washington D. C. . 741
Der Montblanc bei Chamonix, 1927, Öl, 90x130. Staatliche Kunsthalle, Karlsruhe . 742
Salzburg, 1950, Öl, 85,6x120. Bayerische Staatsgemäldesammlungen, München . 743
Venedig, 1924, Öl, 75x95. Bayerische Staatsgemäldesammlungen, München . 744
KOONING, WILLEM DE. *Vorort in Havanna*, 1958, Öl, 203x178. Slg. Philippe Dotremont, Uccle-Brüssel . 900

Standardwerke zu Kunst und Architektur im Prestel-Verlag

Werner Haftmann

Malerei im 20. Jahrhundert

Textband 614 Seiten. Paperback. ISBN 3-7913-0491-7

Im gleichen Format wie diese Bildenzyklopädie und sie ergänzend, erschien Haftmann's packender Bericht über die Entwicklung der modernen Malerei von ihren Anfängen bis zur Gegenwart, ein Bericht, der von großer menschlicher Einfühlungsfähigkeit zeugt und zugleich eine profunde Analyse der geistigen Situation unserer Zeit darstellt. Dieses Werk, das dem Bildband voranging, besitzt heute bereits klassischen Rang. „Wer den Textband erwirbt, besitzt eine der besten geisteswissenschaftlichen und künstlerischen Interpretationen der modernen Kunst, die es heute in Buchform im deutschen Sprachgebrauch gibt. Kein anderes Buch hat Haftmann's Werk bisher erreicht", schrieb die deutsche Zeitschrift Universitas, „eine Struktur, so klar und umfassend, wie man es sich nur wünschen kann", die New York Times.
Die neue Ausgabe des inzwischen in mehrere Sprachen übersetzten Buches ist vom Autor vollständig durchgesehen, erweitert und ergänzt worden.
Über 500 Künstlerbiographien, versehen mit den neuesten bibliographischen Angaben, geben diesem Buch alle Vorzüge eines wissenschaftlich gearbeiteten Nachschlagewerkes, unentbehrlich für jeden, der sich ernsthaft mit der Kunst unserer Zeit befaßt.

Nikolaus Pevsner

Europäische Architektur

550 Seiten mit 328 Abbildungen. Paperback.
ISBN 3-7913-0137-3

Ergänzt und auf den letzten Stand gebracht ist dieses Buch die knappste und einprägsamste Darstellung der geistigen und formalen Entwicklung der abendländischen Architektur von der Akropolis bis Idlewild. Es wurde für Studenten geschrieben, um ihnen eine kurzgefaßte, dabei aber solide Grundlage für ihr Studium zu geben. Präzise und ausführlich in der Beschreibung bahnbrechender Bauwerke öffnet es den Blick für die westlichen Kennzeichen der einzelnen Stile, ihre Nuancen und Wandlungen; immer aber sind diese Wandlungen Ausdruck für eine neue geistige Konzeption oder für Veränderungen im sozialen Gefüge, immer ist Architektur Spiegel einer Zeit. Die faszinierende Lebendigkeit des Textes, seine wissenschaftliche Zuverlässigkeit und seine geniale Beschränkung auf das Wesentliche gewann ihm rasch einen großen Leserkreis in der ganzen Welt. Alle Abbildungen begleiten den Text unmittelbar und bilden mit ihm eine untrennbare Einheit. Eine ausgewählte Bibliographie von Standardwerken sowie ein ausführliches Register machen es zu einem Leitfaden und Handbuch ersten Ranges.

Johann Friedrich Geist

Passagen, ein Bautyp des 19. Jahrhunderts

560 Seiten mit 265 Abbildungen und einem Katalog der Passagen mit 200 Lage- und Bauplänen, Aufrissen und Schnittzeichnungen. Paperback. ISBN 3-7913-487-9

Seit dem Erscheinen hat dieses Buch – wie selten ein wissenschaftliches Werk – nicht nur bei Kunstwissenschaftlern großes Aufsehen erregt, sondern auch all diejenigen begeistert, die diese spezifische Bauleistung des 19. Jahrhunderts wieder entdecken konnten und von den architektonischen, ingenieurtechnischen, urbanistischen sowie soziologischen Funktionen fasziniert sind. Durch intensives Quellenstudium gelang es dem Autor, nahezu alle im 19. Jahrhundert gebauten Passagen festzustellen und in einem Katalog durch Abbildungen zu belegen.

„. . . Die Arbeit von Geist über die Passagen ist eine der wichtigsten kunsthistorischen Publikationen der letzten Jahre – sie wird es wahrscheinlich auch in den nächsten Jahren bleiben . . ." *Frankfurter Allgemeine Zeitung*

„. . . J. F. Geists Buch über die Passagen ist eines der besten, die in den letzten Jahren über Themen der Architektur erschienen sind. Man wird es den Standardwerken zurechnen müssen, schon weil es ermöglicht, was historische Abhandlungen sonst zwar suggerieren, aber selten erlauben: aus der Geschichte zu lernen und das Gelernte fast unmittelbar anzuwenden . . ." *Die Zeit*

„. . . Dieses Buch, das mit einer bei Architekturbüchern ungewohnten Wissenschaftlichkeit diese Bauform untersucht, dürfte einen sehr großen Einfluß auf das Zentrums-Denken der Stadtplaner ausüben. Geists Buch ist nicht als Lesebuch gedacht, aber es liest sich aufregend wie ein Roman, bietet unglaublich viel Material und wartet darauf, von Praktikern ausgewertet zu werden . . ." *Baumeister*

Zur Kunst des 19. und 20. Jahrhunderts

Werner Hofmann

Das Irdische Paradies

Motive und Ideen des 19. Jahrhunderts
Studienausgabe. 312 Seiten mit 354 Abbildungen, davon 8 in Farbe. Über 100 Künstlerviten und mehr als 300 Bildkommentare im Anhang.
Leinen. ISBN 3-7913-0093-8
Paperback. ISBN 3-7913-0084-9

Werner Hofmann

Bruchlinien

Aufsätze zur Kunst des 19. Jahrhunderts
320 Seiten mit 76 Abbildungen. Paperback. ISBN 3-7913-0446-1

Jörg Traeger

Philipp Otto Runge

oder Die Geburt einer neuen Kunst
184 Seiten mit 48 großformatigen Farbtafeln mit Erläuterungen und 82 Abbildungen im einleitenden Text.
Leinen. ISBN 3-7913-0389-9

Runge: Fragen und Antworten

Ein Symposion der Hamburger Kunsthalle mit Beiträgen von Wissenschaftlern aus 5 Ländern.
138 Seiten mit 35 Schwarzweiß-Abbildungen, 1 Farbtafel.
Paperback. ISBN 3-7913-0469-0

Helmut Börsch-Supan

Caspar David Friedrich

180 Seiten mit einer reich bebilderten Einleitung ›Landschaft als Sprache‹ und mit 56 ausführlich erläuterten Farbtafeln.
Leinen. ISBN 3-7913-0065-2

Karin v. Maur

Oskar Schlemmer

Monographie und Œuvrekatalog der Gemälde, Aquarelle, Pastelle und Plastiken
Band I: Monographie 400 Seiten, 64 Farbtafeln, 263 Abbildungen.
Band II: Œuvrekatalog 424 Seiten, 1592 Abbildungen.
Leinen. ISBN 3-7913-0370-8

Annemarie Dube-Heynig

E. L. Kirchner Graphik

160 Seiten mit 24 5- bis 6-farbigen, 20 2-farbigen und 52 einfarbigen Tafeln. Leinen. ISBN 3-7913-0162-4

Donald E. Gordon

Ernst Ludwig Kirchner

Monographie und Œuvrekatalog der Gemälde
484 Seiten mit 28 farbigen und 113 einfarbigen Tafeln, 1182 Katalogabbildungen, 35 Textillustrationen, 29 Dokumentarwiedergaben und einer Signaturübersicht; übersetzt von Lucius Grisebach.
Leinen. ISBN 3-7913-0163-2